# 信息素养

王　宁◎著

云南大学出版社
YUNNAN UNIVERSITY PRESS

图书在版编目（CIP）数据

信息素养 / 王宁著 . -- 昆明 : 云南大学出版社，
2019
ISBN 978-7-5482-3610-8

Ⅰ . ①信… Ⅱ . ①王… Ⅲ . ①信息素养—教学研究—
高等学校 Ⅳ . ① G254.97

中国版本图书馆 CIP 数据核字 (2019) 第 008770 号

策划编辑：王翌沣
责任编辑：王翌沣
封面设计：黄伟娟

信息素养
王 宁 著

出版发行：云南大学出版社
印　　装：昆明理煋印务有限公司
开　　本：787mm × 1092mm　　1/16
印　　张：14
字　　数：266 千字
版　　次：2020 年 1 月第 1 版
印　　次：2022 年 8 月第 2 次印刷
书　　号：ISBN 978-7-5482-3610-8
定　　价：55.00元
社　　址：昆明市一二一大街 182 号
（云南大学东陆校区英华园内）
邮　　编：650091
电　　话：（0871）65033244　　65031071
E-mail：market@ynup.com

若发现本书有印装质量问题，请与印厂联系调换，联系电话：0871-64167045。

# 前 言

随着社会的进步，互联网及信息技术的迅速发展，给人们的生活带来巨大变革，也冲击和改变着人们的学习方式与科研环境。随着信息科技的飞速发展，一方面，信息呈现方式多媒体化，同样的信息可以通过文字、图形、图像、动画、声音和视频等各种媒体表现手段来展示；另一方面，信息传播多渠道化，纸质媒体、广播媒体、电视媒体、网络媒体、手机媒体各具特色，又相互呼应。不知不觉中，一个崭新的全媒体时代已然来临。

新时代的能力素养包括：基本学习技能（指读、写、算）、信息素养、创新思维能力、人际交往与合作精神、实践能力。信息素养被列为一个重要的要素，成为衡量人才素质的重要标准之一。信息素养为个人终身学习，在信息社会更好地生存和发展，建设学习型社会，培养创新人才，提供了重要的基础。

知识经济和信息网络化时代的一项重要标志是信息量急剧增长、知识被深度挖掘。了解信息与信息素养的理论基础以及系统构建，探索信息检索思维的策略和方法，快速精准地获取信息，正确识别所需信息，高效分析和利用信息，已经成为当代大学生的一项基本素质。本书共五章。第一章对信息与信息素养理论基础进行了阐述；第二章和第三章对医学信息交流模式与信息素养的系统构建、信息检索思维的培养与医学检索策略进行了探索；第四章和第五章对信息源的利用与获取信息的路径、大学生信息素养教育理念与创新意识的培养方式进行了研究。本书对信息素养进行了深入分析，并结合信息与信息素养的相关理论展开全面探讨。本书的特色在于明确提出了医学信息素养的新发展，并从医学信息素养交流模式与信息素养的系统构建两方面作了深入探讨，撰写时突出了信息检索思维的培养路径、大数据时代信息源的获取和综合利用。本书以信息素养和创新为主线，以信息检索为切入点，注重加强信息检索思维的培养，力求帮助学生提高信息素养，提高信息获取、分析和运用能力，提高创新意识。

本书在撰写过程中，参阅或引用了国内外已有的一些文献和资料，在此谨向原作者表示诚挚的感谢。鉴于当今信息、通信等技术迅速发展，有关信息素养教育的知识、理论和实践更新较快，加之作者学识水平和视野有限，书中必定存在很多不足和疏漏之处，敬请各位读者提出宝贵的意见和建议。

作者

2018 年 6 月

# CONTENTS
# 目录

# 第一章　信息与信息素养理论基础

## 第一节　信息的界定及其基本类型

### 一、信息的界定

#### （一）信息的含义

信息（Information）有情报、资料、消息、报道之意。在中国历史文献中，“信息”一词最早见于唐代诗人李白的诗词“梦断美人沉信息，目穿长路倚楼台”（出自《暮春怀故人》）。《辞海》对“信息”有两种解释，一是指音信、消息；二是指通信系统传输和处理的对象，泛指消息和信号的具体内容和意义。20世纪中叶以后，信息的概念被引入哲学、信息论、系统论、控制论、传播学、情报学、管理学、通信、计算机科学等领域。站在不同的角度，人们会从不同的学科角度给予“信息”不同的定义和理解。而今，“信息”不仅早已成为人们使用频率最高的词汇之一，也是人们在日常社会生活、工作、学习和研究中随时随地能感受和使用的东西。

从通信学角度出发，信息是通信的内容。克劳德·艾尔伍德·香农（Claude Elwood Shannon）在《通信的数学理论》中把信息描述为“人们对事物了解不定性的减少和消除，是两次不定性之差”。信息的多少反映了不确定性的大小。

从控制论角度出发，维纳（N. Wiener）在《信息控制论》一书中指出：“信息是人们在适应外部世界，并使这种适应反作用于外部世界的过程中，同外部世界进行相互交换的内容的总称。”从认识论角度出发，我国大多数学者认为：信息就是信息，就像“数”的概念一样，它是客观世界中存在的一切物质的一种基本属性，用来提供客观世界的一切存在，从而减少人们对客观世界认识和感知的不确定性。也可以说，它是自然界、人类社会和人类思维活动中普遍存在的一切事物的属性，即自然界和人类社会都会产生信息。人的大脑或感觉器官（或仪器）通过接收外界事物发出的种种消息、指令、数据、信号来识别事物的存在、发展和变化。

从情报学角度出发，《情报与文献工作词汇基本术语》（GB/T4894–1985）对信息的描述是："信息是物质存在的一种方式、形态或运动状态，也是事物的一种普遍属性。一般指数据、消息中所包含的意义，可以使消息中所描述的事件的不确定性减少。"这一解释基本涵盖了信息的属性（客观存在性）、作用（消除不确定性）及形式（数据、消息等）。因此，信息是个内涵浅、外延广的概念。

可以这样描述：信息是用文字、数据、信号等形式，通过传递和处理来表现各种相互联系的客观事物在运动变化中所具有特征内容的总称，包括事物内部结构以及外部联系的状态和方式。信息是无形的，存在于整个自然界和人类社会中。它是客观事物的运动状态和特征的反映，是人们认识事物发展的基础。信息不是物质本身，而是物质的一种基本属性。信息的类型包括自然信息、生物信息、机电信息和社会信息等。

信息素养和信息检索所指的信息，是指经过采集、处理、记录并以可检索的形式存储的数据。

**（二）信息与知识**

与信息密切相关的另一个概念是知识，即人类认识的成果或结晶，包括经验知识和理论知识。经验知识是知识的初级形态，系统的科学理论是知识的高级形态。世界经济合作与发展组织（OECD）在1996年的年度报告《以知识为基础的经济》中将知识按内容划分为四类：

（1）Know–what，知道什么，主要是叙述事实方面的知识。

（2）Know–why，知道为什么，主要是指自然原理和规律方面的知识。

（3）Know–how，知道怎么做，主要是指对某些事物的技能和能力。

（4）Know–who，知道是谁的知识，涉及谁知道为什么和谁知道怎么做某些事。

知识是人类对信息、对客观事物规律的认识，它是人们在社会实践中积累起来的经验，是通过实践对客观事物及其运动规律的认识。人们对事物由表及里、由现象到本质、由感性到理性的认识深化，便形成了知识。综上所述，知识是人类主观世界对于客观世界的信息的概括、总结和反映。知识按其获得方式可分为直接知识和间接知识，按其内容可分为自然科学知识和社会科学知识。知识的总体在社会实践的世代延续中不断积累和发展。

信息是知识的源泉和基础，人们通过信息来认识和掌握自然界、人类社会的活动规律。人脑通过思维重新组合信息、加工信息，使其集合并系统化。人脑对信息加工的成熟度会因人的学术水平和思考时间而存在差异，学术水平高的人对信息精心加工能产生高质量的知识，即信息→知识。人们利用获取的知识创造新信息，即知识→信息。信息与知识密不可分，但信息不等于知识。英国著名情报学家布鲁克斯（B.C.Brooks）这样表述信息与知识的关系："信息是使人原有的知识结构发生变化的那一小部分知识。"

在大学时代，单纯地学习知识已经远远不能满足时代对个人能力培养的要求，终身学习、终身教育的理念已经被广泛地接受。面对信息的急剧增长、知识的不断更新，我们不得不认真学习和研究获取信息的方法，掌握从大量的、无序的信息和知识中搜索有用的、准确的信息和知识的技能。

### （三）知识与文献

为了把人类的知识传播开来和继承下去，人们用文字、图像、符号、声频、视频等手段将其记录下来，写在纸上或存储在介质上，这种附着在各种载体上的记录被统称为文献。《国家标准文献著录总则》对文献有如下定义："文献是指记录有知识的一切载体。"人的知识是在社会实践中后天形成的，是对现实的反映。载体是知识的外在表现形式，是文献的外在形态，它可以是甲骨、青铜器、纸介型、胶片、磁带、磁盘、光盘等。知识是文献的内容，知识固化在一定物质载体上，可以在同期社会相互交流并传递给后人。

文献积累着知识，保存着人类文化遗产，它汇集了人类创造的精神财富，是知识的宝库。文献在时间上的传递，实现了人类从古到今的知识的传承和发展；文献在空间上的传播，促进了同时代人们之间知识的交流和沟通，从而推动社会的发展。

### （四）信息与情报

"Information"一词既可译为"信息"，也可译为"情报"。在东西方文化的交流过程中，信息和情报两词在媒体上经常混用，但事实上这两者是有区别的。钱学森将情报定义为：在特定的时间、特定的状态下，传递给特定对象的有用的知识和信息。也就是说，情报是为解决特定问题所需要的知识或信息。情报来源于知识和信息，具有知识性、信息性、动态性、效用性、时间性等属性。符合人们特定需求的信息和知识一旦进行了有效传递，即具备了价值性、时间性等特征，就成了情报；而失去时效性的情报又可以还原为知识和信息。知识和信息在人类社会实践活动中被动态地接受与利用，并通过情报的传递功能产生效用。情报在传递过程中启迪人们的思维，改变人们的知识结构，提高人们的认知能力，并实现知识的社会价值和经济价值。

宇宙的万事万物都具有自身的信息，所以信息是无限的。人们获取这些信息后，加以分析研究，从感性认识变成了理性认识，就构成了知识。知识信息用文字、符号、图片、声波、视频等记录在纸张、胶片、磁盘、磁带或者计算机网络上就形成了文献。当人们需要的时候，可及时获取这些知识信息和文献，或者说人们获取的这些知识信息和文献在有用的时候就成了情报，而当情报失去效用时，就又重新回到信息或知识当中。

## 二、信息的类型

信息与人类智能活动有关的知识、技术、科学、文化、社会等密切联系在一起，其涉及范围如此广泛，从而形成不同的信息类型，以至于很难用统一的标准进行分类。根据信息内容的特点，大体可分为以下几种情况。

### （一）按信息出版类型划分

1. 图书和期刊

联合国教科文组织对图书的定义为：图书（Book）是指凡由出版社（商）出版的不包括封面和封底在内 49 页以上的印刷品，具有特定的书名和著者名，编有国际标准书号，有定价并取得版权保护的出版物。图书包括专著、教科书、各种科普读物及专业参考工具书等。图书的内容系统、成熟、定型、可靠性强，是人们从事学习、研究不可缺少的信息来源。传统印刷业图书出版周期长、体积大、更新速度慢，而电子版图书的出现则弥补了这一缺陷。

正规出版的普通图书都有国际标准书号（International Standard Book Number，ISBN）。从 2007 年 1 月 1 日起，ISBN 的组成由 10 位数字升级至 13 位数字。

期刊（Journal）是指一种有固定名称、定期或按宣布的期限出版的连续出版物。与图书相比，期刊最突出的特点是出版数量大、具有连续性、周期短、内容新，并能迅速反映科技研究成果的新信息。期刊作为重要的文献信息源还体现在世界上所有主要检索工具都以期刊为主要收录对象（约占 90% 以上），能比图书更快、更方便地查到所需资料。每种期刊有一个永久专属的国际标准连续出版物号（International Standard Serial Number，ISSN），由 8 位数字组成，分两段，每段四位数，如 ISSN l002-1027、ISSN1002-655X。期刊名称变更，要重新申请 ISSN。期刊停刊，ISSN 不会被其他期刊再使用。

2. 会议文献和学位论文

会议文献（Proceeding）是指在国内外学术团体举行的专业会议上发表与交流的论文或报告。其特点是专业性强、内容新、学术水平高、出版发行较快，大部分是本学科领域内的新成果、新理论、新方法。与期刊相比，会议文献传播情报信息更迅速，能够反映某学科、专业的最新成果和发展动向，是科研工作不可缺少的信息源。

学位论文（Dissertation）是高等院校或研究机构的学生为取得各级学位，在导师指导下完成的科技研究、科技试验成果的书面报告，须经专家评审、鉴定通过。学位论文具有较强的学术性，往往有独到的见解。纸质资料一般由学位授予院校保存，电子数据可在网上数据库检索。

3. 专利和科技报告

专利（Patent）是记录有关发明创造信息的文献，包含技术信息、法律信息和经济信息。广义的专利包括专利申请书、专利说明书、专利公报和专利检索工具，以及与专利有关的一切资料；狭义的专利仅指各国专利局出版的专利说明书。专利文献具有独创性、实用性、新颖性等特征，是重要的技术经济信息来源。

科技报告（Report）是指各学术团体、科研机构、大学研究所的研究报告及其研究过程中的记录。科技报告理论性强，是了解某一领域科研进展状况、发展动态的重要情报源。但是，科技报告保密性强，难以获取。例如，美国著名的四大报告：PB 报告、AD 报告、NASA 报告、DOE 报告。

4. 政府出版物和报纸

政府出版物（Government Publications）是由政府机构制作出版或由政府机构编辑并授权指定出版商出版的文献。它主要包括两个大类：一类是行政性文献信息，包括宪法、司法文献；另一类是科学技术文献信息，主要指政府部门出版的科技报告、标准、专利文献、科技政策文件等。前者占政府文献信息的 60%~70%，后者数量相对较少。

报纸（Paper）是出版周期最短的定期连续出版物。报纸的基本特点是内容新、涉及面广、读者多、影响面广。及时性是报纸区别于图书和期刊的最主要特征，又称新闻性和时间性。

5. 技术标准和规范

狭义的标准（Standard）是指按规定程序制定、经权威机构公认批准的一整套在特定范围内必须执行的技术规范、技术标准、操作规程、建议、准则、术语、专有名词等在内的各种技术文件。广义的标准指与标准化工作有关的一切文献，包括标准形成过程中的各种档案、宣传推广标准的手册及其他出版物，揭示报道标准文献信息的目录、索引等。

6. 产品资料和档案

产品资料（Production）是制造厂家和产品销售者介绍其产品的宣传性出版物，包括产品目录、产品说明书、产品样本。通过产品资料可以了解厂家的工艺水平、管理水平和产品发展趋势方面的信息。由于产品资料附有大量图表，因此具有直观的特点；缺点是时间性强、使用寿命短、理论内容介绍极少等。

档案（File）是国家机构、社会组织以及个人从事政治、军事、经济、科学、技术、文化、宗教等活动直接形成的具有保存价值的各种文字、图表、声像等不同形式的历史记录，是完成了传达、执行、使用或记录现行使命而留备考查的文件材料。档案以其记录性和原始性于一体的特点而区别于遗留下来的实物，又因其可靠性和稀有性而区别于一次文献，这就使相当一部分档案在一定时间内是受到保护的，在利用上有特殊的要求和价值。其中的技术档案还具有技术性、适用性、保密性等特征。

7. 灰色文献

灰色文献（Gray Literature）是对一些特殊类型的文献信息的总称，一般被看作非公开出版物。它的研究内容不成熟，流通渠道特殊，没有固定的形态、名称和篇幅，制作份数少，容易绝版，但是往往有特殊的参考价值。

### （二）按信息加工程度（或级别）划分

人们基于信息的传递链和加工处理深度，将其划分为一次信息、二次信息、三次信息等。

1. 一次信息

一次信息是作者本人以自己的研究或劳动成果为基本素材而创作的原始信息。包括第一次报道的、第一次书写的或第一次出版的信息。例如，期刊论文、会议文献、学位论文等。

2. 二次信息

二次信息是通过对一次信息的加工、提炼和浓缩而形成的信息。它将分散、无序的大量信息转变为有序的、便于管理的信息，成为查找一次信息的工具。例如，目录、题录、文摘、索引等。

3. 三次信息

三次信息是对一次信息和二次信息进行汇集、综合、分析、评述等深度加工而形成的产物。例如，字/词典、百科全书、年鉴、手册、综述等。

从一次信息、二次信息到三次信息反映了信息的集中和有序化过程。一次信息是零次信息处理的结果。一次信息可能会被信息获取者直接应用，也可能会经过一次或多次加工和传递成为二次信息、三次信息而被其他信息接收方应用。一次信息、二次信息、三次信息基本上是后者在前者的基础上产生的，它们之间存在“逆向依附性”。

### （三）按信息表现形式划分

信息的表现形式繁多，不同表现形式的信息传递了不同的信息内容。

1. 文字信息

文字是人们为了实现信息交流、通信联系所创造的一种约定的形象符号。文字、符号、代码均是信息的表述形式，其内容再现于它们的结构属性之中。

2. 图像信息

图像是一种视觉信息，它比文本信息直接，易于理解。人工创造的图像是抽象或间接的图像信息。随着多媒体技术的发展，各类图像信息库将会极大地丰富人类生活。

3. 数值数据信息

数值数据是“信息的数字形式”或“数字化的信息形式”。狭义的数据是指有一定数值特性的信息，如统计数据、气象数据、测量数据以及计算机中区别于程序的计算数据。广义的数据是指在计算机网络中存储、处理、传输的二进制数字符编码。文字信息、图像信息、语言信息以及从自然界直接采集的各种自然信息等均可转换为二进制数码，网络中的数据通信、数据处理和数据库等就是广义的数值数据信息。

4. 语音信息

人讲话实际上是大脑的某种编码形式信息转换成语言信息的输出，是一种最普遍的信息表现形式。音乐也是一种信息形式，是一种特殊的声音信息，它通过演奏的方式表达丰富多彩的信息内容。

**（四）按信息载体划分**

人类社会发展的不仅仅是信息，记载信息的物质载体形式也在不断更新。总的趋势是由简单到复杂、由低级到高级。

信息的载体进化过程分为：

1. 手写型

手写型包括甲骨、手稿、竹简、帛书、绢书等。

2. 印刷型

印刷型包括纸质图书、期刊、报纸等。

3. 缩微型

缩微型包括缩微胶卷、缩微胶片等。

4. 机读型

机读型包括电子图书、电子期刊、网络数据库、光盘数据库等。

5. 声像型

声像型也称视听资料，包括记录有音像的磁性制品，如唱片、录音带、录像带、幻灯片、电影片、多媒体资料等。

## 第二节　信息检索的基本原理与评价方式

### 一、信息检索的基本原理

信息检索的基本原理就是将用户需求（检索）标志和信息集合中存储（标引）标志进行比较和选择，其核心是两者通过检索语言进行匹配（Match）的过程。两者标志匹配，则具有这些特征标志的信息就从检索系统输出，输出的信息就是检索要求的信息。匹配有多种形式，既可以是完全匹配，也可以是部分匹配，这主要取决于用户需要，如图 1–1 所示。

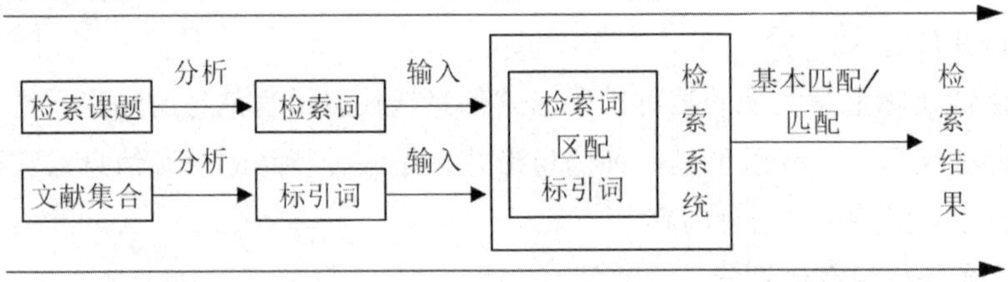


图 1-1　信息检索原理

### 二、信息检索的评价方式

检索语言是信息管理和信息检索的基础，它作为标引人员和检索用户的共同语言，在二者之间建立了信息特征表达和信息需求的桥梁。在网络化、信息化的今天，检索语言的应用范围更加广泛，其质量直接影响检索系统的查全率和查准率，是影响检索效果评价的一个重要因素。

检索效果（Retrieval Effectiveness）是指检索系统检索的有效程度，它反映了检索系统的能力，包括技术效果和经济效果。技术效果是由检索系统完成其功能的能力来确定的，主要指系统的性能和服务质量。经济效果由完成这些功能的价值所确定，主要指检索系统的服务成本和时间。存储的广泛和全面要求检索系统保证一定的覆盖面和摘储率，信息资源要丰富、完备。检索的迅速和准确则要求检索系统有更多的入口和信息存取点，使用户能从多渠道、多方面尽快找到所需资料。

#### （一）检索效果评价常用指标

为衡量检索系统效率，我们引入四个常用的检索指标，见表 1–1 所示。

表 1-1　检索效果评价常用指标

| 项目 | 相关信息 | 非相关信息 | 总计 |
| --- | --- | --- | --- |
| 检出信息 | a（hit） | b（noise） | a+b |
| 未检出信息 | c（mission） | d（rejected） | c+d |
| 总计 | a+c | b+d | a+b+c+d |

表 1–1 中，a 是被检出的相关信息，即查准的信息；b 是被检出的非相关信息，即误检的信息；c 是未检出的相关信息，即漏检的信息；d 是未检出的非相关信息，即正确拒绝的无关信息。

（1）查全率（Recall Ratio）。查全率是衡量某一检索系统从信息集合中检出相关信息成功度的一项指标，描述检索系统检出相关信息的能力。查全率 R 用检出的相关信息量与全部相关信息量的百分比来描述。

R＝[a/（a＋c)]*100% false

（2）查准率（Precision Ratio）。查准率也称相关率，是衡量某一检索系统信息“噪声比”的一种指标，描述检索系统拒绝不相关信息的能力。查准率 P 用检出的相关信息量与检出的全部信息量的百分比来描述。

P＝[a/（a＋b)]*100% false

（3）漏检率（Mission Ratio）。漏检率是与查全率相对应的概念。漏检率 M 用未检出的相关信息量与全部相关信息量的百分比来描述。

M＝[c/（a＋c)]*100% false

（4）误检率（Noise Ratio）。误检率是与查准率相对应的概念。误检率 N 用检出的不相关信息量与检出的全部信息量的百分比来描述。

N＝[b/（a＋b)]*100% false

### （二）检索效果评价方法

在评价检索系统的检索效果时，最为常用的是查全率和查准率。一般将查全率和查准率结合起来，否则难以准确反映检索系统的功能和效果。查全率和查准率与文献的存储与信息检索两个方面是直接相关的。也就是说，与系统的收录范围、标引工作和检索工作等均有着非常密切的关系。

（1）查全率与查准率的关系。在一个检索系统中，查全率与查准率呈反比（互逆）关系。检索标志全面广泛，则网罗性强，可保证较高的查全率，但是相关度不高的主题内容会同时被检出，查准率降低。反之，检索标志具体、专指，则检索的信息会更切题，提高了查准率，但命中信息少，降低了查全率。查全率与查准率两者的关系如图 1–2 所示。

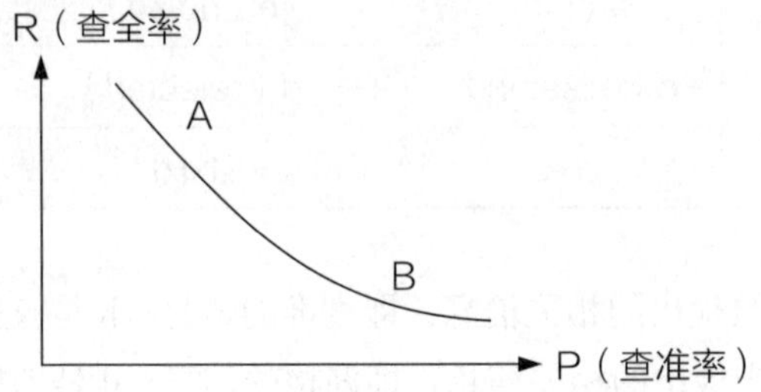


图 1-2　R—P 曲线

因此，我们在制定检索策略时应根据课题需要，合理分配、协调二者之间的比例，以满足课题需要为最终目的。理想的检索效果应该是同时获得 100% 的查全率和 100% 的查准率，但在实际检索中很难达到。

（2）影响查全率的因素。从文献存储的角度来看，影响查全率的因素主要有数据库收录文献不全、索引词汇缺乏控制和专指性、词表结构不完整、词间关系模糊或不正确、标引不详、标引前后不一致、标引人员遗漏了原文的重要概念或用词不当等因素。此外，检索策略过于简单、选词和逻辑组配不当、检索途径和方法少、检索人员业务不熟练或能力欠缺、检索系统不具备截词功能和反馈功能、检索时不能全面描述检索要求等也会影响查全率。

（3）影响查准率的因素。影响查准率的因素主要有索引词不能准确描述文献主题和检索要求、组配规则不严密、选词及词间关系不完整、标引过于详尽、组配错误、检索时所用检索词（或检索式）专指度不够、检索面宽于检索要求、检索系统不具备逻辑“非”功能和反馈功能、检索式中允许容纳的词数量有限、截词位置不当、检索式中使用逻辑“或”不当等。

## 第三节　信息素养的内涵

信息社会中，信息的获取、分析、处理、发布和应用能力将作为现代人最基本的能力和文化水平的标志，以计算机和网络技术为主的信息技术，已在社会各个领域得到广泛应用，并逐步改变着人们的工作、学习和生活方式。在当今时代，信息资源异常丰富，如何开发和利用这些信息资源，是提高国民经济水平的关键之一。而信息素养是影响人们开发、利用信息资源的重要因素。

信息素养包含了技术和人文两个层面的意义。从技术层面来讲，信息素养反映的是人们利用信息的意识和能力；从人文层面来讲，信息素养反映了人们面对信息的心理状态，或者说面对信息的修养。

### 一、信息素养的概念

信息素养（Information Literacy）概念的确立和被重视有一个渐变的历史过程。这与信息的重要性日趋凸显以及计算机和网络的飞速发展密切相关。最早是由美国信息产业协会主席保罗·泽考斯基（Paul Zurkowski）于1974年在给美国图书馆与信息科学委员会的报告中提出的。1983年，美国信息学家霍顿（Horton）认为，教育部门应开设信息素养课程，以提高人们对电子邮政、数据分析及图书馆网络的使用能力。1987年，信息学专家Patricia Breivik将信息素养概括为一种能了解提供信息的系统并能鉴别信息的价值、选择获取信息的最佳渠道、掌握获取和存储信息的基本技能，如对数据库、电子表格软件、文字等的处理技能。随后信息素养的概念得到了发展，“信息素养是利用大量的信息工具和信息源使问题得到解决的技能”。

“素养（Literacy）”一词在《辞海》中的解释为“经常修习的涵养，如艺术修养、文学修养”。强调素养形成的过程是一个不断“修养”的过程，体现出素养是动态的、发展的概念。同样，信息素养的形成也是经过后天养成的，是从无到有、从低到高的过程。它区别于先天的禀赋，是一个与时俱进的动态概念。

“Literacy”的英文含义是“有文化”“识字”及“阅读和写作的能力”。这个说法是与传统意义上的以物质和能量为基础的工业社会的印刷技术与文字媒体的文化相联系的。而随着网络与计算机多媒体技术的发展和应用，人类社会进入以信息和知识为主要资源的信息社会，出现了多媒体文化和网络文化。“Literacy”也被赋予了新的内涵，由于目前人们对信息素养还没有形成公认的看法，所以不少学者十分重视对信息素养特征的描述，为我们理解信息素养提供了广阔视角。

以下是来自维基百科上对“Literacy”含义的解释：

Literacy is traditionally understood as the ability to read, write, and use arithmetic. The modem term's meaning has been expanded to include the ability to use language, numbers, images, computers, and other basic means to understand, communicate, gain useful knowledge and use the dominant symbol systems of a culture. The concept of literacy is expanding in OECD countries to include skills to access knowledge through technology and ability to assess complex contexts.

The key to literacy is reading development, a progression of skills that begins with the ability to understand spoken words and decode written words, and culminates in the deep understanding of text. Reading development involves a range of complex language underpinnings including awareness of speech sounds（phonology）, spelling patterns（orthography）, word meaning（semantics）, grammar（syntax）and patterns of word formation（morphology）, all of which provide a necessary platform for reading fluency and comprehension.

Once these skills are acquired, the reader can attain full language literacy, which includes the abilities to apply to printed material critical analysis, inference and synthesis; to write with accuracy and coherence; and to use information and insights from text as the basis for informed decisions and creative thought. The inability to do SO is called illiteracy or alphabetism.

The United Nations Educational, Scientific and Cultural Organization（UNESCO）defines literacy as the “ability to identify,understand, interpret, create, communicate and compute, using printed and written materials associated with varying contexts. Literacy involves a continuum of learning in enabling individuals to achieve their goalsm to develop their knowledge and potentialm and to participate fully in their community and wider society”.（From Wikipedia. the free encyclopedia）

以上“Literacy”的含义可以用图 1–3 解读。

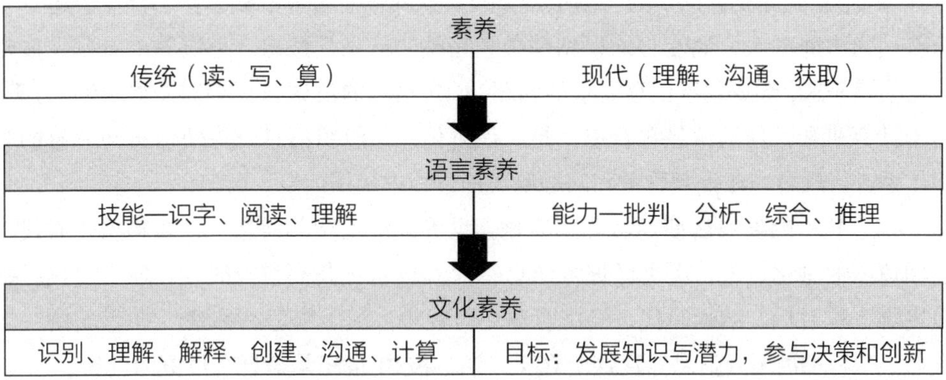


图 1-3　维基百科对 Literacy 的解读

从 1990 年开始，全球性文盲问题令人瞩目。联合国大会把 1990 年定为“国际扫盲年”，预示着 10 年扫盲的开始。随着对文盲问题的关注，我们对人的信息素养作如下探讨。

19 世纪 80 年代，研究者已采用过信息素养是整体素养的一部分这个观点，通常所说的文盲与非文盲这种两分法已经行不通了。在今天，信息素养是个不断发展的概念，其含义取决于在某一特定社会中社会的及个人的需求，因为信息素养必须放到文化、社会、经济及政治环境中进行思考。因此，对信息素养进行定义，必须考虑到在这个社会中不断增长的信息需求。

再看看文化素养。文化素养既包括听、读、说、写及批判性思维这些技能，也包括计算机能力，更包括会读、会说、会写的人能确认并使用不同社会状态对应的语言的文化知识。从这一点可以看出，现代社会（无论是高度发达的信息社会，还是文盲、半文盲的发展中社会）对信息的依赖将影响并扩大文化素养（包括信息素养）的含义。

新世纪文盲的定义“不再是不会写、不会说、看不懂书本的人，而是缺乏主动学习、自主学习、持续学习能力，不会掌控信息的人”。目前，世界的格局是“谁掌握了信息，谁就掌握了世界的话语权”。

## 二、信息素养的特征

美国提出的信息素养概念包括三个层面：文化层面（知识方面）、信息意识（意识方面）、信息技能（技术方面）。其定义为：“要成为一个有信息素养的人，他必须能够确定何时需要信息，并已具有检索、评价和有效使用所需信息的能力。”

在《信息素养全美论坛的终结报告》中，再次对信息素养的概念作了详尽表述：“一个有信息素养的人，他能够认识到精确和完整的信息是做出合理决策的基础；能够确定信息需求，形成基于信息需求的问题，确定潜在的信息源，制订成功的检索方案。基于计算机和其他的信息源获取信息、评价信息、组织信息，将新信息与原有的知识体系进行融合，在批判思考和问题解决的过程中使用信息。”

信息技术的发展已使经济非物质化，世界经济正转向信息化、非物质化时代，正加速向信息化迈进，人类已进入信息时代。21 世纪是高科技时代、航天时代、基因生物工程时代、纳米时代、经济全球化时代等，但不管怎么称呼，21 世纪的一切事业、工程都离不开信息，从这个意义来说，称 21 世纪是信息时代更为确切。

在信息社会中，物质世界正隐退到信息世界的背后，各类信息组成人类的基本生存环境，影响着芸芸众生的日常生活方式，因而构成了人们日常经验的重要组成部分。虽然信息素养在不同层次的人身上体现的侧重面不一样，但概括起来，它主要具有五大特征：

（1）捕捉信息的敏锐性。

（2）筛选信息的果断性。

（3）评估信息的准确性。

（4）交流信息的自如性。

（5）应用信息的独创性。

### 三、信息素养与终身学习

信息素养作为 21 世纪个人重要的能力素质，为个人终身学习、在信息社会更好地生存和发展提供了重要的基础。

2003 年 9 月，联合国召开信息素养专家会议，会上发表了著名的《布拉格宣言》。宣言指出：信息素养是人们有效参与信息社会的一个先决条件，是终身学习的一种基本人权。具备信息素养的人，才能适应信息社会的需要，也只有接受过良好信息素质教育的人，才能在信息社会中表现出极大的潜力和创造力。

信息素养是一种信息能力，信息技术是它的一种工具。面向 21 世纪的大学生，应当学会如何识别所需要的信息，利用检索工具获取有用的知识信息。信息素养已然成为大学生应当具备的一种基本素养。

信息素养是自我学习、终身学习的必备能力，也是创建学习型社会的重要条件。据不完全统计，一个人在学校接受的教育，学到的知识只占其一生所需知识的 10%

左右，而其余 90% 左右的知识是在今后的工作和生活中通过不断学习而获得的。现如今，在知识爆炸的信息社会中，不断地更新知识已经成为人们终身学习的必然过程。

一个人只有不断地学习和更新知识，才能在未来的工作和生活中立于不败之地。当然，除了在学校接受教育外，更重要的是学会自我学习。通常情况下，具有信息素养的人能够按照自己的特定需求，寻找事实真相，寻求知识真谛，不断找寻解决问题的方法，善于钻研，勤于思考，经过评价和分析，得出自己的见解和观点。在这个过程中，一方面为自己积累了终身学习的经验和能力，另一方面激发了灵感，创造了激情，在社会群体中找到自己的定位，实现人生的价值。

为培养具有信息素养的合格公民，需要改进和完善现行的教育体制，以适应信息素养能力的培养，为终身学习打下良好的基础，而学校教育正是实现终身教育的基础。我国现行的应试教育模式，带有比较明显的知识预包装的特点，极具功利色彩，唯“分数论”，特别是基础教育阶段，学校不太注重培养学生的批判性思维和解决问题的能力。学生往往从老师那里和课本上被动地接受知识，而不会用学到的知识去解决实际的困难和问题。学生往往是在预先设定好的有限的信息环境中去练习解决问题，这样的练习和现实世界的解决方式存在很大差异。现实世界的困难和问题会基于多种信息和资源解决，可以有不同的解决方案和多种途径解决。

“授人以鱼，不如授以渔”，方法比知识要重要。学习本身不应该是被动的、被分割的，而应该是积极主动的、整合的过程。学校的行政管理者和教师也已经开始认识到预设好的知识、课本资料和测验并不能让学生建立起积极主动的、有质量的学习行为。国外高等教育中有研究显示：学生在几个月内已经忘记了 50% 左右的课堂学习内容，无法记忆和保留教师教授的大部分知识和信息。由于信息更新周期的迅速缩短，即使是学生记住了 50% 的信息，在今后的工作中有多少可以利用上，也是很难保证的。因此，学校教育要教给学生知识，更要教会学生终身学习的能力，终身学习的能力才是受益终身的法宝，才能让学生应对任何学习过程、任何实际需求的信息查找、信息评价和使用。学习过程可以重新组织，可以基于生活中学习和解决问题可获得的信息资源来设计，帮助学生建立终身利用信息资源学习的习惯。这样的学习过程注重的是信息素养能力的培养，应该积极地纳入教育体系当中来。

21 世纪是知识经济时代，是全球信息化时代，科技进步和经济发展必将越来越依赖信息技术、信息资源和信息产业的发展。如何快速有效地获取信息是当代公民必备的信息素养能力。美国学者彼得·圣吉在其《第五项修炼》一书中就曾断言：“在未来，信息素质是你所拥有的唯一持久的竞争优势，或许是具备比你的竞争对手学习得更快的能力。”

### 四、信息素养与科技创新

科技创新是一个国家和民族在国际竞争中凸显优势的重要途径，也是一个国家和民族可持续发展的基石。当前高科技产业的国际竞争战线已进一步前移，创新频率大大加快。从最终的产品竞争转为研究方向的选择与速度之争，谁能快速、全面、准确地掌握科研领域最前沿的发展动态，迅速寻找到研究空白点和开发新的领域，谁就有可能占领经济格局中的“制高点”。因此，应进一步提高学术机构的科研人员、高等院校师生、管理部门人员的信息素养能力，成为当前重中之重的任务。

“科技创新”“科教兴国”战略不应该只是一句口号，而应该成为推动社会前进的重要动力和重要因素。科技创新离不开信息，科研人员必须全面、系统、准确地掌握本领域的相关信息。但是，在信息资源激增的情况下，科研人员面临庞大的信息选择难题，信息质量的不确定性和数量的膨胀对科研人员认识和评价信息，快速找到有用的信息提出了挑战。如果不具备良好的信息素养能力，即使拥有大量丰富的信息，也不一定能产生思辨能力和创新意识。

信息意识是科技人员创新必备的信息素养能力，没有信息意识，就没有科技创新。信息意识就是对信息的敏感度，在遇到问题时会想到利用信息进行判断、分析和决策。科技发展具有连续性、继承性的特点，科技创新是在总结前人研究的基础上，借鉴别人的成功经验，吸取前人研究成功的精华，通过学习、继承、判断、分析、总结等创新思维活动，经过反复研究实验，才得出的真知灼见的创新成果。

科学研究是一项积累性、探索性、创造性的工作，从科研的选题、准备，到研究、总结，都离不开科研信息的采集、分析和利用。科研信息不但构成了科学研究的基本要素，而且是保证科研工作有效性的必要前提。据美国科研基金委员会统计，一位科研人员花费在查找资料和消化吸收科技资料上的时间须占全部科研时间的50.9%，计划思考占7.7%，实验研究占32.1%，科研总结占9.3%。由此可见，查阅文献资料在科学研究中占很大比重。

为了避免科研工作的重复浪费，科研人员必须及时掌握科技发展的前沿动态和科技新成果，这样才能保证科研工作的前瞻性和创新性。

众所周知的SONY家电电器公司能有今天，就是归功于当时的日本专业人士井深大和盛田昭夫具有敏感的信息意识。他们敏锐地捕捉到晶体管发展的未来前景，果断买下了生产晶体管的专利。当初晶体管刚刚问世时，美国西方电子公司仅仅把这种晶体管用于生产助听器，但井深大和盛田昭夫敏锐地发现：晶体管像电子管一样能够放大信号，而且反应快、体积小、耗电量少、可靠性强，完全可以取代电子管，他们于1957年生产出世界上第一台袖珍式晶体管收音机，命名为“SONY”。从此，SONY一举成为名扬天下的家电业界老大。

科技创新的关键是能从大量纷繁复杂的信息中提取有价值的东西，经过深入挖掘分析，能在司空见惯的表面现象中发现深刻的思想内涵，预见创新成果。这种超前预见能力是由敏锐的信息意识引发的，是知识创新的内在动力，更是信息素养能力。

为了培养更多的科技创新人才，信息素养能力的教育不容忽视，要着重培养他们的选择与分析能力，掌握信息分析研究的方法，能从众多修改的信息中提取有用的信息，去粗取精，去伪存真，提炼出有科学价值的创新信息。在科技创新的同时，要尊重知识产权，遵循国家的法律法规，合理使用知识、信息和技术，在创新研究的过程中明示对他人成果的引用、借鉴与参考，避免发生将他人成果据为己有的行为;对已有的创新成果也要有保护意识，可以通过法律手段对创新成果进行知识产权保护，这对于个人和国家的创新能力具有直接的影响。

## 五、信息素养与阅读文化

### （一）中国人的阅读情况

2016年4月23日是世界读书日，人民日报与今日头条、亚马逊中国联合发布了《2015—2016中国人阅读情况系列报告》，解读中国人的阅读情况。

2015年8月31日，中国新闻出版研究院组织的第九次全国国民阅读调查显示：2011年我国人均读书仅为4.3本，远低于韩国的11本、法国的20本、日本的40本、俄罗斯的56本、以色列的64本。

2014年我国成年国民人均纸质图书阅读量为4.77本，韩国15本、法国24本、日本44本、以色列68本；我国人均每天读书13.43分钟，是世界人均读书时间最少的国家之一，这与中国悠久的文明史、深厚的文化底蕴很不相符。

现如今，有多少人在坚持阅读？当今社会人们的浅阅读、碎片式阅读乃至很少阅读的现象值得警醒。倡导全民阅读，建设学习型社会，对于提升公民的信息素养有重要的现实意义。

### （二）当前中国人陷入阅读危机的原因

从传统上说，阅读一直停留在精英层面，没有形成全民阅读的传统。

1. 即时的在线浏览正在取代传统青灯黄卷式的经典阅读

以快餐式、跳跃性、碎片化为特征的“浅阅读”正成为阅读新趋势。这种阅读方式虽然有较为快速、及时等优点，但也存在容易令人产生思维惰性、缺乏逻辑性及系统思考和判断能力等弊端。

2. 快节奏的生活方式，让人心变得浮躁

生活压力大，让人们很难静下心来去思考书中的要义，也很难有兴致去探索哲学的命题。人们越来越习惯于将阅读当成是获取信息的途径。国人的“阅读危机”还表现为阅读的功利化。一直以来，升学和就业成了国民教育的主要追求，学生形成“‘有用’的书就读，‘无用’的书就不读”的功利阅读观，把读书当成达到某种目的的手段，而不是对读书本身感兴趣。

3. 部分国人阅读量少与个人需求有关

中国当前处在社会转型阶段，忙于各种事情而无暇阅读是一部分人阅读量少的原因。一个人的阅读量还与他对阅读的意义和价值的理解相关。如果认为阅读与自己的生存状况关系不大，或者认为阅读反而会影响生存状况的改善，他就没有阅读的需求和积极性。

2014 年，莫言荣获诺贝尔文学奖，国内掀起了一股“莫言热”，但要拉动国民阅读水平，仅靠莫言一人，那无异于杯水车薪。我们应该抓住当前莫言“阅读热”的契机，想方设法，把这个“即时热”转化成为“长久热”，把针对一个人的“骤热”，转化成针对更多的作家作品、更宽广领域经典之作的“慢热”。

中国新闻出版研究院徐升国说：“2011 年，我国 18~70 周岁的国民人均阅读传统纸质图书 4.3 本，这是我院组织的第九次全国国民阅读调查得出的结果。”中国新闻出版研究院隶属新闻出版总署，第九次全国国民阅读调查于 2010 年底进行，2011 年 4 月 23 日“世界读书日”前夕发布调查结果。表 1–2 是 2008—2011 年我国对 18~70 周岁国民阅读情况的调查统计。

从表 1–2 可以看到：图书阅读率稳中有升，报纸和期刊的阅读率有波动，公民上网率势不可当，数字阅读快速增长，手机阅读率增速迅猛，国民综合阅读率迅速提升，说明与近几年信息化、网络化的迅速普及有密切关系。对我国国民倾向的阅读形式的研究发现，75.3% 的 18~70 周岁国民更倾向于“拿一本纸质图书阅读”，11.8% 的国民更趋向于“网络在线阅读”，9.4% 的国民趋向于“手机阅读”，2.5 % 的人趋向于“在电子阅读器上阅读”，1% 的国民“习惯从网上下载并打印下来阅读”。如何高效阅读并构建和谐进步的阅读文化，将成为一个非常现实的问题。国内外的研究实践已表明，信息素养对构建当下的阅读文化具有深远意义，深入开展信息素养教育，重构阅读文化，成为当代国人的重要使命。

表 1-2　2008—2011 年我国 18 ～ 70 周岁国民阅读情况调查统计表（%）

| 年份 | 2008 年 | 2009 年 | 2010 年 | 2011 年 |
|---|---|---|---|---|
| 图书阅读率 | 49.3 | 50.1 | 52.3 | 53.9 |
| 报纸阅读率 | 63.9 | 58.3 | 66.8 | 63.1 |
| 期刊阅读率 | 50.1 | 45.6 | 46.9 | 41.3 |
| 公民上网率 | 36.8 | 41.0 | 49.9 | 54.9 |
| 数字化阅读 | 24.5 | 24.6 | 32.8 | 38.6 |
| 手机阅读 | 12.7 | 14.3 | 23.0 | 27.6 |
| 综合阅读率 | 69.7 | 72.0 | 77.1 | 77.6 |

徐升国介绍，全国国民阅读调查开始于 1999 年，现在每年进行一次，是一项对国民文化消费的长期跟踪调查，有央视市场研究和零点调查公司等专业公司参与，采用国际上社会调查的标准体系，在全国 29 个省、自治区和直辖市的 50 个左右的城市对居民进行入户调查，获得 2 万个左右的样本，调查问卷的设置涵盖图书、期刊、音像、网络、手机等载体和途径，以及公共阅读服务、读书节、农家书屋等项目，这已经被视为我国国民阅读的风向标。

与“4.35 本”这个数字在各类媒体上被用来当作“警醒世人”不同，在专业人士眼里，“4.35 本”的结果无惊无喜。徐升国说：“2010 年的调查结果是 4.25 本，2009 年是 3.88 本，2008 年是 4.75 本，所以，总的趋势是在徘徊波动中趋稳，但也不值得乐观。”他表示，阅读量下降是全球性的趋势，对此的担忧并非国人所独有。但是，从全球横向比较来看，我们确实偏低，跟传统文明古国、礼仪之邦的地位不相符。当下我国的读书风气和氛围还不如 20 世纪 80 年代，“知识无用论”似乎愈演愈烈，阅读少，尤其年轻人不读书是我们切实的所见、所感。

近年来，数字阅读的迅猛发展令专业人士始料未及。1999 年的全国国民阅读调查结果显示，当时国人的上网率才 3%，数字阅读无从考察；2011 年，上网率增加到 54.9%，数字阅读率达到 40%，手机阅读率达到 27.6%。但第九次全国国民阅读调查结果显示，2011 年，国民数字阅读人均读书仅 1.42 本。

徐升国说，数字阅读之所以没有与传统阅读合并计算，首先因为数字阅读的统计是不能以“本”为单位的，很可能只是部分章节、段落。此外，数字阅读和传统阅读相比有较大差异，比如，手机阅读的可能是书，更大的可能是报纸、刊物，也不能以传统纸质阅读的监测手段监测数字阅读的阅读量。

"数字阅读是有价值和意义的，应该给予高度关注和检测，但是目前全世界对数字阅读的关注不一样，还不能简单地说数字阅读是好还是坏；数字阅读目前也不能取代传统阅读，因为其还有明显的缺憾，比如可能损害儿童的视力；往往因超链接的存在，不断分散读者的注意力，使其无法专注于阅读本身；数字阅读也容易导致碎片化和浅阅读。"徐升国的观点是谨慎的。几年前，iPad 刚刚出现时，有人曾经说 iPad 是阅读的杀手。在某种意义上，也许这并非危言耸听。

### （三）信息素养与阅读文化的关系

#### 1. 阅读是人类对信息需求的表现，阅读文化是一种信息审美文化

信息社会对阅读文化的巨大挑战是阅读端口的变化。传统的阅读端口以纸质为主，虽然 IT 业兴起后，电子化已悄然引起了阅读方式的革命，但是随着云端模式的出现与普及，阅读端口将变得更加多元化。一方面，云计算保证了海量信息的获取、保存与有效处理；另一方面，阅读应用端口的多样化与普及，使读者的阅读已不受时空的限制。更深一层的挑战来自学习方式的改变，这就使碎片化的学习将由一种时尚变为普遍接受的学习方式。"屏一代"终将成为时代的主流，海量信息下的碎片化学习会影响接受者的心智，从而最终使碎片化学习成为获取知识的另一种方式。这也形成了信息社会对阅读文化的巨大冲击。

网络阅读文化的变革和教育信息资源的繁杂，使得阅读与学习、阅读文化与终身教育面临极大挑战，要寻求一种面向全体公民的教育目标或能力修养来重构阅读文化，这就是信息素养。

#### 2. 信息素养可以重建阅读文化

阅读文化是一种文化视域，它对个体、民族、国家乃至全球都是一种视域，这种视域是以信息为基础的。当今时代，青少年正沉浸于网络的阅读世界和阅读海洋中，重提阅读文化的重要性，可以引起人们对信息素养的极大关注，信息素养是提升公民阅读境界的最佳选择。阅读文化的困境源于信息素养的不足，较高的信息素养必然打造较好的阅读氛围，因而可以扭转整个社会阅读文化的尴尬境遇。

#### 3. 阅读是阅读文化的基础

没有阅读，谈不上阅读文化。阅读是读者通过一定的媒介对特定的信息进行识别、理解、记忆以及审美的过程。现代的阅读"不只是文字的阅读，而是一种多介质（图片、声音、图像、网络等）的阅读"。但阅读归根结底是对依存于介质上的信息的解读，这就涉及阅读方式和阅读能力，不论是阅读能力还是阅读方式，都是与个人的信息素养息息相关的。信息素养及其各要素的养成都不能脱离阅读文化，阅读文

化是信息素养教育的必经途径。图书馆是提供阅读的文化殿堂。对图书馆而言，“每一次技术的变革都将服务推向更人性化、更方便的快捷之路，给全民阅读带来了阅读方式的诸多革新，使得图书馆不断革新服务方式。图书馆多元化服务的顺利开展终将依赖图书馆和读者双方信息素养的同步提高，图书馆和读者双方将建立起更为平等的和谐关系”，阅读文化与信息素养之间具有很强的互动性。

4. 阅读是信息需求的过程，阅读文化是信息素养的基础

一定的阅读文化制约和产生相应的信息素养；阅读文化直接作用于信息素养的各个要素，各个要素的形成和发展离不开阅读文化。就信息文化而言，阅读文化与信息素养有一个重要的沟通桥梁，那就是信息美学。阅读文化就是发现信息美学、体验信息美学的过程。因此，开展全民阅读活动是提升信息素养的重要途径。2010年4月19日，在“第七次全国国民阅读调查”结果新闻发布会上，中国出版科学研究所为加强对国家阅读战略研究与国民阅读促进工作，正式成立了“国民阅读研究与促进中心”，并开通了“中国全民阅读网”，这将更加有力地促进我国的全民阅读。

5. 信息素养与阅读文化相辅相成、相互促进

信息素养的提升又是从改善阅读开始的，信息素养不但能提高阅读的效率，而且还能够提高阅读的层次与品位，并达到对阅读文化的深层次理解与应用。信息素养的诸要素之间的关系都对阅读文化产生直接的影响，因为信息素养是“一种理解、发现、评估和利用信息的认知能力”，所以说，信息素养是提升阅读文化、推进终身教育的必备能力。一个没有信息素养或者信息素养不足的人是难以适应信息化社会的需要的，信息素养是改善阅读文化、提升阅读文化、推动阅读文化科学发展的最佳选择。

6. 阅读文化是提升信息素养的先决条件

也可以说，阅读是提升信息素养的必经之路。改善阅读习惯、阅读方式与阅读内容等阅读文化，就从提升信息素养开始，当代大学生的信息素养，不仅影响着他们在校期间的阅读行为，更影响着他们的终身继续教育以及今后工作的能力和业绩。正如一位科学家所说：“海水里蕴藏着无限大的内能，但是如果不能通过一定的技术和技能将这些隐性的内能转换成可以利用的热能，那它连一壶水也不可能烧开。”

## 第四节　信息素养的教育现状与发展趋势

当今世界，人类社会正处于一个信息爆炸的时代，信息素养是生活在现代社会中的每一个人所必须具备的基本素质，越来越受到世界各国的关注和重视。现代社会的竞争，越来越表现为信息积累、信息能力和信息开发利用的竞争。为此，了解信息素养的含义，注重提高信息意识、开展信息道德教育、明确信息素养教育内容是非常重要和具有现实意义的。

### 一、信息素养的教育现状

信息素养教育是指为启发人的信息意识、提高人的信息能力和信息道德水平所进行的一系列社会教育和培训活动。其目的不仅是培养人们的信息检索技能和计算机应用技术，更重要的是培养人们对现代信息环境的理解能力、应变能力及运用信息的自觉性、预见性和独立性，从而提高人们的综合素质。这是高校图书馆的一种责任，对培养学生的可持续学习能力、创新能力和批判性思维能力有着重要的作用。

#### （一）国外信息素养教育现状

国外对信息素养问题的研究可谓由来已久。20 世纪 60 年代，大规模开展的图书馆用户教育可视为信息素养教育的前身；而 20 世纪 70 年代信息素养概念的提出则是信息素养问题研究的真正开始。经过 40 多年的发展，信息素养问题的研究已达到了相当深入的程度，信息素养教育也逐步成为高等教育的一个重要主题。数量众多的信息素养教育计划和项目在全球范围内开始实施，有力地推动着高等教育的变革。联合国教科文组织更是向全世界公开提出（1999）：“教育已扩展到一个人的整个一生，唯有全面的终身教育才能培养完善的人。”当今世界上国家与国家、地区与地区、个人和个人之间的差距均是“知识的差距”。美国图书馆组织在全美推动信息素养教育方面发挥了巨大作用，其中最具有影响力的当属美国、英国、澳大利亚、新西兰等国家层面的信息素养评价标准的出台。

1974 年，信息产业协会主席保罗·泽考斯基在美国提出信息素养概念。

1989 年，美国图书馆协会《信息素养主席委员会：总结报告》，具体包括信息素养 5 个标准和 22 个指标。

1999 年，英国国家和大学图书馆常设委员会（The Society of College，National and University Libraries，SCONUL）发布了《高等教育信息技能意见书》，在英国

高校信息素养教育中影响广泛。它包含基本图书馆技巧（Basic Library Skills）和IT技巧（IT Skills），创建了信息素养的“七柱模型”（The Seven Pillars of Information Literacy Model）。它由7个一级指标、18个二级指标组成。2011年4月，信息素养的“七柱模型”更新为“核心模型”（Identify、Scope、Plan、Gather、Evaluate、Manage、Present），内容包括确认信息需求、确定满足需求的信息、设计检索策略、寻找和获取、比较和评价、组织、应用、交流、综合、创造。

2000年1月，美国大学与研究图书馆协会（Association of College and Research Libraries，ACRL）通过了《美国高等教育信息素养能力标准》，它分为标准、执行指标和效果3个板块，在美国已被广泛接受和认可。该标准定义了学生必须掌握的信息技术技能和知识，包括5项标准和22项执行指标。该标准将信息技术素养分为信息素养、媒体素养和技术素养三个方面，详细阐述了合理运用媒体和技术的技能、理智地运用信息的技能、独立学习的能力和态度以及独立工作及团队合作的能力，促使高校将信息素养作为课程学习的基础课程，与其他注重深度学习的教育紧密联系。

2001年，澳大利亚与新西兰高校信息素养联合工作组（Australian and New Zealand Institute for Information Literacy，ANZIIL）正式发布了《澳大利亚与新西兰信息素养框架：原则、标准及实践》。2004年，ANZIIL升级为《框架》（2004年版），作为各高校开展信息素养教育的指导性文件。该文件制定了信息素养教育的原则、标准与实践方案，规定了信息素养课程在教育学科体系中的重要地位。该体系由6个一级指标、19个二级指标、67个三级指标组成。

2003年9月，联合国信息素养专家会议发表了《布拉格宣言：走向信息素养社会》（The Prague Declaration：Towards an Information Literate Society）。

2004年，国际图书馆协会联合会（International Federation of Library Associations and Institutions，IFLA）发布《国际信息素养指南》（International Guidelines on Information Literacy）。IFLA在2006—2007年战略计划中提出，信息素质部门的初始目的是在各类图书馆中促进国际合作和推动信息素质，也是在社会、成员、职业这三个IFLA支柱领域中促进信息素质提高以引导信息世界。该计划包括3个终极目标、15个目标措施。

2009年10月2日，美国总统奥巴马与美国图书馆协会共同发表一项声明，宣布2009年10月作为国家信息素养宣传月。

2015年1月，美国大学与研究图书馆协会提出《高等教育信息素养框架》（Framework for Information Literacy for Higher Education，ACRL授权翻译发布，2015），引入元素养概念，2016年1月框架被批准实施。

1989—2017 年，美国大学与研究图书馆协会发布、颁布了多个关于信息素养的报告和标准，具体情况见表 1–3 所示。

表 1-3　信息素养标准年度颁布数量统计表

| 序号 | 标准名称 | 发布日期 |
|---|---|---|
| 1 | *Presidential Committee on Information Literacy：Final Report* | 1989.l |
| 2 | *Information Literacy Competency Standards for Higher Education* | 2000.1 |
| 3 | *Objectives for Information Literacy Instruction：A Model Statement for Academic Librarians* | 2001.1 |
| 4 | *Characteristics of Programs of Information Literacy that Illustrate Best Practices：A Guideline* | 2003.6 |
| 5 | *Information Literacy Standards for Science and Technology* | 2006.6 |
| 6 | *Proficiencies for Instruction Librarians and Coordinators，Standards for（June 2007）A Practical Guide* | 2007.6 |
| 7 | *Research Competency Guidelines for Literatures in English* | 2007.6 |
| 8 | *Information Literacy Standards for Anthropology and Sociology Students* | 2008.1 |
| 9 | *Political Science Research Competency Guidelines* | 2008.7 |
| 10 | *Psychology Information Literacy Standards* | 2010.6 |
| 11 | *Information Literacy Standards for Teacher Education* | 2011.5 |
| 12 | *Information Literacy Competency Standards for Journalism Students and Professionals* | 2011.10 |
| 13 | *Guidelines for Instruction Programs in Academic Libraries* | 2011.10 |
| 14 | *Visual Literacy Competency Standards for Higher Education* | 2011.10 |
| 15 | *Characteristics of Programs of Information Literacy that Illustrate Best Practices：A Guideline* | 2012.1 |
| 16 | *Information Literacy Competency Standards for Nursing* | 2013.10 |
| 17 | *Framework for Information Literacy for Higher Education* | 2015.2 提交；2016.1 接受 |
| 18 | *Distance Learning Library Services，Standards for* | 2016.6 |

由表 1–3 可见，美国图书馆协会 / 美国大学与研究图书馆协会发布的信息素养教育标准和报告数量在 2011 年出现了一个峰值，标准和报告的内容分学科细化，为其他国家在信息素养教育方面提供了依据。

### （二）国内信息素养教育现状

1984 年，国家教育委员会（以下简称“国家教委”）发布《关于在高等学校开设（文献检索与利用课）的意见》，奠定了“文献检索与利用”作为高校公共基础选修课的地位。从 20 世纪 90 年代中期开始，受国外影响，我国图书情报界对用户教育活动的理论思考逐渐演变上升为信息素质层面的研究。1993 年，国家开始大力提倡素质教育，素质教育问题成为教育界的研究热点，信息素质教育研究也得到一定程度的关注，但研究内容主要是以计算机为主体的信息技术教育。从 2000 年开始，信息素养概念已进入一部分信息技术教育研究人士的视野，在国家信息技术教育相关政策中也出现了“信息素养”的提法，但基本上是将信息素养的培养局限于信息技术教育之中。

1984 年 2 月，国家教委印发《关于在高等学校开设（文献检索与利用）课的意见》（高教〔84〕004 号）。

1985 年 9 月，国家教委印发《关于改进和发展文献课教学的几点意见》。

1992 年，国家教委高教司印发的《文献检索课教学基本要求》（〔1992〕44 号）明确指出：“文献检索课是培养学生的情报意识，掌握用手工方式和计算机方式从文献中获取知识和情报的一门科学方法课。”

1996 年，高等教育出版社出版了《科技文献检索教学大纲》（国家教委 1994 年 12 月编发）和《社科文献检索教学大纲》（国家教委 1995 年编发）。

1998 年，教育部颁布《普通高等学校本科专业目录和专业介绍》，在 249 个专业中，有 218 个专业在业务培养要求中明确规定要“掌握文献检索、资料查询的基本方法”或“掌握资料查询、文献检索及运用现代信息技术获取相关信息的基本方法”。

上述文件的颁布记录了我国教育主管部门对信息检索课高度重视的历史过程，为文献检索课从无到有奠定了坚实的政策基础，同时也对文献检索课内涵的深化、教学手段多样化、教学内容网络化、教育形式现代化提出了更高的要求，为其发展指明了方向。

1999 年，教育部在《面向 21 世纪教育振兴行动计划》中明确指出：“到 2010 年在全国建立起终身学习体系，信息素养是终身学习的条件。”

2002 年 1 月 6 日，“全国首届信息素养教育学术研讨会”在黑龙江大学召开。这次会议有三点非常值得注意：其一，大会首次决定将“文献检索课学术研讨会”

更名为“信息素养教育学术研讨会”；其二，会议邀请了美国路易斯维尔大学图书馆馆长 Hannelore B. Rader 教授做了“全球信息素质教育：图书馆员在 21 世纪的作用”的专题报告；其三，会议全文翻译并印发了美国大学与研究图书馆协会制定的美国《高等教育信息素养能力标准》，进行了学习和讨论。由此可见，信息素养教育已经受到我国高校图书馆的普遍重视。国外专家的参与，以及对美国权威标准的引入则体现出一种国际视野，标志着我国文献检索课所推动的信息素养教育进入了一个新的历史阶段。

2002 年 2 月，教育部颁发《普通高校图书馆规程（修订）》（教高〔2002〕3 号），其中第十七条指出：要通过开设文献信息检索与利用课程以及其他多种手段，进行信息素质教育。

2005 年，“全国信息素质教育学术研讨会”在山东召开；清华大学图书馆和北京航空航天大学图书馆共同承担研究并制定了《北京地区高校信息素质能力指标体系》，作为北京市高校学生信息素养评估的重要标准。

2010 年，“全国高校文献检索课程教学研讨会”出版会议论文集《信息社会与信息素养》。

从 1999 年开始，文献检索课在经历了 19 年的发展之后，教学目标、教育内容、教育重心、课程名称已经发生变化，并且国家从政策上对信息素养教育给予高度重视。

## 二、信息素养教育的发展趋势

21 世纪是信息网络化时代，终身教育、开放教育、能力导向学习成为教育理念的重要内涵。只有了解信息素养教育的意义，跟踪未来发展趋势，才能满足知识创新和终身学习的需求，培养适应 21 世纪现代化建设需要的新型人才。目前，发达国家和地区已纷纷将信息素养教育作为 21 世纪人才能力培养的重要内容。

信息素养教育主要反映在信息检索技术能力的培养方面，面对现代纷繁复杂的海量信息资源，如何便捷、准确地检索到所需信息已成为全球用户关注的焦点问题。随着计算机技术、通信技术和信息存储技术的飞速发展，信息检索已经从手工检索发展到网络化检索阶段，信息检索对象已经从独立数据库的单一信息源扩展到开放、动态、更新快、分布广泛、管理松散的网络信息，信息检索的用户也由原来的信息专业人员扩展到包括各专业人员在内的普通用户，这些对信息检索从检索方式到检索结果都提出了更高、更多样化的要求。其发展趋势如下。

### （一）智能化

智能化是网络信息检索未来的主要发展方向。用户所需要做的仅仅是告诉计算机想做什么，至于怎样实现则无须人工干预，用户将彻底从烦琐的规则中解脱出来。近几年，智能信息检索（Intelligent Information Retrieval）作为人工智能的一个独立研究分支得到了迅速发展，面向网络的信息获取技术已成为当代计算机科学技术领域中迫切需要研究的课题，人工智能技术应用于信息检索领域将是人工智能走向应用的一个新契机与突破口。

### （二）可视化

可视化是用图像取代文字帮助人们检索，其优点在于图像的表达方式生动、形象、清晰、准确、效率更高，并能从多维角度揭示；而纯文字的表达方式是模糊的、一维的。

### （三）多元化

多元化首先表现在可以检索的信息形态多样化，如文本、声音、图像、动画、视频等；其次，基于内容的检索技术和语音识别技术的发展，将使多媒体信息的检索变得逐渐普遍。网上检索工具已不仅仅是单纯的检索工具，还在向其他服务范畴扩展，如提供站点评论、天气预报、新闻报道、股票点评等，以多种形式满足用户需要。

### （四）个性化

个性化指各网站数据库内容的特色化及个性化的服务。网络资源指数级膨胀，使用户在获得自己需要的信息资源时要花费大量的时间和精力。个性化服务的实质在于提供真正适应用户需要的产品，贯彻以用户为中心的理念。

### （五）全文化

全文检索以文字、声音、图像等类型数据为主要处理对象，是目前信息检索发展的最高阶段，也是最前沿的趋势。与其他检索技术相比，全文检索的新颖之处在于它可以使用原文中任何一个有实际意义的词作为检索入口，而且得到的检索结果是源信息而不是信息线索。

### （六）商业化

网络检索系统拥有数量众多的用户，可以吸引大量的广告，为电子信息的增值服务提供广阔的空间。网络检索系统不再仅仅是一种检索工具，而是成为一种产业，它的商业利益成为推动系统完善和扩展的主要动力，促使网络信息的检索与利用由公用性转向商业化，网络检索系统成为新的投资热点。

### （七）自然语言与人工语言检索并用

自然语言检索指用自然语言作为提问输入和对话接口的检索方式。作为最终用户，不必考虑表达自己的提问，不必学习一套烦琐的命令、格式或代码，就能得到检索结果，但是它也不能完全取代人工语言。人工语言检索的最大优点是用它标引的数据库检索效率（查全率和查准率）相当高，这是自然语言检索所不能及的。因此，两种检索方式将并存为用户提供更多的选择。

（八）传统检索和网络检索长期并存

印刷型检索工具是较为理想可靠的信息载体，而网络检索技术参数太多，有时还存在电脑病毒和网络黑客的入侵。在更好的信息载体被发明之前，纸介质检索工具仍然是最安全和可靠的。并且由于二次信息、三次信息的检索工具都是从庞大而浩瀚的信息资源中分拣、提炼、整理而成的各种信息数据资料，对人们传播、利用知识，协助管理者做出正确决策等起着重要作用。因此，电子版与印刷版检索工具将长期并存，以满足不同用户的要求。

21 世纪上半叶，信息科学与技术正在发生深刻的跃变，如专著《大数据时代：生活、工作与思维的大变革》引发热议，大数据有“4V”特点：Volume（容量）、Variety（种类）、Velocity（速度）、Value（价值）。Volume 指巨大的数据体量与完整性，数据量从 TB 级别跃升到 PB 级别。Variety 指类型繁多，在海量、各类繁多的数据间发现其内在关联。Velocity 指大数据要求处理速度快。Value 指大数据的洞察力和价值，需要将信号转化为数据，将数据分析为信息，将信息提炼为知识，以知识促进决策和行动。再如，信息技术已进入全民普及阶段，21 世纪很可能会出现信息技术应用的“寒武纪大爆发”，信息技术惠及大众、惠及信息素养教育将成为未来几十年的主旋律。

## 第五节　大数据时代信息素养所面临的机遇和挑战

### 一、大数据对信息素养的影响

互联网的飞速发展和信息技术的不断进步，使得人们越来越多的行为通过网络发生，并产生相关的数据，这些数据不断累积，形成了众多的数据集合。随着人、机、物三元世界的高度融合，数据规模呈现爆炸式增长，数据模式高度复杂化，世界因此进入了网络化的大数据（Big Data）时代。2012 年，联合国发布了大数据白皮书 Big Date for Development：Challenges & Opportunities，正式宣称：“大数据时代已经到来，大数据的出现将会对社会各个领域产生深远影响。”为此，世界各国纷纷聚集大量人力物力，开展有关大数据的研究和应用。美国率先启动了“大数据研究和发展计划（Big Data Research and Development Initiative）”，正式将大数据提高到国家战略层面。随着大数据的深入发展，大数据已被包括美国在内的多国政府视为重要的战略资源，成为社会发展的重要驱动元素。

大数据开启了一次新的时代转型。就像望远镜让我们能够感受宇宙、显微镜让我们能够观测微生物一样，大数据的出现，刷新了人类生活、学习、工作乃至思维的方式，同时为信息素养注入了新的内涵和活力。2011 年，英国国立和大学图书馆学会发布了新版信息素养标准，指出：信息素养是一个覆盖数字素养、视觉及媒体素养、学术能力、信息处理、信息技能、数据监护及数据管理的涵盖性概念。2014 年 8 月，国际图书馆协会和机构联合会在其年会的信息素养卫星会议上指出：信息素养正在经历一场变革，Web2.0、移动科技、新媒体等产生的数字信息对信息素养提出了新的挑战。不仅如此，大数据时代需要与此相适应的创新精神，这就意味着要突破传统的藩篱，形成科学的大数据思维。因此，数据与信息教育的简单结合并不能揭示信息素养课程的全部内涵与价值。如何整合和利用各种大数据网络资源、平台和技术，突破以往的信息教育理念、行为、内容和方法，如何构筑新的信息素养课程教育模式，形成大数据时代信息素养教育的课程体系，以促使当代大学生自如地获取数据信息，并更加有效、合理地利用数据信息，同时具备大数据时代的科学思维，增进其在信息化社会中的思辨能力、学术能力和创新能力，已成为大数据时代信息素养课程教育的新课题，有待进行深入的研究。

### （一）大数据的基本概念及特点

1. 大数据的基本概念

“大数据”这一概念最早由洞见大数据时代发展趋势的数据科学家维克托·迈尔·舍恩伯格在其编写的《大数据时代》中提出，他认为大数据是“巨量资料，由数量巨大、结构复杂、类型众多的数据构成的数据集合，是基于云计算的数据处理与应用模式，通过数据的整合共享、交叉复用形成的智力资源和知识服务能力”。

2. 大数据的基本概念及特点

数据理论界普遍认为大数据有“4V”特点，即 Volume（容量）、Variety（种类）、Velocity（速度）、Value（价值）。

具体而言，这些特点包含四个层面：

（1）数据体量巨大。大数据的起始计量单位至少是 PB（1000 个 TB），也就是从 TB 级别，跃升到 PB 级别，甚至 EB、ZB 级别。仅美国科学项目“泛星计划”（全景式巡天望远镜和快速反应系统），每年在运行中就可捕获 2.5 PB 的数据，而人类整个科技活动所产生的数据量已经达到每年数百 EB 的规模。

（2）数据类型繁多。大数据的数据表现不仅仅是精确性，更多的是混杂性；不是随机样本，而是所有数据。这一切使得数据来源非常广泛，格式类型无比繁多，譬如网络日志、音频、视频、图片、地理位置信息等。

（3）数据速度快、时效高。数据产生得快，传播得快，获取得快，增加得快，但数据随时间的消逝和折旧也快。

（4）价值密度低。用户只要合理利用数据并对其进行正确、准确的分析，将会获得很高的价值回报。

大数据的这些特点，使得信息资源更加丰富和多变，信息环境更加复杂和不可预见。用户想要从如此巨大和富于变化的数据里提炼和利用有价值的信息，所需付出的努力也越来越大。这对用户的信息素养提出了更高的要求。

随着“数据驱动科学发展，科学就是数据，数据就是科学”等观点的提出，数据逐渐被视为一种独立的科研成果，以数据为核心的第四科研范式随之出现，数据密集型科研渐次开展，科学数据素养教育愈加受到关注。国外许多大学图书馆已经广泛开展与大数据时代相关的信息素养教育活动，如美国的大学设置了“数据科学”课程、加拿大的高校图书馆将数据素养集成到其他课程等，以此提高大学生的科学数据素养。在中国，如何提升未来人才与数据相关的信息素养，使他们具备在大数据时代开展科技活动的能力以及与此相关的创新思维能力、数据创造能力等，是信息素养教育一项紧迫而重要的任务。为此，首先需要厘清与大数据相关的信息素养及教育的内涵和特征。

### （二）大数据时代信息素养及教育的内涵

大数据又被称为巨量的信息集合，它早已超越了传统的“数字”概念，使得信息环境变得更加富于开放性、多样性、动态性和互动性，同时数据增长和数据更新速度急剧加快。从海量数据信息的获取、数据处理、数据分析，到数据评价、数据使用与创造等，这些科学数据素养日渐成为信息素养的重要组成部分，也成为信息素养教育的要素之一。美国学者卡尔森等认为：信息数据素养教育的基本内容包括数据库及数据格式介绍、数据发现与获取、数据管理与组织、数据转换与互操作、数据质量保证、元数据、数据管理与再利用、数据保存、数据分析、数据可视化、数据伦理等。

此外，随着大数据时代信息技术的迅猛发展，以及新媒体的不断涌现，信息素养被注入了新的内涵。元素养就是其中之一。元素养不但强调情感、行为和认知方面的能力，而且更加关注元认知能力，尤其是对信息的批判性反思能力。

与此同时，美国大学与研究图书馆协会（Association of College and Research

Libraries，ACRL）经过近两年的努力，于 2015 年 2 月正式发布了《高等教育信息素养框架》，进一步确立了元素养作为信息素养的新定位，并且以元素养的四个培养目标为核心，从“检索即策略”“研究即探究”“学术研究即对话”“信息的价值属性”“信息创建的过程性”和“权威的构建性和情境性”共六个方面提出了各个要素所要具备的、与信息有关的知识技能和行为方式，并特别强调元认知，即“批判性反省”，以此形成了图书馆信息素养教育的新框架。

综上，科学数据素养和元素养使得大数据时代的信息素养及教育的内涵更为丰富，外延更加广阔，将融合大数据意识、大数据知识、大数据能力以及大数据道德伦理四个层面。其具体体现如下。

1. 大数据意识

大数据的多样化，以及大数据的快速生产和消亡，促使社会发展进入快进模式，如果不具备一定的数据意识，无法在第一时间捕捉信息，那么一切皆有可能是枉然，因而大数据时代的信息素养教育承载了更多的功用和责任。一方面，它需要帮助学生理解大数据在科学研究、经济社会发展方面（和作为资源本身）的意义，认识到数据信息是一种不可或缺的重要资源，并形成在学习、生活和工作中使用大数据的强烈愿望，逐步养成定性和定量结合的思维习惯，为最终形成面向大数据的思维意识奠定基础。另一方面，它要增强学生的数据洞察力，训练其保持清晰的数据意识，使学生能够通过观察和体会，及时捕捉相关数据信息，发现数据之间的关联性，并使其转化为具有高价值的可见结果。在此基础上，保持再学习和创新的意识。信息素养教育只有集此两面于一体，才能培养大数据时代新的信息思维意识。

2. 大数据知识

大数据带来了意识形态的变化，但仅仅停留在学者层面，大多数的学生对此知之甚少。因而，信息素养教育不但要让学生了解与信息检索能力相关的知识，诸如检索词的选取、检索式和检索策略等的构建，而且要从大数据的基本知识和常用术语入手，让学生了解大数据相关的基本术语、关键概念，包括什么是科学数据素养和元素养、大数据具有什么作用、大数据的发展前景和趋势怎样、大数据环境下应当承担什么样的责任和义务，以及与自身专业相关的大数据应用知识是什么、该如何掌握和进行取舍、该如何进行反思学习、批判性思维的形成等内容。可以说，大数据知识不仅包含常用的信息检索知识以及对大数据的认知，还囊括了相关的科学数据素养以及元素养内容。

3. 大数据能力

大数据不但数据数量众多，而且蕴藏着巨大的能量，需要具备一定的数据获取、存储、表述、处理及开发能力，尤其是大数据的检索、分析、处理与开发能力，才能将其价值发掘出来。可以说，大数据对人的数据驾驭能力提出了新的挑战。因此，数据素养教育有必要让学生通过一定的数据评价、分析等深度学习，找出相关的数据，并进行关联、分析和过滤，去粗取精，去伪存真，从中挖掘出有知识、情报等价值甚至是未知领域的潜在数据信息，将数据的价值展现出来，最终使其具备必要的数据挖掘开发和创新能力。此外，学生还需要具备一定的表述、解释与展示数据等信息的能力，即能够较为熟练地运用相关的数据软件工具，对数据进行分析，并加以表达、解释与可视化展示。总之，要让学生懂得评判数据信息的可信度，反思和选择数据信息，具备独立思考、理性分析、正确评价数据事实的能力和数据的安全防范能力，培育学生应该具备的大数据思维方式、信息批判和反思性学习能力等。

4. 大数据伦理

信息素养教育的基本职责在于真知传播和德行培育。由于大数据是人通过计算机在互联网上进行交互活动所产生的数据，因而大数据的来源非常广泛，数据传播途径极其多元，数据加工过程无比复杂，处理模式也不一致，加之数据传播的失真与偏差、数据的人为制造或伪造威胁，以及数据的丢失、泄露等，会造成诸多数据安全风险。如果忽视数据安全、用户隐私等问题，就会影响数据质量，导致大数据社会价值的削弱甚至丧失，以及数据层面的判断力和影响力低下，终将对大数据的发展带来不利的影响。

因此，一方面，信息素养教育有必要引领学生尊重他人，良性参与数据等信息的建构，拒绝附庸，反对破坏，杜绝虚假，加强数据信息的甄别和数据的安全分析，加强安全态势判断，建立良好的数据信息观和价值观，培养学生善良、正直的情感；另一方面，也应引导学生遵循数据信息引用、数据信息使用所涉及的知识产权保护、学术规范等，养成良好的学习和学术品格，以纯化大数据环境，回归大数据本真。这一切都是当今信息素养教育应当承担起的责任和义务。

## 二、“慕课”及“翻转课堂”对信息素养教育的影响

大数据、网络及其技术极具应用价值，由此带来经济、文化、社会的跨越式深入发展，对各个领域产生了巨大的冲击和深刻的影响，教育也不例外。大数据及其技术使得学习资源和学习途径日趋丰富多元，并有力地支撑起无处不在的、个性化的机器学习和网络学习，带来了学习方式、教育时空等一系列巨大变化，深刻地影响了既有的信息素养教育教学的实施。其中，最重大的影响之一发生在教育模式方面，“慕课”和“翻转课堂”就是最为典型的代表。

## （一）“慕课”的内涵与特征

1.“慕课”的内涵

“慕课”也称“MOOC”课程，其英文全称为“Massive Open Online Course”，指的是“大规模开放的在线课程”，是近几年出现的一种在线课程开放教学模式，发端于远程教育但优于远程教育，因而备受关注。

“慕课”这一大规模在线课程肇始于2011年秋天，并于2012年得到迅速发展，Coursera、edX和Udacity等国外著名的“慕课”平台纷纷崛起，改变了教育教学的形态。2012年因此被《纽约时报》称为“慕课元年”。受国外的影响，国内的“慕课”学习平台也迅速跟进，出现了一批网络学习平台，如清华大学的“学堂在线”、慕课网、网易云课堂、麦子学院和中国大学MOOC等。“慕课”的出现，拓宽了教育和学习空间，丰富了教与学的资源，使得教育教学方式更加多样、内容更加多元，不但加强了知识传播，而且给更多的人提供了学习的机会。

从英文MOOC中，我们可以窥见“慕课”的理念在于：

第一，Massive，即大规模。与传统课程限于实体课堂的小规模不同，一门“慕课”课程动辄上千人参加，有时甚至多达几十万人参加。

第二，Open，即开放。学习者只要有兴趣或需求，无论任何人、任何国籍，都可以选择相应课程，通过网络邮箱注册，参与免费学习。

第三，Online，即在线。“慕课”课程的教与学并非以面对面的方式进行，而是在网上基于“慕课”平台来完成；学习者无须到实体课堂，不受上课地点局限，只需要一台电脑和网络连接，任何时间和地点都可以学习；不仅包括网上个体的自主学习，还有同伴间的交互学习。

第四，Course，即“课程”，而非讲座等其他形式的教育。

2.“慕课”的特征

从“慕课”的内涵我们不难得出它所具有的特征：

（1）受众面广。“慕课”课程的学习者人数众多，动辄成千上万，涉及受众面非常广泛。

（2）开放性。“慕课”课程的学习者只要是有兴趣或需要，无论何人、何时、何地，都可以通过“慕课”平台选择相应课程，进行在线注册申请，之后使用包括iPad、手机在内的多种工具进行课程学习。

（3）交互性。“慕课”课程的学习者不仅可以通过网络学习课程，还可以通过网络与老师和同学交流、互动。同学之间也可以组成学习小组，通过社交媒体，进行网上讨论和相互评议等。

（4）完整性。“慕课”课程的完整性主要表现在课程体系和课程要素两方面。“慕课”的授课教师预先录制相关的短小视频，构成课程模块，并上传到课程网站。学习者需要跟随进度，每周观看一次视频，同时参与网上小组研讨，完成作业等学习任务。通常每门课都有频繁的小测验，有的课程还有期中和期末考试。考评方式通常包括同学间的相互评分，教师评议以及自我评价等，且有不同权重分配。如果有需要，学习者可以付费获得与学习成果相关的证书。

“慕课”主要服务于大规模的社会化网络学习，同时也能够凭借其平台，为学生提供海量的和优质的课程资源，对于拓展信息素养教育的学习内容是很有帮助的。由于不受时间、地点的限制，课程学习者可以较为自主地规划学习内容，掌握学习的时间和节奏，选择授课风格和知识的呈现方式。从某种程度上来讲，学习者掌握了学习的主动权，有了自主的学习空间，有利于提高学习效率。但是，“慕课”是纯粹网络化的学习，缺乏面对面的实际交流，无法有针对性地满足学生的个性化、专业化需求，很难实现教师面对面促进的作用，学生也难以达成对知识的深入探索和建构，只能停留在粗浅的知识和技能学习的层面，因而有其局限性。

### （二）“翻转课堂”的概念及特点

1.“翻转课堂”的概念

“翻转课堂”译自“Flipped Classroom”或“Inverted Classroom”，又被称为“颠倒课堂”或“反转课堂”，是指重新调整课堂内外的时间，将基础知识的学习转移到课前，由学生通过网络观看视频、音频等，进行自主的预先学习；课堂上，学生基于课前的准备，利用宝贵的时间，进行更深层次的学习，譬如通过研讨式、案例式、协作式等学习方式，参与到课堂中，经过与老师、同学的对话和思想碰撞，内化知识、激发灵感。“翻转课堂”促使学生主动而非被动地接受知识，加上课堂上老师的指导和启发，学生参与同伴之间的交流、讨论，使得学生更能理解和深化知识，提高应用能力和创新能力。由于“翻转课堂”更加强调基于课前的自主学习，教师不再占用课堂时间来讲授基本知识，而是在课堂上引导学生进行同学间的探究性学习、协作性学习，因而教师能有更多的时间与学生交流，深入了解学生，有利于进一步促进知识的掌握和能力的提升。

2.“翻转课堂”的特征

（1）第一个特性：转换性。一方面，“翻转课堂”颠覆了传统课堂的教学流程与教学结构，把部分学习内容转移到了课前，节约了课堂上教师用于知识讲解的时间，增加了学生思考和解决问题的时间，增强了课堂教学效果，尤其是对于课时少而课程内容多的学科，是非常有利的。另一方面，师生的角色发生了转换，由传统的“以教师为中心”和“以课程为中心”转化为“以学生为中心”；学生不再是“听众”，是“主角”，而教师是“配角”，主要起到引导和协助学习的作用。

（2）第二个特性：自主性。课前，学生有更多的自由，可以自主安排学习时间进行学习，并且这种学习通常是独立完成的，因而学生可以根据自身的实际情况进行多次反复学习。如此，学生能更加自主和充分地了解和掌握部分课堂学习内容。基于此，课堂上学生们才能摆脱对教师知识讲授的过分依赖，才能够通过小组讨论、交流和探究等自主活动，进行深入的信息认知和元认知活动，进一步深化知识，提升信息能力、学习能力和创造能力。

（3）第三个特性：预见性。学生通过各种教育教学平台进行课前学习，会在平台上留下很多学习的痕迹，如学习的次数、困难所在、学习偏好等。教师通过大数据技术，提前了解学生的这些学习情况，并在课堂上有针对性地采取提问、讨论等方式进行答疑解惑。由于“翻转课堂”增强了教学的预见性，因而对于提高课堂效率、增强师生互动、加深问题探索、加速知识内化具有积极作用。

基于“翻转课堂”理念的课程教学，从另一个层面改变了传统的“教师教、学生听”的课堂教学方式，将部分学习转移到了课前，既能解决课时较少的难题，又能让教师通过大数据提前了解学生的学习情况，方便教师有针对性地设计和调整教学。可以说，“翻转课堂”为教育教学带来了极大的好处。即便如此，这种课堂和网络并行教学的“翻转课堂”也只能在一定程度上弥补“慕课”和传统课堂的不足，显示出自身的优势，仍然存在对学生的学习自制力、主动性要求极高，不能满足全体学生共同发展的要求等问题。

### （三）“慕课”与“翻转课堂”对信息素养教育的影响

互联网、大数据及其技术的深入发展，改变了教育教学的生态，促使“慕课”与“翻转课堂”进入更深层次的发展。2015 年 4 月，教育部专门出台了《关于加强高等学校在线开放课程建设应用与管理的意见》，肯定了“慕课”对我国高校教育改革的积极意义，并提出相关意见，以推动我国高校“慕课”建设工作。同时，“翻转课堂”也在各级各类的教学实践中取得了不俗的成果。对信息素养教育而言，“慕课”与“翻转课堂”对教师的教育教学理念都形成了较大的冲击，对教师的教学行为、教学内容和教学方法产生了较大的影响。这些冲击和影响对于突破以往的信息教育理念，构筑新的信息素养课程教育模式，重塑信息素养课程的内涵与价值，都是积极的和有益的。

#### 1. 更新教师的教学理念

未来是一个高度关联、无孔不入的数据世界，数据带来的改变会更多、更猛、更不可测。由此赋予信息素养教育的数据内涵将会更加丰富，加上“慕课”与“翻转课堂”的出现改变和颠覆了传统的教学方式，刷新了既有的教育行为和内容，为信息素养课程的教学提供了一个新的思路和方向。首先，数字化的课堂和教学活动会产生无数的数据，通过大数据技术分析得出的个性化的学习行为、学习习惯等新数据，会揭示更多学生的学习情况，教学活动可以据此做出更新；其次，教师可以有更多的机会重新审视学生的学习需求。因此，教师在课程的教学设计中应当更多地融入“慕课”与“翻转课堂”等先进的教育教学理念，使自身的教学行为、教学角色等随之发生变动，才能为信息素养教育教学注入更多的活力。

具体而言，大数据和云计算等技术的发展，使得教育教学平台的功能愈加完善，教师可获得的学生个人学习数据也更为真实和个性化，更加有利于教师有针对性地进行施教。因此，教师的教育教学思维方式需要随之发生转变，即从传统的“面对面”群体施教转向“面对面＋网络”的“群体＋个体”教育。在教学过程中，教师应针对学生的需求，主动转变角色，从单纯的“讲授者”“权威”“主导者”变为“引导者”“启发者”“协助者”“倾听者”，乃至“建议者”，真正做到因人而异、因材施教，从而切实改变信息素养教育教学的思维路径。这样的思维，使得大数据时代的信息素养教育能从学生的角度出发，充分利用教学平台和数据技术挖掘教学大数据所蕴含的价值，以便去了解学生的学习困境、思维特点，发掘学生真正的所需所求。

*2. 冲击信息素养教育的模式*

“以教师为中心”的面对面课堂教学是传统的信息素养教育的主要模式。在这种模式之下，学生都需要进入教室，通过教师的课堂讲授进行较为被动地学习。这种模式由于容易操作、管理简单，而备受教师青睐。但是，随着大数据时代的到来，以及“慕课”与“翻转课堂”的出现，传统的信息素养教学模式受到了极大的冲击，学生不一定要进入教室课堂，在网上同样也能获得一定的信息知识，接受一定信息能力的培养等方面的教育。毋庸置疑，大数据将使信息素养教学模式得到更大程度的改变。

信息素养课程知识点明确、应用性强的特点特别适合使用“慕课”和“翻转课堂”模式。

（1）“慕课”和“翻转课堂”模式易于增强学生的自主学习和终身学习能力，这与信息素养课程的教学目标相吻合。

（2）信息素养课程的知识点清晰明确，虽然各类信息资源较为丰富，但信息检索技巧相通，有利于“慕课”和“翻转课堂”模式的实施。

（3）信息素养课程的实践性和应用性很强，适合学生自主学习活动的展开。

（4）针对不同专业和不同年级的学生，信息素养课程的授课内容应有所区别，目前采用的统一授课的方式很难满足学生的个性化学习，而“慕课”和“翻转课堂”模式使得这一教学目标能够顺利实现。“慕课”和“翻转课堂”为教师因材施教提供了便利，可根据学生的专业特点、信息需求特点组织学习内容，让学生自主选择学习。

（5）“慕课”和“翻转课堂”的教育模式都强调以学生为中心，关注信息实践、重视能力和素养的培养等，这也正是信息素养教育一直以来所追求的。我们应将“慕课”和“翻转课堂”融入信息素养课程中，充分运用这种新的教学模式解决信息素养课程中存在的问题，力求提升学生的信息检索能力、信息分析能力、信息辨别能力和信息表达能力等综合素质，真正提高学生的信息素养。

现阶段，“慕课”和“翻转课堂”作为大数据时代信息素养教育主流的教学模式，受到各国学界的广泛关注，并应用到了具体的教学实践中。麻省理工学院、约翰霍普金斯大学等知名大学分别发布了一系列有关数据素养的“慕课”，如“获取和整理数据”“数据科学”等。国内方面，中国科技大学和武汉大学开设的相关“慕课”以及重庆大学开发的文献检索课“翻转课堂”，取得了较好的教学效果。

3. 重构教学评价方式

教学评价分为两个方面：一是对学生的评价；二是对教师的评价。

以前，对学生的评价主要是基于学生平时的课堂表现、实习作业情况加上期末的考试成绩等层面进行。

对教师进行评价的主要依据是：学生的考试成绩、学生对教师的评价、学校或上级主管部门对任课教师进行的考核性听课评价等。

可以说，传统的教学评价方式更多的是表现为大一统的特性，依靠理念和经验的成分居多，虽然在一定程度上促进了教师的“教”和学生的“学”，但是在细节和力度方面还欠缺对学生客观公平的评价，不利于学生的主动性、能动性和独立性以及个性化发展。比如在学习活动中，尤其是在每一次的网络学习中，学生个体的学习次数、学习基础、学习态度怎样，什么样的学习方式最容易掌握知识，哪些教学方式是教师最为擅长也最容易被学生接受的，最终的教学效果怎样等，如果按传统的方法，这些细节可能需要一定的时间和大量的实践经验才能总结出来，短期的教学评价是难以实现的。

大数据时代的到来，为教育评价的质性变化带来了可能。基于“慕课”等平台的教育测量数据，可以深入地了解学生在线学习时所发生的一切行为，比如通过记录学习者点击鼠标的次数，可以了解哪些学习者真正进行了课前学习、学习的接受程度和认真程度等。这样就使得信息素养教育评价不再局限于对学生学习成绩的测评，即狭义的学业成就（如信息知识、信息技能）上，而是拓展到学习态度、学习过程中，甚至延伸到了信息意识、信息能力、信息道德和伦理等学生综合素质和全面发展的评价等诸多方面。

这种变化改变了过去传统的评价方法，使得评价能够利用大数据技术分析大量的学习数据，总结出教学活动的规律，进而提升教学活动。具体而言，可采用数据支撑部分评价方式，使得过程性评价和终结性评价相融合，利用网络平台记录学习者的学习次数、学习效果、学习态度等详细数据信息，再利用这些数据事实的力量来综合测量评定学生的各个方面，涵盖诸如学生的作业和学习时间、学生在进行各种讨论和交流时的表现等。譬如让学生进行“你如何看待从数据库下载文章后经剪贴技术处理后直接归为自己所有的问题”以及“人肉搜索是否合法”等问题的讨论时，根据学生在讨论区所发的帖子（或回帖）次数等结构性数据，以及所发帖子（或回帖）的主动性和具体内容、小组报告的编写过程和内容等半结构性数据和非结构性数据等给予评分。如此，不但可以让信息伦理教育和数据评价有机地结合起来，而且对学生的评价更具个性化和全面性。

这种融合了数据支撑的考核行为，使得评价方法不再只是经验式的，而是更加丰富、多元和更加个性化、人性化，而且评价与评价之间，更多的不是替代性的，而是互补的，因而显得更为科学化。再者，信息素养的评价在淡化知识考核等具有甄别和选拔功能的终结性评价的同时，更加注重形成性评价，即过程性评价。除了开放式话题讨论、课堂发言外，还包括检索作品展示等，一并纳入考核范围，尤其应注重对学习小组成员共同完成检索课题的过程进行考核。考核时，采取教师和其他小组成员多元参与评议等路径。即使在相互评议结束之后，接受评议的每一小组仍然可以对他人进行借鉴，或是对他人提出的建设性意见和建议进行反思，从而做出进一步的修正和改进，并且常常是作为新的学习起点，让考核更多地承载起促进学生自主性学习和成长的功能，因而更富有“发展性”。正如美国课程理论学家斯塔弗尔比姆所言：“评价最主要的意图不是为了证明，而是为了改进。”

### 三、国家中长期教育发展规划对高校信息素养教育的要求

大数据时代，网络技术和通信技术的发展日新月异，高等学校图书馆信息素养教育面临新的挑战。2010 年 7 月，中共中央、国务院从我国改革开放和社会主义现代化建设总体战略出发，正式颁布了《国家中长期教育改革和发展规划纲要（2010—2020 年）》（以下简称《规划纲要》），绘制了未来 10 年我国基本实现教育现代化

的宏伟蓝图。

这是进入 21 世纪以来，我国第一个中长期教育规划纲要，对基本形成学习型社会，进入人力资源强国行列，实现全面建成小康社会奋斗目标，建设富强、民主、文明、和谐的社会主义现代化国家具有决定性意义。

《规划纲要》明确提出了要“加快教育信息化”，提出了“构建体系完备的终身教育”的战略目标，提出了把坚持“全面实施素质教育改革发展”作为战略重点，把“全面提高人才培养质量、提升科学研究水平、增强社会服务能力，着力培养复合型创新人才等”作为战略任务，以及“教育发展要适应经济社会发展对人才需求和全面提高国民素质的要求”等内容。

信息素养作为人的能力和素质的重要组成部分，是提高国民素质、促进人的全面发展的基础，也是“知识经济”成功的必然要素之一。就高校而言，图书馆信息素养教育是高校全面素质教育的重要组成部分，是大学生进行独立学习、终身学习、科学研究和知识创新的基础，也是培养复合型创新人才的重要手段。不仅如此，大数据时代，高校图书馆信息素养教育促进大学生素质提升的重要价值日益彰显。随着互联网、云计算和大数据等技术的发展，大数据使知识量剧增，并且日益渗透到各专业领域，不断地促进其他学科的进步，同时也改变了人们的工作、学习和生活方式。这些都对高校图书馆信息素养教育提出了新要求。正如《规划纲要》第十一章明确提出的“要更新人才培养观念，培养符合时代要求的复合型人才”，高校图书馆信息素养教育的核心也不仅仅是信息知识的传授和信息技能的培养，更多的是对大学生信息检索和利用等终身学习能力，以及独立思考、批判性思维、学会学习和创新发展能力的培养，是对大学生适应社会能力的培养。这些都是造就具有多重能力的复合型人才的需要，体现了当代人才综合素质培养的需要。因此，加强大学生信息素养教育是高校全面落实《规划纲要》很重要的组成部分，也是国家赋予高等学校图书馆信息素养教育的重大任务。

经过多年的努力，虽然我国高校图书馆在信息素养教育的理论研究与实践方面取得了很大的进展，可以说成效卓著，但是，随着网络信息资源的不断丰富、检索技术的飞速发展以及高校高素质创新人才培养重任的持续推进，信息素养教育不再只是图书馆利用教育的翻版和继续，而应该在培养大学生全面信息素质上担负起更多、更大的责任。作为一门挖掘和培养学生信息意识、信息技能、信息道德与创新能力的课程，信息素养教育的重要性日渐凸显。在“立足当前解决突出问题、满足现实需要，又要着眼未来”等方面，尤其是在《规划纲要》中提出的“提高人才培养质量，支持学生参与科学研究，强化实践教学环节”层面，信息素养教育还有许多理论研究和实践工作要做。因而，信息素养教育要与时俱进，在改革中不断改进教育教学的培养模式和方法，不断完善教育教学体系，才能培养出更多适应时代发展和满足社会需求的人才。

# 第二章　医学信息交流模式与信息素养的系统构建

## 第一节　文献信息的交流模式

英国哲学家培根说过，知识的力量不仅取决于其本身价值的大小，更取决于它是否被传播以及传播的深度和广度。传统的学术信息交流模式是：作者—出版者—发行机构—图书馆或书店—读者。在这种学术交流模式中，学术信息通常是单向、一维地流动，学术信息流动速度慢、反馈时间长。全媒体时代数字化技术、通信技术、多媒体技术和移动互联网等极大地丰富了学术信息的流通渠道，加强了作者、出版者、发行机构、图书馆、读者之间的直接联系，使传统的文献信息交流模式发生了变化。

### 一、全媒体时代文献信息交流模式的影响因素

#### （一）开放存取

开放存取是国际科技界、学术界、出版界、信息传播界为推动科研成果利用网络自由传播而发起的科技文献信息共享运动。世界上很多国家都出台了开放存取政策，如时任美国总统奥巴马于 2013 年 2 月表示，根据美国白宫科学与技术政策办公室（OSTP）的规定，纳税人资助的研究须在 12 个月后免费提供。英国研究理事会也发布开放存取政策声明，从 2013 年 4 月起，英国任何公共资金资助的科学研究论文在出版半年内必须提供开放存取，对全世界免费开放。而据美国科学图书馆期刊发表的一份预测报告称，到 2016 年，50% 以上的学术期刊都将“开放存取”。开放存取趋势席卷世界各国，全球科学技术文献信息的开放革命已经到来。

（二）交流渠道

有学者认为，信息载体是影响学术信息交流过程构建的一个至关重要的因素。全媒体时代，信息载体的多样化以及传播渠道的增多对学术信息交流产生重大影响。数字化技术、网络通信技术、多媒体技术和超文本技术等都极大地丰富了文献信息的载体与交流渠道。个人信息发布平台，包括个人主页、博客、网络社区等成为信息来源的重要组成部分。在全媒体环境下，文献信息交流逐渐向立体化、多层面发展。不同类型、不同层次的信息融为一体，学术资源愈加丰富。网络学术信息也融入了不同的交流方式，学术交流“正式”与“非正式”的界限逐步淡化，正式交流过程中所交流的信息与非正式交流过程中所交流的信息相互渗透与交织。

## 二、全媒体时代文献信息交流的模式

全媒体时代文献信息交流的渠道多元化，用户可以有更多的渠道来获取信息。具体模式如图 2–1 所示。

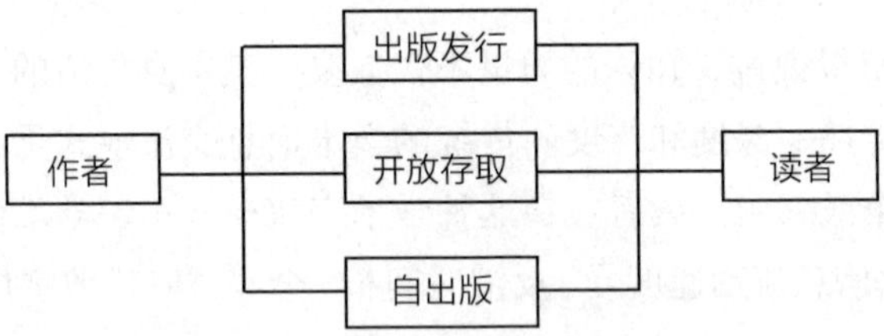


图 2-1　文献信息交流的多元化模式

与此同时，因为传播方式的增多，为文献信息交流增加了新的维度，使文献信息交流的模式呈现出立体化的态势（见图 2–2）。

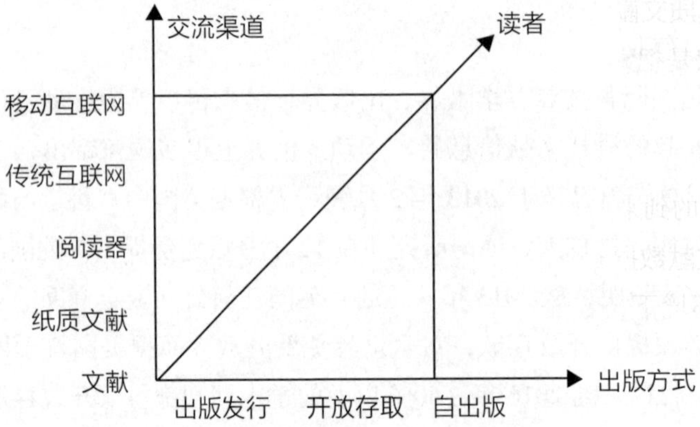


图 2-2　文献信息交流的立体化模式

## 第二节　医学信息源的类型与选择

### 一、信息源的定义

一般认为，信息源（information source）是产生信息的源泉，也是人们获取信息的来源。联合国教科文组织（UNISCO）认为："个人为满足其信息需要而获得信息的来源，称为信息源。"

从文献信息交流的角度理解信息源，信息源是指"产生信息或为了传递而持有信息的任何系统"（《汉俄英情报学词典》）。在这里，信息源既包括信息的承载者（如各种信息载体），又包括载体的持有者，而持有信息的目的则是为了传递、交流和利用。此外，产生信息或为了传递而持有信息的"任何系统"既可以指个人，也包括社会组织、团体、机构，如科学家、科研组织、图书馆、信息中心等，所有这些个人与机构对于信息的使用者来说都可能成为信息"源"或信息"来源"。

由此类推，对于医学信息检索而言，医学信息源是指人们在所从事医学领域的学习、研究与实践过程中所产生的成果和各种原始记录，以及对这些成果和原始记录加工整理得到的文献。医学信息源不仅包括各种文献信息载体，还包括各种文献信息服务机构；不仅包括印刷型文献资料，还包括现代数字化图书报刊；不仅包括各种文献信息生产机构，还包括文献信息的传播渠道与交流途径。

### 二、医学信息源的类型

#### （一）纸质文献

纸质文献是把人类在科学技术活动中所创造的信息、知识，用有语言能力的文字、图表等方式记录下来的物质载体的总称。纸质文献是在空间和时间上积累和传播科技信息的最广泛、最有效的手段，也是获取学术信息的最基本、最主要的来源。随着信息社会的到来，大部分的纸质文献将转化为电子文献。

#### （二）文献数据库

全媒体环境下，数字化文献已经成为医学信息资源的重要组成部分，用户利用文献的方式也从以往的纸质文献转向电子信息资源。医学文献数据库主要包括课程学习类资源，如课程参考书、CALIS 教学参考书、Thieme 彩图电子图书、Primal Pictures 三维解剖学数据库、McGraw-Hill 医学教科书，以及科研类资源，如各类中外文数据库等。大部分文献数据库都属于商业类数据库，如国内的中国知网 CNKI、重庆维普、万方数字服务平台，国外的 Elsevier、EBSCO、Wiley 等。对于此类商业性数据库，文献服务机构只能购买其使用权，一旦停止订购，绝大多数以往的数据也无法提供使用，而新订数据库时除须付费购买新增数据外，还要支付旧数据库费用。而且，大部分商业数据库还提供IP限制与并发用户数限制，如某一学校购买的数据库，仅能在该学校校园网服务范围之内使用，超出 IP 范围就无法使用。全文数据库实际上多数是纸质文献的电子版本。

### （三）传统互联网

网络信息是指在生产活动和科学实验中产生，以电子数据形式记录，通过网络通信传送，并利用电子终端表现出来的与学术活动有关的信息。网络信息中的各类文献的电子网络版本大多存在于各种网络数据库中，提供有偿服务。而通常所说的网络学术信息检索，是指对互联网上专有信息的检索。这类信息的内容很不确定，并伴随互联网发展而逐步增多，一般出现于各种网站上，如政府网站、学术机构网站、非营利性组织网站或个人网站（博客）上等，多为免费信息。如“开放存取”资源就是传统互联网网络信息的重要内容。网络信息内容丰富，数量庞大，覆盖了不同学科、领域、语言和地域范围，而且表现形式多样，能够通过不同的操作系统、数据结构、字符集和处理方式以文字、图片、动画、音频、视频等不同形式展现出来。但由于网络信息发布的随意性和自由度很大，网络信息也呈现出不断变化且缺乏管理的特点，这使得网络信息良莠不齐。用户要想获得自身所需的信息，常要花费相当多的时间和精力去鉴别与筛选。

### （四）移动互联网

移动互联网是一种通过智能移动终端，采用移动无线通信方式获取业务和服务的信息传播方式。随着无线上网技术的成熟，移动互联网上的资源也日渐丰富。首先，全媒体出版包括手机终端阅读产品；其次，移动互联网上还包括手机报、WAP 网站等专有资源。此外，移动互联网还是自媒体信息传播的重要平台，而自媒体也是医学信息的重要来源。

### （五）各类图书馆

图书馆是有选择地对文献与网络信息进行系统的、专业化的收集、加工、整理、贮藏或导航，并向读者提供各种文献信息服务的机构。使用图书馆一方面是利用图书馆资源，包括各种文献信息的检索、获取等；另一方面是接受图书馆服务，通过图书馆服务满足自己的信息需求。媒介形式的多样化，使得图书馆也趋向于提供全媒体文献阅读服务，通过提供多样化的文献类型及文献载体，满足用户的不同需求。

图书馆服务是图书馆区别于其他信息源的最主要的特点，图书馆服务的目的就是为了让用户更好地利用资源。因此，积极利用图书馆服务将使用户的信息检索与利用达到事半功倍的效果，而是否了解图书馆服务的类型与方式，能否主动寻求并接受图书馆服务，也是用户信息意识强弱的标志之一。

## 三、医学信息源的选择

医学信息源多种多样，用户在进行信息检索时，因为每类信息源有不同的特点与适用范围，没有必要对所有的信息源都进行检索，而事实上，因时间与精力所限，也不可能检遍所有信息源。为了在有限的时间内，获取尽可能多的、有价值的信息，就要在信息源的选择上有所取舍。医学信息源的选择可遵循以下原则。

### （一）按需选择

医学信息源的选择应依需而定，根据信息需求，结合不同信息源的特点，有选择地使用。比如，对于查找医学新闻、社会动态这类一般消息，选择浏览网页无疑是既准确又快捷的方式；而当需要了解某一医学专题的前沿性的信息时，期刊可能是更好的选择；查找某些在研究中的阶段性成果时，会议文献也可能是一种有效途径；学位论文一般选题新颖、论述系统、文献调研全面、实用性强，是学术研究中不应忽视的信息源；对于技术方法方面的信息，也可以通过检索专利文献获取详细技术说明等。实际上，医学信息需求的复杂性及多样性也决定了用户通常是通过对多种信息源的综合使用来完成检索的。按需选择的原则要求对各类信息源的特点了然于胸，除本书上文中对各类信息源的论述之外，表 2-1 列出了一些常用信息源的特点及适用情况。

### （二）省时省力

如果要问媒介载体与信息技术的进步其最终目的是什么，回答是为了省时省力，应该能得到多数人的认可。全媒体时代，媒介技术的进步实际上就相当于延长了人的各类感觉器官，最大限度地为人类的信息传播提供了方便。因此，在选择信息源时，一定要充分利用这种便利，以最快的速度获取最恰当的信息。这首先要对各类信息源及所要检索的信息性质有充分了解，比如在阅读过程中遇到问题，想简单了解相关情况，这时掏出手机，登录移动互联网做一次简单查询无疑是最快速、最方便的信息获取方式。而且目前很多的医学数据库也提供移动终端服务方式，省时省力的信息源选取原则很容易为人们所接受，但技术的掌握与习惯的培养需要一个过程。

表 2-1 常用信息源比较

| 信息源 | 信息内容 | 检索渠道 | 特点 |
| --- | --- | --- | --- |
| 图书 | （1）提供该主题的深入性分析资料<br>（2）系统地编辑相关的学术性文章 | 图书馆的 OPAC 系统 | （1）提供特定主题的深入剖析，结论一般比较成熟，论述全面<br>（2）由于生产周期相对较长，信息具有一定的时滞<br>（3）提供参考文献等相关注释，以此为入口可深入查找其他相关信息 |
| 纸质期刊 | （1）详细且具有理论架构地进行探讨<br>（2）学科发展的前沿性问题 | 图书馆的 OPAC 系统 | （1）研究对象及视角新颖，可把握研究前沿；<br>（2）对特定主题进行深入探讨<br>（3）提供参考文献等相关注释，以此为入口可深入查找其他相关信息<br>（4）提供客观的统计及图表 |
| 电子期刊 | （1）详细且具有理论架构地进行探讨<br>（2）学科发展的前沿性问题 | 数据库商提供的检索平台及许多图书馆提供的统一检索系统 | （1）由于使用电子介质，不受地域限制，检索、下载和使用方便<br>（2）与最新的纸质期刊相比，存在一定的时间滞后 |
| 网页 | （1）一般性信息，适合于收集关于 3W 问题（who，what，where，即某人或某组织在什么地方做了什么事情）<br>（2）无法深入了解原因（why）等较深入的问题 | 可利用网络上的搜索引擎 | （1）提供事件发生经过的即时报道<br>（2）不同来源的不同信息内容重复性高<br>（3）网页动态变化，不能长期保存 |
| 移动互联网 | （1）快速查找已知信息<br>（2）简单了解相关知识 | 已知网址、搜索引擎 | 利用碎片时间获取信息 |

### （三）质量保证

在信息爆炸的时代，针对任何主题，任何人都很难搜集完所有的信息，而即使得到海量信息，也没有能力一一遍览。在有限的检索与利用能力的前提下，增强检索的效率与效果，提高检索到的信息的质量就显得尤为重要。而选择高质量的信息源是提高获取信息质量的最直接途径。在医学信息检索过程中，医学信息源选择的“质量保证”原则时常面对“省时省力”原则的挑战，即人们总是趋向利用最易获得的信息源进行检索，而不考虑其信息质量的高低。在“省时省力”的驱使下，人们在产生医学信息需要后的第一反应也可能是：上网—登录搜索引擎—浏览各类网页，希望从中能找到所需要的信息。网络中确实隐藏有学术信息，但事实上，由于网络资源本身的无序和混乱，再加上搜索引擎机械利用关键词匹配，在相关性判断上存在误差，往往检索耗费的时间不短，查得的有用信息却寥寥无几，很容易挫伤人们信息检索的积极性。可见，“省时省力”原则的适用范围有一定局限，不能一味地追求快速而忽视质量，抉择的依据就是学术信息的特点及分布规律。对于学术研究中的信息检索而言，经过同行评审的医学期刊、内容相对成熟完善的医学图书等医学文献仍然是科学研究的主要信息源，网络信息在系统性与可靠性上与之相比仍然存在差距。

（四）善用服务

“善用服务”的原则就是指善于利用图书馆的服务来解决信息源选择上的问题。对于医学信息源，特别是由于网络信息源本身的多变性，使用户很难把握信息源的质量；医学科技的发展，使医学信息源的布局与内容时刻都在变化，用户更是难以及时追踪。而图书馆服务的目标恰恰是向用户提供高质量的信息，“合适的书、合适的读者、合适的时间”也一度是图书馆工作的基本原则。

图书馆服务可以为用户提供符合专业需求的，甚至是个性化的信息源选择策略。比如，在国内外各类数据库不断涌现的情况下，如何根据自己的学科领域来选择合适的数据库，也成为医学信息源选择中面临的问题。这时，可以利用图书馆的学科导航服务。学科导航是图书馆网站上信息服务的内容之一，由馆员根据数据库收录的范围，对数据库按学科进行分类，是用户进行数据库选择的重要参考。

此外，有些图书馆还提供网络学术资源学科导航服务，为用户提供经过专业人员筛选的网络信息，节省用户的时间。尤其要注意的是，当用户在信息源选择上遇到任何问题时，通过各种途径，如电话、QQ、当面咨询等向图书馆员咨询是最方便可靠的解决方法。因为图书馆员会实时跟踪图书馆资源的变化情况，对各类信息的特点及分布规律也有较深的理解，把握好“善用服务”的原则，用户一般都会在短时间内得到满意的答案。

## 第三节 医学信息出版的类型与发展趋势

### 一、全媒体时代医学信息出版的类型

顺应社会信息传播的潮流，医学信息出版也逐渐展现出全媒体的态势。如中华医学会系列杂志自 1996 年开始，率先与万方数据、清华同方、重庆维普等国内著名的网络出版机构合作，将期刊论文全文以光盘、网络版等数字形式出版。其后，中华医学会系列杂志还与 Springer 等国际出版商谋求合作进行数字化出版。2008 年，中华医学会与万方数据公司签订期刊数据库独家合作协议，首次在科技出版领域实现信息服务商与信息资源源头的合作。自 2009 年开始，凡是中华医学会系列杂志纸质期刊和数字化期刊发表的文章全部标注数字对象唯一标志符（DOI），通过 DOI，读者可以直接链接到出版商的数据库及文献，使数字作品实现互联互通，从而增加读者获取中华医学会系列杂志数字化资料的途径。同时，中华医学会杂志社还建立了中华医学网（http://www.medline.org.cn/），作为杂志社与公众交流的平台，实现了信息发布、电子订阅、网络期刊出版等功能。部分中华医学会系列杂志还尝试与电信服务商开展合作，《中华病理杂志》推出了面向病理学作者的信息快递，通过手机发布最新出版期刊的内容摘要；《中华健康管理学杂志》通过与电信运营商合作，提供期刊编辑与读者相互沟通的平台；等等。目前来看，医学信息出版的类型主要有以下几种。

#### （一）图书数据库

常用的中文电子图书包括超星数字图书、方正 Apabi 电子图书、书生之家电子图书及 CALIS 教学参考书等。外文电子图书有 Thieme 彩图电子图书、Karger 医学电子图书、Clinical Key 电子图书、McHill Access 系列医学电子图书、Ebrary 电子图书、NetLibrary 电子图书，以及由 SpringLinker、OVID、EBSCO、Elsevier 等出版的电子图书。

#### （二）期刊数据库

期刊数据库是专门收录期刊论文的数据库，也是学术用户使用最多的资源类型，如 CNKI、维普、万方、中华数字化期刊群、中国生物医学文献数据库等收录国内期刊文献的全文或书目数据库；PubMed、Embase、Scopus、SciFinder Scholar、Web of Science、OCLC FirstSearch 等外文书目数据库，OVID、Elsevier、EBSCO、Wiley、SpringLinker 等外文全文数据库，以及 Nature、Science、JAMA、Lancet、NEJM、BMJ

等电子期刊。

### （三）学位论文数据库

学位论文信息资源一般集成在其他数据库中，如 CNKI 与万方知识平台中都有专门查询学位论文的子库，二者也是查询国内学位论文最重要的两个数据库，包括 CNKI 中的中国优秀硕士学位论文库与中国优秀博士学位论文库及万方中的中国学位论文全文数据库。另外，CALIS 也收录了国内部分高校的学位论文。收录国外学位论文的数据库主要是 PQDD，它由 ProQuest 文摘库及由中国高校组团订购的 ProQuest 部分全文组成，国外学位论文数据库还包括 OCLC FirstSeareh 中的 WorldCatDissert 子库。也有开放存取类学位论文库如电子印本文库 NDLTD 以及部分高校开放存取仓储中的免费学位论文，如香港科技大学开放仓储（HKUST）等。

### （四）会议文献数据库

国内查询会议文献的数据库主要是 CNKI 与万方两个数据库的子库，国外会议论文主要查询 OCLC FirstSearch 中的 PaperFirst 与 Proceeding 两个子库以及集成在 Web of Science 中的 CPCI 数据库。另外，学术团体的机构网站上也存储着大量的免费学术会议信息。

### （五）专利文献数据库

专利数据大多数可以在网上免费获取，如查询国内专利可以利用国家知识产权局官方网站，上面汇集了国内所有的专利申请资料；国外专利可以利用汤森路透 WOS 平台上的德温特专利数据库（DII）查询，以及可免费获取专利信息的欧洲专利局、美国专利局、日本专利局、世界知识产权局等的官方网站。

### （六）开放存取资源

开放存取（Open Access，OA），也译作开放共享、开放获取、开放访问等。近十年来，随着网络出版技术的发展，“开放存取”的理念开始在全世界掀起一股热潮，越来越多的机构组织包括资金机构、科学界、学术界、图书馆界等都投入到开放存取事业的发展洪流中。《布达佩斯开放存取倡议》对 OA 的定义是：文献可通过公共互联网获取，即允许任何用户阅读、下载、复制、传播、打印和检索论文的全文，或者对论文的全文进行链接、为论文建立索引、将论文作为素材编入软件，或者对论文进行任何其他合法目的的使用，而不受经济、法律和技术方面的任何限制，除非网络本身造成数据获取的障碍。就医学领域而言，最著名的开放存取数据库是 PubMed，该库在 1997 年由美国副总统戈尔宣布给全世界免费使用。其他很多的商业性出版机构（如 SpringLinker、Wiley、Elsevier、Nature Publishing Group、Oxford Press 等）也开始改变出版理念，学术出版机构也进入一个开放存取的新时代。

目前，在开放存取的影响下，可免费利用的数据资源包括 BMC、PLoS、Hindwi 等纯开放存取期刊网站，也有像 PMC、arxiv.org、NDLTD、COgprint 等类型的电子印本文库，还有在 DOAR 与 ROAR 注册的、由分布于世界各地的高校机构或学术团体机构创建的开放存取仓储，以及类似 HighWire Press、DOAJ 等专门收录开放存取杂志的目录体系。

### （七）科学博客

博客被称为“Blog”或“网络日志”，它是一种特别的网络个人信息发布形式。随着博客的发展，其影响所及早已拓展到学术领域，越来越多的学术研究人员进入博客领域，创建个人学术博客或团体博客，建立相关专业博客群，从而形成独特的博客文化。博客出版是通过一些软件工具，帮助任何一个普通用户实现零编辑、零技术、零成本、零形式的网上个人发表。学术博客不但是一个很好的个人学习环境，而且是获得开放存取资源的一条重要渠道。通过学术博客，既可以了解本学科专业的最新研究方向，又可跟踪最新研究动态。比如，随着博客的迅猛发展，中华医学会系列杂志积极尝试开通了博客，并在杂志社官方网站建立了人物、期刊、医疗机构博客的分类链接。

目前已开通的医学期刊博客包括《中华预防医学杂志》博客、《中华急诊医学杂志》博客、《中华全科医师杂志》博客、《中国医药》博客、《中华消化杂志》博客等。这些博客主要发布期刊导读、最新目次、新近文献、精选文摘，乃至官方网站上的免费全文链接，有些杂志的粉丝群达2000多人，几乎相当于其纸版的订阅人群。如《中华全科医师杂志》2012 年第 1 期转载《中国高血压防治指南》后，其博客发布了指南 9 大要点介绍，帮助读者快速领略原文 40 页指南的核心内容；《中华消化杂志》每期挑选出部分可读性好、实用性强的共识指南及专家解读等文稿在博客上提供下载阅读等。此外，还有重要科学博客群，比如科学网博客，也被很多医学方面的名人与著名机构作为信息出版发布的平台。

### （八）社交网络

国际著名医学期刊很注重利用社交网络来加强期刊相关信息的传播，如《自然》（Nature）医学姊妹刊的每篇文章都提供与 Connotea、Digg、Facebook、Newsvine、Delicious、Twitter 等平台的交互；公共科学图书馆（PLoS）系列期刊收集了社会化书签和博客中与文章有关的数据等资料；《美国医学会杂志》（JAMA）通过 Facebook、LinkedIN、Twitter、Google+ 等途径加强宣传；《新英格兰医学杂志》（N Engl J Med）通过 Facebook、Twitter、Youtube 推广其网络内容，与《中国医学论坛报》合作的中文版还开通了博客；《英国医学杂志》（BMJ）通过

Facebook、Twitter、Youtube 进行宣传；《柳叶刀》（Lancet）也在 Facebook、Twitter 上开通了账号。这些展示途径均在网站首页显著标示，便于访问者关注。国外还有机构自建社交网络平台，如生态学期刊（Ecography）与 Wiley 出版公司合作，开发出 Peerage of Science 系统，这是一个创新的科学家同行评议兼社交网络，会员们为期刊提供相关稿件的评议以决定稿件是否录用。此举补充了学术期刊目前的同行评议审稿模式，挑战传统媒体“把关人”的作用。面对社会网络出版的发展潮流，任何行业与个人都不可避免地要被卷入其中，老牌科技出版巨头 Elsevier 于 2013 年 4 月收购 Mendeley，正是看中了该软件所提供的学术社交网络平台。PubMed 也在 2013 年底推出了 PubMed Commons（开放评论），提供学术论文发表后同行评议的交流平台，允许 PubMed 的论文作者对数据库中的文献记录进行实名评论和交流，即时发布真知灼见。

#### （九）手机 APP（应用程序）

期刊 APP 是指科技期刊出版社将期刊内容进行重新编辑加工后，采用 APP 封装的形式，在手机等移动终端操作系统开发商运营的应用程序商店中付费或者免费提供的新媒体出版形式。科技期刊 APP 的发行主要通过期刊出版社自身独立开发、单独发行，或由第三方运营平台制作发行。中外已经有不少数据库商提供移动设备的 APP 出版服务，医学方面的包括 PubMed4Hh、杏树林医学文献、睿医文献等，具体使用方法本书中将有专门章节予以介绍。面对手机出版的兴起，医学期刊、医疗科研单位、医学文献服务机构借助易用的手机出版平台，通过各种方式帮助用户获得文献、寻找同道、展现自我，在广泛的日常科研与学术交流环境中逐步吸纳和整合用户资源，为未来可持续发展奠定基础。如中华医学会系列杂志借助移动终端媒介传播杂志内容，《中华病理学杂志》《中华眼科杂志》《中华健康管理学杂志》《中华消化外科杂志》《中华糖尿病杂志》和《中华胃肠外科杂志》等都创办了手机报，增加了多元化、立体化的推送和信息发布渠道，为未来手机 APP 出版打下基础。

### 二、全媒体时代医学信息出版的趋势

#### （一）电子期刊全媒体出版

未来发展中，从医学期刊出版社的角度来说，必将加强全媒体出版的发展步伐，以满足科研用户日益提高的需求水平。同时利用技术手段加强互动，既包括读者与读者之间的互动，也包括编辑人员与读者的互动，读者可以把自己的观点和意志反映给编辑人员，编辑人员也可以把自己的意图表达给读者，共同进步，“编读相长”。医学期刊的全媒体出版首先是期刊的电子出版，电子期刊在理论上具备传播时间长、

空间广的特点，网站内可提供往期电子期刊的搜索和下载，也可以让读者浏览下一期内容。在传播空间上也具有相当的广度，即使阅读者远在海外，也能轻松浏览。其次是向新媒体及移动互联网领域的延伸，加强电子期刊在全媒体时代的影响力。后者是医学电子期刊全媒体出版未来发展的重点，期刊在新媒体平台上的内容将更加丰富，互动增多。此外，还将会有更多期刊提供手机 APP 服务。

需要特别指出的是，医学电子期刊的全媒体出版，将不仅仅是同一内容在不同介质间的平移，或者说只是一种工具层面的借用，而是对各种传媒形式的个性化出版，即有针对性地、配套地设计、策划、开发相关的内容产品，做真正意义上的全媒体出版。

### （二）论文内容的多媒体展示

多媒体的概念目前没有统一的标准定义，一般理解为“多种媒体的综合”，而多媒体技术也就是“进行多种媒体综合的技术”。计算机领域的多媒体通常是指在计算机系统中，组合两种及以上媒体的一种人机交互式信息交流和传播媒体。这里所说的媒体，是指文字、图片、照片、声音（包含音乐、语音旁白、特殊音效）、动画和影片以及程序所提供的互动功能。具体到出版领域，多媒体是指整合视听、彩色图像以及人机交互界面的网络化出版方式。论文内容的多媒体展示具有两个显著特点：首先是集成性。它有机结合了文字、图片、声音、视频等信息载体，拓宽了信息载体的类型，提高了信息载体的容量，能够更加简洁、直观、人性化地展示信息；其次是互动性。它提供了友好的操作界面，以及身临其境的场景，便于人们根据需要进行控制。论文内容的多媒体展示目前已有征兆，未来将会得到更大发展。

实际上，医学论文内容非常适合多媒体展示，其复杂的操作过程及科学实验也需要利用多媒体予以展示，以往的文字展示只是受技术所限的“权宜之计”。如 JOVE 视频期刊，号称全球首例以多媒体视频为出版内容的学术期刊，目前已出版了 3900 多篇视频文章，学术文章的内容完全通过视频的动态形式展现，配有少量的文字介绍。论文内容的多媒体展示将学术信息传播的效果与容量都提高到一个新的层次。

### （三）电子图书视频化趋势

如果说中国互联网的第一个 10 年是以图文形式发布网络内容，那么下一个 10 年将是网络视频的时代。网络视频的发展一方面取决于互联网基础设施的投入和高速带宽的铺设；另一方面取决于用户浏览习惯的自然转变。相比较图文网络静态的呈现方式，网络视频以其全感官触动、可控性播放和多样化内容更容易赢得用户的青睐。来自国内外的数据显示，新媒体的内容呈现正在从图文向视频转变，可见视频化发展是网络发展的未来，相信视频化发展也是医学信息出版的未来。上面提到的JOVE视频期刊实际上就是一个视频化出版的典型案例。而电子图书的出版也将顺应视频化的潮流，视频元素一定会成为未来电子图书出版的亮点。2012年5月正式立项的全国高等教育医学数字化规划教材国家医学电子书由人民军医出版社负责出版，最终将会出版一系列基于移动设备的电子图书，把教材、教辅、习题、试题、课件、数据库等文字、图片、音频、视频、3D多媒体内容有机组合并融为一体，切合医学教学的直观性、示范性、实践性特点，这正是向医学电子图书视频化出版迈出的坚实一步。

## 第四节 信息素养系统构建角度与标准制定

信息素养标准是评价一个人信息素养能力的指标体系，是指导信息素养教育的行动指南。不同层次和不同教育阶段的信息素养标准是有差别的。国外关于信息素养评价标准的研究走在了我们的前列，有很多值得我们借鉴和学习的地方。比较经典的信息素养标准包括美国中小学的《学生学习的信息素养标准》、高等院校的《高等教育信息素养标准》以及针对高等教育科技领域的《科技信息素养标准》。此外，澳大利亚、英国、韩国、日本等国家对信息素养标准的研究也比我们起步早。

### 一、各国信息素养标准

在制定信息素养标准方面，美国进行得比较早。1998年美国学校图书馆协会（AASL）与美国教育交流技术协会（AECT）在《信息能力：创建学习的伙伴》中发布了《学生学习的信息素养标准》，为美国中小学描述了信息素养教育概念性的框架和指导方针。该标准分为三大类，包含9个标准和29项指标，描述了学生在学习过程中与信息相关的能力，是具有信息素养的学生必须掌握的。

该标准根据美国中小学生的学习特点，从信息素养、独立学习和社会责任三大类进行描述。信息素养类目包括3项标准和13个指标，描述了与美国学校图书馆媒体课程直接相关的核心学习成果，包括认识信息需求、获取信息和运用信息。独立学习类目的3项标准和7个指标更多地着重于学生学习的综合能力，包括独立寻求和运用个人感兴趣的信息的能力、创造性地表达的能力等。社会责任类目下包括3项标准和9个指标。此类项目下的标准和指标更注重于学生参与信息社会、培养高尚道德和社会责任感的要求。独立学习和社会责任感是以信息素养类标准为基础的，但进一步明确了信息素养在技能、态度、品德等方面的要求。对这两类标准，也要求学校图书馆媒体课程对教学提供重要的支持。

1998 年，美国图书馆协会和教育传播协会制定了学生学习的 9 大信息素养标准，概括了信息素养的具体内容。

（一）信息素养类标准

标准一：具有信息素养的学生能够有效地、高效地获取信息。

标准二：具有信息素养的学生能够熟练地、批判地评价信息。

标准三：具有信息素养的学生能够精确地、创造性地使用信息。

（二）独立学习类标准

标准四：作为一个独立学习者的学生，具有信息素养，并能探求与个人兴趣有关的信息。

标准五：作为一个独立学习者的学生，具有信息素养，并能欣赏作品和其他对信息进行创造性表达的内容。

标准六：作为一个独立学习者的学生，具有信息素养，并能力争在信息查询和知识创新中做得最好。

（三）社会责任类标准

标准七：对学习社区和社会有积极贡献的学生具有信息素养，并能认识信息对民主化社会的重要性。

标准八：对学习社区和社会有积极贡献的学生具有信息素养，并能实行与信息和信息技术相关的符合伦理道德的行为。

标准九：对学习社区和社会有积极贡献的学生具有信息素养，并能积极参与小组的活动，探求和创建信息。

《学生学习的信息素养标准》中的指标是概要性的，美国各州、区等地方的教育者和学校图书馆媒体专家可根据本地区学生的发展方向、文化背景和学习需要来应用和展开指标。比如，针对标准三制定了 4 个概要性的指标。

指标 1：组织适合于实际应用的信息；

指标 2：将新的信息融入个人的知识结构中；

指标 3：将信息用于批判性思考和解决问题；

指标 4：以恰当的形式提出和交流信息。

《学生学习的信息素养标准》比《高等教育信息素养标准》早问世两年，对推动美国中小学信息素养教育产生了重大影响。美国一些州的教育部门和学校对在课程中纳入信息素养教育内容采取了指令性的要求，并根据国家标准，纷纷制定适合本地信息素养教学的标准和指南。《学生学习的信息素养标准》的发布，为美国图书馆协会（ACRL）的《高等教育信息素养标准》的制定提供了有益的经验。

培养大学生的终身学习能力是高等教育的主要目标。具备了信息素养能力，大学生可以把学习延伸到课堂之外，在今后的学习、工作和生活中发挥更重要的作用。因此，信息素养作为大学生终身学习的基础能力，在高等教育中成为重要的培养内容。

2000年，继美国中小学信息素养标准出台后，美国的大学与图书馆协会发布了《高等教育信息素养能力标准》。该标准为高等院校信息素养教育评价提供了一个框架，它延伸和扩展了美国学校图书馆协会的《学生学习的信息素养标准》，提供了与中小学信息素养教育的结合，从而使得各个阶段的学生都有相应的信息素养标准。相比之下，中小学的标准比较强调学生的独立学习与社会责任感，而高等教育的标准则更着重于信息获取、信息评价处理、信息交流和信息创新的能力。该标准为大学生提供了一个如何处理信息的指南和框架，让大学生认识到培养自己的超认知学习方法的需要，并使他们明确收集、分析和使用信息所需要的行动。《高等教育信息素养能力标准》由5个一级指标体系（能力指标）、22个二级指标体系（表现指标）和86个三级指标体系（成果指标）组成。5个一级指标体系侧重于能力，针对不同层次的高等院校的学生需要。每个标准包括几个表现指标，各个表现指标又细分为一系列成果指标，以此来评价学生在信息素养上取得的进展。根据这些成果指标，来制定和衡量学生学习的方法。但是标准只能衡量学生的基本信息素养，对于特定的领域，还要拟定适用于不同学科的评估方法和策略，以培养学生在特定领域的知识创造、学术活动过程中的信息素养能力。

《高等教育信息素养能力标准》的五项能力标准如下：

标准1：具有信息素养能力的学生，能确定所需信息的本质和范围；

标准2：具有信息素养能力的学生，能有效地、有能力地获取所需要的信息；

标准3：具有信息素养能力的学生，能批判地评价信息和信息源，并能将经过选择的信息融入自身的知识库和价值体系中；

标准4：具有信息素养能力的学生，能独立地或作为小组成员有效地利用信息来完成特定的任务；

标准5：具有信息素养能力的学生，理解围绕信息和信息使用的经济、法律和社会问题，并能合理合法地获取和使用信息。

上述5项标准的具体成果指标包含以下内容：

信息需求：能确定所需信息的种类和程度；

信息获取：能根据需求对信息进行有效的获取；

信息评价：能对信息和信息源进行评价，从而有选择地将信息纳入自己拥有的知识体系中转为己有；

完成任务：能有效地利用所掌握的信息独立完成所规定的任务；

信息创新：能将根据需要和要求所选择的信息纳入自己拥有的知识库并加以创新；

信息道德：能根据信息和使用信息的相关道德、法律以及社会问题，对信息进行合理合法的获取和应用。

从标准类目到表现指标、成果指标，是循序渐进的，从抽象、笼统到概括，具体可操作的关系。在实际操作过程中，可以分几个阶段选择实施：

基础的认知技能；

基础的思考能力；

基本的信息能力；

高级思考能力；

复杂的信息技能；

沟通交流能力；

创新能力。

《高等教育信息素养能力标准》一经发布，便产生了重大的影响。目前，它已在美国本土乃至世界各大洲得到广泛的认可与应用，具有里程碑式的历史意义，是迄今为止对高等教育界和图书馆界"最具影响力的文件之一"。

2000 年 10 月澳大利亚在大学图书馆协会会议上，通过了《信息素养标准》。这个标准主要适用于高等教育，在澳大利亚的信息素养教育实践中起到了一定的指导作用，并已被纳入大学的各门课程教学中。

2001 年澳大利亚大学图书馆员委员会（CAUL）发布了《信息素养标准》第一版。第二版由澳大利亚和新西兰信息素养学会于 2004 年联合发布，改名为《澳大利亚和新西兰信息素养框架》，并在 ACRL 标准的基础上增加了两个指标：具有信息素养的人能够对收集与产生的信息进行分类、保存、管理和修改；能够认识到信息素养是终身学习和具有参与感的公民的必需素养。

澳大利亚和新西兰的高校信息素质联合工作组（ANZIIL）颁布了由 6 个一级指标、19 个二级指标和 67 个三级指标组成的高校信息素质能力指标体系。

英国国家和大学图书馆协会（SCONUL）制定的《高等教育信息技能：SCONUL 意见书》，给出了信息技能模型，如图 2-3 所示。

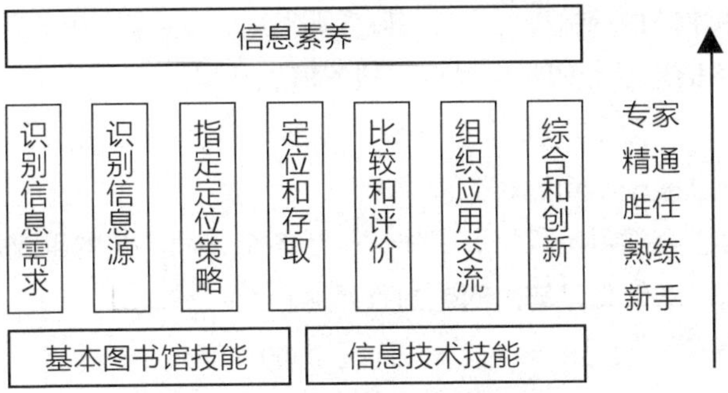


图 2-3　SCONUL 信息技能模型

## 二、我国信息素养标准

我国的专家、学者在借鉴、参考国外的信息素养标准的基础上，也制定了一些信息素养标准。比如，陈文勇、杨晓光编制的《高等院校学生信息素养能力标准》，针对高等院校学生的信息素养制定了 9 项标准；马玉娟构建的《中小学信息素养评价指标体系》，参考中小学各个阶段掌握知识的连续性，从信息精神、信息知识、信息能力三个维度进行评价；魏非编制的《师范生信息素养评价指标体系》，针对师范生的特点和未来身份，从基本概念和操作、学习环境的创设、教学和课程、评估与评价、工作效率和职业实践，以及伦理、社会、法律、人文主题 6 个方面对师范生信息素养进行评价；李立新编制的《中小学教师信息素养量化评价指标体系》，针对中小学教师的专业特点，从信息意识、信息能力、信息伦理 3 个方面进行评价；高丽用层次分析法（AHP）构建了《教师信息素养评估模型》。

2003 年，清华大学主持开展了北京高校图书馆学会项目“北京地区高校信息素质能力示范性框架研究”，2005 年发布了《北京地区高校信息素养能力指标体系》，作为地区性的评价体系，它还不是一个正式标准。

《北京地区高校信息素养能力指标体系》由 7 个维度组成的一级指标、19 个二级指标、61 个三级指标组成。各级指标的设置与美国图书馆协会（ACRL）的《高等教育信息素养能力指标》非常相似，但在信息源知识和能力方面比美国 ACRL 的标准更具体、更细化了。在许多指标后面加以实例说明，更便于理解。比如，“确定所需信息的可获得性与所需要的费用（有的信息是保密或无法获得的，有的信息是需要支付服务费用的）”“具备信息素养的学生能够提供某种形式的信息产品（像学术论文、综述报告、项目申请、项目汇报等）”。

此外，该指标体系在“维度一”中特别强调了信息意识的培养及对信息素养内涵的认识。以“维度一”为例，具备信息素养的学生能够了解信息素养能力在现代社会中的作用、价值与力量。

指标1：具备信息素养的学生具有强烈的信息意识。

指标描述：

（1）了解信息的基本知识；

（2）了解信息在学习、科研、工作、生活各个方面产生的重要作用；

（3）认识到寻求信息是解决问题的重要途径之一。

指标2：具备信息素养的学生了解信息素养的内涵。

指标描述：

（1）了解信息素养是一种综合能力（信息素养是个体知道何时需要信息，并能够有效地获取、评价、利用信息的综合能力）；

（2）了解这种能力是开展学术研究必备的基础能力；

（3）了解这种能力是成为终身学习者必备的能力。

“维度一”的设置，比较适合于我国目前学术信息意识还不够强的状况，对于强化这方面的信息素养能力的培养是非常有意义的。

# 第三章　信息检索思维的培养与医学检索策略探索

## 第一节　信息检索思维的培养路径

在新的信息环境下，查找信息的途径范围大大扩充，检索行为已从以往的单一，直接转向复杂、多样和多维，并且以不断循环、递进、往复的形式向前推进。检索过程包括查询、发现和偶然所得，需要从问题出发，对广泛的信息源进行评估，确定可能的信息源和相关的检索途径。信息检索已成为一个情绪化的探索过程，检索者的认知、情感和社会关系等都会影响到检索进程，同时检索也会改变检索者的上述因素。

### 一、检索思维：检索即策略式探索

下面围绕信息检索的特点、过程和策略展开论述。

#### （一）检索是一种过程

信息查找是一种非线性的、需要反复进行并且带有偶然性的发现活动，是与问题的发现、研究和解决过程同步进行的，是探索式地查找与获取信息的过程。在这个过程中，我们需要了解如何从信息需求出发，确定信息来源、信息查询方向及信息检索的初始范围，合理运用发散思维和收敛思维，设计制定检索策略，选择与信息需求和检索策略相匹配的检索工具，理解信息系统的组织方式，合理使用不同类型的检索语言，如控制词表、关键词、自然语言等，灵活运用各种检索途径，根据检索结果来调整检索提问、改进检索策略，有效推进检索进程，以及管理检索结果。

### （二）检索过程是循环和递进的

我们也要意识到，各类信息源除在内容和形式上具有差异外，其相关性和价值也会因为信息需求和检索目标的不同而有很大差异。要重视利用浏览及其他偶然发现的形式收集信息，认识到检索过程的复杂性，具备检索思维的灵活性和创造性，了解到一次的检索尝试不一定能够得到满意结果；要能够积极面对检索的挑战，知道寻求专家指导，能够随着检索中产生的新认识灵活寻求其他检索途径，运用多样化的检索策略来把控检索方向，既能将检索推向广泛和深入，也能根据问题解决的程度和需要，适时地结束检索过程，既要解决问题，又要利用好时间，提高学习、科研和工作的效率。

检索作为一种可以动态调整、变化、循环、迭代和递进的过程，是需要根据检索的需求、检索的效果、检索任务的完成情况、检索的结果、结果的可用程度等诸多因素进行调整优化的。因而，检索者应树立动态调整、相对优化的检索思维，检索不是一成不变的，不是唯一的，不是固定的，也不是固化的。同时，检索者与检索也存在交互，检索者的知识、能力、专业、认知、情感和社会关系等都会影响到检索进程，同时检索也会改变检索者。

## 二、检索知识：高效检索的基石

检索中需要掌握的基础知识如下。

### （一）检索系统

#### 1. 检索系统及其构成

检索系统，或称检索工具，是指根据特定的信息需求而建立起来的用于信息收集、加工、存储、检索及分析等的程序化系统，其主要目的是为人们提供信息服务。检索系统可以是供手工检索使用的卡片目录、书目、文摘、索引等，也可以是计算机化的信息检索系统，如搜索引擎、网络数据库、光盘数据库、搜索网站和搜索平台等。

（1）从广义上理解，信息检索系统是指与检索相关的工具、设备和人的总和，一般包括：

1）检索文档。检索文档即标有检索标志的信息集合（Information Set），如手工检索系统中的书目、索引和文摘中由文献款目组成的记录、工具书中的条目或短文组成的主体，计算机检索系统中的数据库。

2）技术设备。技术设备指能贮存信息的技术设备，如输入装置、储存器、输出装置、通信设备等。

3）语言工具。语言工具指检索语言、标引规则、输入和输出标准等。

4）作用于系统的人。其包括信息加工人员、标引人员、录入人员、检索人员、系统管理维修人员等。

（2）狭义的信息检索系统，一般指用于提供检索的工具本身，也就是我们常说的检索工具。

检索工具有很多类型。根据载体不同，可分为手工检索工具和计算机检索工具。根据组织和提供信息方式的不同，可分为搜索引擎、数据库、参考工具等，而每种又可分为不同的类型。比如，对于数据库来说，根据提供信息的详略程度，可分为二次文献数据库（包括目次型、文摘型、指南型等）和全文数据库等。二次文献数据库也称为参考数据库，主要是指引用户到另一信息源获得原文或其他细节，本身并不提供全文。根据数据库收录信息内容的学科领域范围，则可分为综合性的数据库和专业性的数据库。不同的检索工具，在具体编排方式、使用方式、使用功能等方面都会有所差异，但其基本原理、构成、类型却是相同的。手工检索工具和计算机检索工具的基本构成如表 3–1 所示。

表 3-1　手工检索工具和计算机检索工具的基本构成

| 基本构成 | 手工检索工具<br>（印刷型检索工具） | 计算机检索工具<br>（数据库等） |
|---|---|---|
| 使用指南 | 正文前部分：<br>使用说明、目次表、样例等 | 帮助文档<br>Help |
| 主体部分 | 正文部分<br>条目<br>著录项 | 主文档<br>记录<br>字段 |
| 索引部分 | 正文后部分：辅助索引 | 倒排（索引）文档 |
| 检索语言 | 主题词表<br>分类表 | 主题索引<br>分类索引 |
| 其他 | 正文后部分：<br>资源来源目录、附录、对照表 | — |

正文部分是检索系统的主体部分。它是反映文献信息特征的那些条目的有序集合，每个条目由若干数据著录项组成，条目按序有址，如文摘号或索引号。手工检索系统中大多数检索刊物的正文部分按学科分类体系的序列编排，提供分类检索途径（检索点）。计算机检索系统的正文部分是系统的主文档。

手工检索系统的辅助索引（Subsidiary Index）是对正文分类检索方式的补充。常见的辅助索引有作者索引、主题索引等。对应于计算机检索系统，索引以倒排文档形式出现。计算机检索系统的倒排索引品种要远多于手工检索系统，如其还有年份、语种、文献等类型索引。

分类表（Classification Table）与主题词表（Thesaurus）是用户分别用于浏览、确定分类类目、类号和主题词的工具。准确选择分类号、主题词是获得满意检索结果的前提。

使用指南、样例、帮助文档介绍检索系统的学科范围、结构、功能和使用方法，是用户使用前必读的内容。

资源来源目录是被检索工具摘录过的一次文献的清单，描述期刊、会议录或其他出版物的名称、代码及出版和收藏等情况，是用户获取原文的一个主要依据。

2. 记录与字段

无论是手工检索工具（印刷型检索工具）还是计算机检索工具（数据库和搜索引擎等），都可以理解为文献信息的集合，这种集合既存储和记录文献，又提供给使用者查找文献线索或获得文献的功能。根据记录文献的方式和详略程度，有目录、题录、文摘、索引等方式。印刷型检索工具主要以上述形式为使用者提供文献线索，通常不直接提供文献原文；数据库等计算机检索工具，除了能给使用者提供目录、题录、文摘等形式的文献线索外，很多还进一步给用户提供文献全文，非常方便。其内在结构通常包括文档、记录、字段等要素。以下对记录和字段做介绍，方便读者学习了解。

（1）记录（Record）。数据库主要由文档、记录、字段三个层次构成。文档也称文件，在逻辑上是由大量性质相同的记录组成的集合，是数据库中数据组织的基本形式；记录是指对应于数据源中一行信息的一组完整的相关信息；一条记录由若干个字段组成。

记录是机器可存取的基本单位，是供计算机读取的格式化数据，用于数据资源的交换与共享。由于格式规范，程序便能准确地识别每条记录及其数据著录项的内容。国际标准化组织（ISO）颁布的标准有 IS0–2709 格式，它包括头标（Leader）、目次（Directory）、数据区（Date Field）及记录分隔符。我国制定的 GB 2901—82 标准参照 IS0–2709，并具中国特色。

记录有逻辑记录（Logical Record）和物理记录（Physical Record）之分。逻辑记录与存储环境无关，它是把一些在逻辑上相关的数据组织到一起的数据集合，是面向用户的记录，相当于手工检索工具中的一个条目。物理记录则是指硬件设备上的一个基本存贮单位，是计算机内存与外存间进行数据交换的基本单位。

不同的数据库，向使用者提供的记录的表现形式可能会有所差异，如图 3–1 所示。该条记录是万方数据平台的一条记录，可以帮助我们了解数据库中一条记录的构成。

图 3-1　记录示例

（2）字段（Field）。字段是记录的基本单元，用于描述事物的某一属性和特征。字段与文献记录中的著录项相对应，也是我们检索的入口。

在数据库等检索工具中，可用于检索的字段通常包括描述文献外表特征的字段，如作者字段、号码字段、出版字段、语种字段等，也包括描述文献内容特征的字段，如文摘字段、主题词字段、分类号字段等。名称字段则既可以表达文献的外表特征，也可以表达文献的内容特征。进一步细分还有子字段，它们是字段的一部分。各字段有其自己特征的标志符，其内容称作字段值（Field Value）或属性值（Attribute Value）。

在图 3–1 中，显示了篇名、摘要、作者、作者单位、刊名、刊期、分类号、关键词等字段。

常见的字段名称和代码如表 3–2 所示。根据文献类型的不同，题名又分为书名、刊名、报纸名、专利题名、标准名、学位论文名、档案名、舆图名、析出的文献名等。

表 3-2　文献数据库中的常用字段

| 表达内容特征的字段 | | | 表达外表特征的字段 | | |
|---|---|---|---|---|---|
| 中文<br>字段名称 | 英文<br>字段全称 | 英文<br>字段简称 | 中文<br>字段名称 | 英文<br>字段全称 | 英文<br>字段简称 |
| 题名 | Title | TI | 作者 | Author | AU |
| 文摘 | Abstract | AB | 作者单位 | Author Affiliation | AF |
| 叙词 | Descriptor | DE | 期刊名称 | Serials Title | ST |
| 关键词 | Keyword | KW | 语种 | Language | LA |

### （二）检索语言

1. 检索语言的定义

用来描述文献、组织文献记录，进行文献检索的标志系统，称为检索语言。检索语言是存储信息与检索信息所使用的共同语言，是标引人员与检索人员之间沟通思想、取得一致理解的桥梁，是标引和检索之间的约定语言，是一种人工语言。

就检索语言的实质而言，它是从自然语言中精选出来并加以规范化的一套词汇符号，是概括文献信息内容或外表特征及相互关系的标志体系。检索语言由词汇和语法两部分组成。词汇是指收录在分类表、词表中所有的标志（分类号、检索号、代码等），是可识别的语词；语法是指如何运用标志来准确表达文献信息的内容和外表特征，以有效实现文献信息检索的规则。由于检索的匹配过程是通过检索语言的匹配来实现的，检索语言的质量好坏以及对它的使用正确与否直接影响检索效率的高低，因此用户检索能力的提高离不开对检索语言的了解和掌握。

2. 检索语言的不同类型

检索语言能描述文献内容特征和外表特征，一方面用来编排组织文献，另一方面又可用于表达信息提问。检索语言可以分为许多不同的类型。

（1）按照规范化程度，检索语言可分为受控语言和非受控语言。

1）受控语言，也称为人工语言或规范化语言。受控语言即是对自然语言中的同义词、近义词、反义词、多义词、上位词、下位词、相关词等经过一系列规范化处理的语言，也叫规范化语言或人工语言，是人为对标引词和检索词加以控制和规范，目的是确保每个词只能表达一个概念，一个概念只能用一个词表达，必要时还可以对概念进行扩大、缩小和延伸。标题词、单元词、叙词及分类号都属于受控语言。

2）非受控语言，也称为自然语言，主要是关键词语言。关键词语言是直接从原始信息中抽取出自由词作为检索词的检索语言，也是大众广为熟悉和使用的检索语言。

（2）按标志组配方式，检索语言可分为先组式检索语言和后组式检索语言。

先组式检索语言是描述文献主题概念的标志在检索之前就已经固定好了的标志系统，如分类语言、标题词语言等。后组式检索语言是描述文献主题概念的标志在检索之前未固定组配，而是在检索时根据检索的实际需要，按照组配规则临时进行组配的标志系统，如叙词语言等。

（3）按照包括的专业范围，检索语言可以分为综合性检索语言和专业性检索语言。综合性检索语言是在一定范围内或国际范围内通用的检索语言，如各国的图书分类法；专业性检索语言是适用于某一专业领域的检索语言，如各国的专利分类法等。

（4）按照描述信息的特征划分，检索语言可分为描述信息外部特征的语言和描述信息内容特征的语言。

1）描述信息外部特征的语言是以文献上标明的、显而易见的外部特征，如题名、著者姓名、机构名称、文献号和文献出处等作为文献的标志和检索的依据。其通常按照文献题名、作者姓名、出版者等的字序进行排列，或者按照报告号、专利号等号码的数序进行排列，形成以文献题名、作者姓名及号码等为检索途径来满足用户需求。

2）描述信息内容特征的语言与描述信息外部特征的语言相比，其在揭示文献特征与表达信息提问方面具有更大的深度。描述信息内部特征的语言的结构与使用规则比描述信息外部特征的语言更复杂。描述信息内容特征的语言包括分类语言和主题语言。

3. 检索语言的常用分类

我们所说的检索语言，通常是指描述信息内容特征的语言。下面介绍常用的分类语言和主题语言。

（1）分类语言。

1）分类语言的概念。分类语言以学科体系为基础，将各种概念按学科性质和逻辑层次结构进行分类和系统排序，用分类号和相应的分类款目来表达各种概念，能反映事物的从属派生关系，便于按学科门类进行族性检索。分类语言也称分类法，其分类体系通常以分类表的形式体现出来，所以一般对分类语言（分类法）和分类表不予严格区分。

图书分类表、专利分类表通常都采用分类语言。按照分类方式的不同，分类语言又分为体系分类语言、组配分类语言和混合分类语言等。体系分类语言在我国使用广泛，因而下面对其进行介绍。

2）体系分类语言。将文献根据其所属的学科内容分门别类地系统化组织，是一种直接体现知识分类的等级关系的标志系统，是按文献内容特征进行分类的检索语言。其主要特点是按学科、专业集中文献，并从知识分类角度揭示各类文献在内容上的区别和联系，提供从学科分类角度检索文献的途径。

体系分类语言的构成原理是以学科体系为基础，将各种概念按照学科性质进行分类和系统排列，并按分类号编排组织成一个完整的体系。它按照知识门类的逻辑次序，运用概念划分和归属的方法，由总到分、由一般到个别、由抽象到具体、由简单到复杂，类目层层划分、层层隶属，逐步展开，形成一个有序的等级体系。

所谓"类"，是指具有许多共同属性事物的集合。凡用来表达同一事物的概念称为"类目"。每类事物，除了有共同的属性外，还有其个性。也就是说，还可以以个性相近的事物为标准再进行划分。比如，通信类，可以划分为通信系统、有线通信、电话、电报、传真等子类目。"通信"属于被划分的类，一般称其为"母类"或"上位类"（属概念）；经过一次划分所形成的一系列概念，如通信系统、有线通信、电话、电报、传真等，称为"子类"或"下位类"（种概念）。子类与子类之间称为"同位类"（并列概念）。子类中的某一概念还可再进行划分，如通信系统又可分成数字通信系统、扩展频谱通信系统、多址通信系统等，依此层层细分下去。

在体系分类表中，一个大类或上位类每划分一次便产生许多子类，所有不同级别的子类向上层层隶属，向下级级派生，从而形成了一个严格有序、直线性的知识门类等级体系。

体系分类语言广泛用于图书、资料的分类和检索，它是图书情报界使用最普遍的一种检索语言。它的具体体现形式就是图书分类法，比较有影响的图书分类法有《中国图书馆分类法》《国际十进分类法》和《杜威分类法》等。

3）《中国图书馆分类法》简介。《中国图书馆分类法》（原称《中国图书馆图书分类法》）是中华人民共和国成立后编制出版的一部具有代表性的大型综合性分类法，是当今国内图书馆使用最广泛的分类法体系，简称《中图法》。《中图法》初版于1975年，1999年修订出版了第四版，增加了类分资料的类目，并与类分图书的类目以"+"标志进行了区分，因此正式改名为《中国图书馆分类法》，简称不变。2013年修订出版第五版。《中图法》由基本部类和基本大类、简表、详表、通用复分表组成。

①《中图法》的基本部类和基本大类。基本部类，又称基本序列，由5大部类

组成。基本大类，又称大纲，是在基本部类的基础上展开的第一级类目，由 22 个大类组成，用 A~Z22 个字母表示，如表 3–3 所示。

表 3-3　《中图法》基本部类和基本大类表

| 基本部类 | 基本大类 |
| --- | --- |
| 1. 马克思主义、列宁主义、毛泽东思想、邓小平理论 | A. 马克思主义、列宁主义、毛泽东思想、邓小平理论 |
| 2. 哲学 | B. 哲学、宗教 |
| 3. 社会科学 | C. 社会科学总论 D. 政治、法律 E. 军事 F. 经济 G. 文化、科学、教育、体育 H. 语言 I. 文学 J. 艺术 K. 历史、地理 |
| 4. 自然科学总论 | N. 自然科学总论 O. 数理科学和化学 P. 天文学、地球科学 Q. 生物科学 R. 医药、卫生 S. 农业科学 T. 工业技术 U. 交通运输 V. 航空、航天 X. 环境科学、安全科学 |
| 5. 综合性图书 | Z. 综合性图书 |

②简表。简表是在基本大类上展开的二级类目表，通过简表可了解分类概貌。R 医药、卫生大类的简表如表 3–4 所示。

表 3-4　《中图法》R 医药、卫生大类简表（二级类目表）

| | |
| --- | --- |
| R–0 一般理论 | R–1 现况与发展 |
| R–3 医学研究方法 | R1 预防医学、卫生学 |
| R2 中国医学 | R3 基础医学 |
| R4 临床医学 | R5 内科学 |
| R6 外科学 | R71 妇产科学 |
| R72 儿科学 | R73 肿瘤学 |
| R74 神经病学与精神病学 | R75 皮肤病学与性病学 |
| R76 耳鼻咽喉科学 | R77 眼科学 |
| R78 口腔科学 | R79 外国民族医学 |
| R8 特种医学 | R9 药学 |

③详表。详表是分类表的主体，它依次详细列出类号、类目和注释。此处以“基础医学”说明其类号、类目展开示例，如表 3–5 所示。

表 3-5 “基础医学”类号、类目展开示例

| |
|---|
| 中图分类号查询 > 医药、卫生 > 基础医学 |
| R3 基础医学 |
| R31 医用一般科学 |
| R32 人体形态学 |
| R33 人体生理学 |
| [R34] 人体生物化学、分子生物学 |
| [R35] 人体生物物理学 |
| R36 病理学 |
| R37 医学微生物学（病原细菌学、病原微生物学） |
| R38 医学寄生虫学 |
| R392 医学免疫学 |
| R394 医学遗传学 |
| R395 医学心理学、病理心理学 |

④通用复分表。通用复分表对主表中列举的类目进行细分，以弥补详表中的不足。通用复分表由总论复分表、世界地区表、中国地区表、国际时代表、中国时代表、世界种族与民族表、中国民族表和通用时间、地点表组成，附在详表之后。

4）确定课题分类号的方法。确定课题的分类号是分类途径检索文献的关键。下面介绍单概念课题和多概念课题的分类方法以及上位类分类方法。

①单概念课题。所谓单概念课题，是指课题涉及的主题概念只有一个，如“刑法”“股票”“语法”等都属于单概念课题。使用分类表给单概念课题确定类号的一般方法是了解分类表的体系结构，重点掌握大类的分布；在相关的大类中，由大到小，逐步查找最接近于课题要求的类号。

利用分类途径查找文献的具体步骤是分析所需查找文献的内容主题，判断该主题在分类法中属于哪一大类，然后再从大类一级一级往下寻找，直到查到具体类目为止，记下分类号，再根据检索到的分类号在检索工具中检索，获得相关文献。

例如，要查找“免疫遗传学”的《中图法》相关分类号，第一步，先分析课题，免疫按其学科属性分析，属于医药、卫生的基础医学大类，“免疫遗传学”则属于医学遗传学；第二步，从分类表中逐级向下查找，得 R392.2 免疫遗传学。

②多概念课题。涉及两个或两个以上概念的课题即为多概念课题，如“计算机技术在口腔科学中的应用”（含“计算机”“口腔科学”两个概念）属于多概念课题。给多概念课题确定分类号的方法，除应用单概念课题分类方法以外，还应注意并列概念课题和应用性课题的归类方法。

并列概念课题。对于涉及同一研究对象的几个方面或者涉及几个并列研究对象的课题，凡是有主次者，应取其重点或主要研究对象归类。比如，“中医诊断和治疗”，如果侧重于“诊断”，在《中图法》中取“R241 中医诊断学”；如果侧重于“治疗”，则应取“R242 中医治疗学”。如果涉及同一研究对象的几个方面都需要检索时，则应在所涉及的几个类中同时查找。还是这个例子，“诊断”和“治疗”都有所侧重，则两个类号都应该查找。

应用性课题。研究一种理论、方法等在某方面应用或对某方面影响的课题，应在所应用或受影响的类目中查找。比如，“计算机技术在口腔科学中的应用”的《中图法》类号应归入“口腔科学”所在的类号“R78”，而不应归入“计算机的应用”所在的类号“TP39”。研究一种理论、方法、工艺等在多方面应用或对多方面造成影响的课题，则在该理论、方法、工艺等本身所属的类目中查找。比如，“计算机在口腔科学方面的应用”应归入“计算机的应用”所在的类号“TP39”。

③上位类分类方法。这种归类法是一种特殊的分类方法，它是指欲查课题在分类表中无符合要求的专指类目时，可以归入它的紧邻上位类。确定合适的上位类号是这种分类方法的关键。例如，“电影音乐合成”在《中图法》中没有现成的类号可用。经分析，“电影音乐合成”是一项影视技术，因此，“电影音乐合成”的类号可以用上位类分类方法选择“J93 电影、电视拍摄艺术与技术”下的“J933 录音”。

（2）主题语言。

主题语言又称为主题法系统，是一种描述性语言。它用语词直接表达文献的主题，这些语词就是表达主题概念的标志。将这些做标志的语词按顺排列并使用参照系统来间接表达各种概念之间的关系，就是主题语言。主题语言直接醒目、易学易用，便于进行特性检索，一直是各种检索工具必备的检索渠道或编排依据。

1）主题、主题词、主题词表。

①主题。文献主题，即文献论述或涉及的主要事物或问题。文献主题可分为简单主题和复杂主题两类。当某文献或提问只涉及一个主题时，该主题就叫简单主题；若某文献或提问涉及两个或两个以上的主题，则该主题叫复杂主题。实际上，绝大多数图书、论文、会议文献的主题，都是复杂主题。

②主题词。主题词是用于描述、存储、查找文献主题的词汇，是表达一定意义

的最基本的词汇单元。根据选词原则、组配方式、规范方法，可分为标题词、叙词、关键词和单元词等。

标题词：是从文献的题目和内容中抽选出来，经过规范处理，用以描述文献内容特征的词和词组。标题词一般分为两级，即主标题和副标题。编制标题词表时，标题词被一一列举，并将主标题和副标题固定地组配在一起。

叙词：是表达文献基本内容的概念单元，即在概念上不能再分的基本概念。叙词经过规范形成一个完整的词表，词表中词与词之间无从属关系，都是一个个相互独立的概念单元。

关键词：是从文献的题目和内容中抽选出来，未经过规范处理的自由词汇。关键词没有固定词表，标引文献时根据文献内容选择恰当的词汇进行组配，以表达文献的内容特征。

单元词：是从文献的题目和内容中抽选出来的、最基本的、字面上不能再分的词汇。单元词一般未经规范，也无词表，无固定组配关系，只有检索时才根据提问的内容特征，选取恰当的单元词进行组配检索。

③主题词表。主题词表是把主题词按一定方式进行组织与展示的词汇表。受控的主题词之间的语义关系用参照系统筹方式加以显示。主题词表是沟通文献标引人员和文献检索人员的桥梁，相当于他们进行思想交流的一种工具。

2）主题语言的要素。

①语词标志：检索标识是代表一定主题概念的标记符号，是标引、存储和检索文献主题的依据。语词标志采用自然语言中的名词术语，作为描述文献主题的检索标志。

②字顺系统：是主题语言区别于其他检索语言的重要标志。汉字的字顺系统，即汉字排检方法，主要有两类：一是音序法，即以汉字的音序作为编排次序的排检方法，主要有声韵法、注音字母法和拼音字母法；二是形序法，即从汉字字形特征出发来编排汉字次序的排检方法，包括部首法、笔画笔形法和四角号码法。

③参照系统：是主题语言显示主题词语义关系的语义网。其基本作用是显示概念关系，扩大检索途径。

④主题检索工具：是依据主题语言原理编制的各种主题检索工具，主要是主题目录、主题索引及计算机的主题词倒排档。

3）叙词语言。

叙词语言是以表达文献主题内容的概念单元为基础，经过规范化处理、可进行逻辑组配的一种主题语言。它的基本性质是概念组配。概念组配是概念的分析和综合，而不是简单地依据字面意义进行组词和拆词。

叙词语言是主题语言的高级形式，是后组式检索语言，有一套较完整的参照系统，能显示叙词之间的相互关系。对于熟悉自己专业词汇的科技人员来说，从叙词表中找到切题的叙词后，只要组配得当，就能大大提高检索效率。常用的叙词表有《汉语主题词表》、INSPEC Thesaurus 和 Compendex Thesaurus 等，分别介绍如下：

①《汉语主题词表》，简称《汉表》，是由中国科学技术信息研究所、国家图书馆主编的我国第一部大型综合性汉语叙词表。全表共收词 108568 条，其中叙词 91158 条，非叙词 17410 条，包括主表（字顺表）、附表、词族索引、范畴索引和英汉对照索引，是世界上收词最多的词表。

《汉语主题词表》共 3 卷 10 个分册，分为自然科学和社会科学两部分。第一卷为社会科学部分，包括 2 个分册；第二卷为自然科学部分，包括 7 个分册，其中第 1~4 分册为主表，第 5 分册为词族索引，第 6 分册为范畴索引，第 7 分册为英汉对照索引；第三卷为附表。

《汉语主题词表》由以下几部分构成：前言，是对词表的编制意义、目的、编制简况和适用范围的概括介绍；说明，是对词表的编制原则、体系结构和使用方法进行的全面说明；使用规则，是关于词表使用的若干规定；主表，将全部叙词款目按汉语拼音顺序排列，是标引文献、检索文献和组织目录索引的主要工具；附表，4 个，分别是世界各国政区名称、自然地理区划名称、组织机构、人物；辅助表（索引表），是将主表中的全部叙词按不同的需要和用途进行编制，词表的辅助表包括词族索引、范畴索引（分类索引）和英汉对照索引。

其中，主表也称字顺表，是《汉语主题词表》的主体部分。所有正式（规范）与非正式（非规范）主题词按汉语拼音顺序排列，是标引和检索汉语文献、组织目录的主要工具。主表中条目主题词的参照项是指示词之间的语义关系，主要有同义关系、属分关系和相关关系。其语义参照系统如表 3–6 所示。

表 3-6　叙词的语义参照系统

| 语义参照关系 | 参照项 | 中文符号 | 英文符号 | 作用 |
|---|---|---|---|---|
| 同义关系 | 用 | Y | USE | 指引相应的正式主题词 |
| | 代 | D | UF | 指引相应的非正式主题词 |
| 属分关系 | 属 | S | BT | 指引所从属的上位主题词 |
| | 分 | F | NT | 指引所含的下位主题词 |
| | 族 | Z | TT | 指引所从属的族首 |
| 相关关系 | 参 | C | RT | 指引有语义关系的相关词 |

词族索引，以族首词为条目词，按其汉语拼音排序，按级别展开成词族系统，用加“. ”号方式表示级别。

范畴索引，即分类索引。它按学科范畴把全部主题词编列成分类体系，以便从分类角度查找有关的主题词。自然科学部分划分为 43 个大类，展开成 333 个二级类及 770 个三级类，每类都有范畴号标记，采用数字与字母混合号码形式，如 39C。

英汉对照索引，按英文字顺排序，将英文主题词与汉语主题词对应，是通过英译名来选择主题词的辅助工具。

② INSPEC Thesaurus（INSPEC 叙词表），是《科学文摘》（Science Abstracts，SA）检索工具配套使用的规范词表，由国际物理与工程情报服务部（International Information Services for the Physics and Engineering Communities，INSPEC）编辑出版。该词表自 1973 年出版以来，每隔数年修订一次，是用主题途径检索 SA 时，确定正式叙词的依据。该词表提供在线叙词表。

INSPEC Thesaurus *由*字顺表和等级表两部分组成。字顺表展开叙词的同义词，表达正式主题词的上下位和相关关系，以及该叙词所属的分类号和计算机检索分类号。等级表展开叙词的等级关系，可帮助读者确定正式叙词和扩大检索范围。

字顺表（Alphabetic Display of Thesaurus Terms）按其所收录的词汇的字母顺序编排，表中叙词为黑体字，每个叙词下有若干可参照的相关词汇，有专门的参照项标志来表示它们的关系。

词表中也列入一些非规范词，它们使用斜体字，其后用“USE”标志，意为“用”，来指向应该使用的叙词。

等级表（Hierarchical List of Thesaurus Terms）按族首词的字顺排列，每个族首词之下由上而下逐级列出其下位、下下位词，级别由点数来标志。

INSPEC Thesaurus 中使用到的语义关系主要有 Control Number（控制号）、Status（分辑号）、Record Type（记录类型）、Used for Terms（非正式用词）、Prior Terms（优先用词）、Introduced（叙词正式采用的时间）、Thesaurus Terms（正式叙词）、Narrower Terms（下位词）、Broader Terms（上位词）、Related Terms（相关词）和 Top Terms（族首词）。

③ Compendex Thesaurus（工程索引叙词表）。标题词语言采用主副标题词进行固定组配，因此不能用一对主副标题词来反映因现代科技发展而出现的纵横交错的文献主题概念，使该词表在使用上受到了一定限制，以至于检索者难以迅速查出确切的文献。因此，1993 年美国工程信息公司彻底放弃了原标题词检索语言，采用了新的叙词检索语言。全部主题词仍按字顺排列，检索词统一对待。检索时不再受主

副标题词固定组配的羁绊，大大增加了寻找主题词的自由度。该词表中任何词都可以做导词，任何词都可以做说明词，检索概念由主题词自由组配，充分发挥了检索系统的功能，有利于进行文献主题概念复杂的检索。为进一步提高检索功能，在 E1 检索系统中仍继续使用了大量自由词做助词，以弥补标准词之不足。

4）关键词语言。

关键词是选自文献题目、文摘乃至正文中具有实质意义的语词，是不受词表控制的非规范化语言。关键词语言则是以关键词作为文献内容标志和检索依据的一种主题词语言。计算机检索系统可以对所有的词进行检索，并对每个词在每篇文献中出现的频率进行统计，可以根据某一词出现的频率判断某篇文献与某一主题的相关程度。一般主题词的检索局限在题名、文摘、全文等字段中，而关键词或自由词的检索则不局限于字段，可以对所有字段进行自由检索。

## （三）检索算符

计算机信息检索过程实际上是检索词与标引词比较的过程。单个检索词的计算机检索比较简单，两个或两个以上的检索词则需要根据检索课题的要求，运用检索算符对检索词进行组配。在计算机信息检索系统中，基本的检索算符有布尔逻辑算符、截词符、字段限定算符、位置算符等。

### 1. 布尔逻辑算符

规定检索词之间的逻辑关系的算符，称为布尔逻辑算符。主要的布尔逻辑算符有逻辑与（AND）、逻辑或（OR）、逻辑非（NOT）。

（1）逻辑与。逻辑与用来组配不同的检索概念，其含义是检出的记录必须同时含有所有的检索词，如图 3-2 所示。设两圈分别表示 A、B 词，可用 AND、and 或 * 表示，组配方式：“A and B”或者“A*B”，表示数据库中同时含有 A、B 两词的文献为命中文献。其作用是增加限制条件，即增加检索的专指性，以缩小提问范围，减少文献输出量，可提高查准率。

（2）逻辑或。逻辑或用来组配具有同义或同族概念的词，如同义词、相关词等，其含义是检出的记录中至少含有两个检索词中的一个，如图 3-3 所示。设三圈分别表示 A、B、C 词，可用 OR、or 或 + 表示，组配方式：“A OR B OR C”或者“A+B+C”，表示数据库中凡含有检索词 A 或者 B 或者同时含有检索词 A 和 B 的文献均为命中文献。使用逻辑或相当于增加检索主题的同义词、近义词和相关词，其作用是放宽提问范围，增加检索结果，起扩检作用，可提高查全率。

（3）逻辑非。逻辑非用来排除含有某些词的记录，即检出的记录中只能含有 NOT 算符前的检索词，但不能同时含有其后的词，如图 3-4 所示。设两圈分别表示 A、

B 词，可用 NOT、not 或 - 表示，组配方式：“A not B”或者“A–B”，表示数据库中含有 A 词而不含有 B 词的文献为命中文献。其作用是排除不希望出现的检索词，能够缩小命中文献范围，增强检索的准确性。

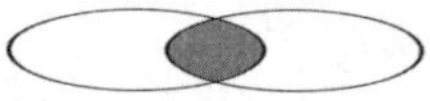

图 3-2 逻辑与

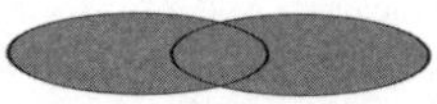

图 3-3 逻辑或图

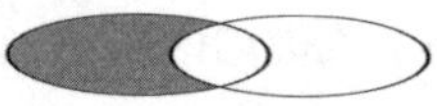

图 3-4 逻辑非

三种布尔逻辑算符的优先级从高到低为逻辑非（NOT）、逻辑与（AND）、逻辑或（OR），当同一组检索提问中既含有 OR 又含有 AND 时，可以用优先算符“( )”来改变运算顺序，将 OR 前后的词放入括号中，计算机将优先运算括号内的算符，如（financial or monetary）and bonds not（chemical or atomic）。

2. 截词符

不同的数据库和搜索引擎有不同的截词符号，如 DIALOG 系统中用“?”，Elsevier SDOL 系统中用“*”。

截词检索是指在检索式中用截词符号来表示检索词的某一部分的词形变化，因此检索词的不变部分加上由截词符号所代表的任何变化形式所构成的词汇都是符合要求的检索词，结果中只要包含其中任意一个就满足检索要求。截词检索的主要目的是提高查全率。截词检索的类型有：

（1）右截词，又称后截词、前方一致，允许检索词的词尾有若干变化。右截词主要用于：①词的单复数；②年代；③作者；④同根词。比如，comput* 将检索出 computerization、computerized 、computing、computerised、computer 等结果。

（2）中间截词。允许检索词中间有若干变化，中间截词可用于解决有些单词的英美国家拼写方式不同，或者有些词在某个元音位置上出现的单、复数的不同拼写。比如，wom*n 将检索出 woman、women 的结果。

（3）左截词，又称前截词、后方一致，允许检索词的词前有若干变化。比如，*physics 可检索到 physics、astrophysics、biophysics、chemophysics、geophysics 等结果。

3. 字段限定算符

字段限定算符，即字段代码。在检索系统中，为了提高查准率，缩小检索范围，通常用一些限制的手段和方法，使用这些方法进行的检索通常称为限制检索（Limit Search）。常用的限制检索方法是字段限定。

数据库中每条记录都有许多字段，将检索词限定在特定的字段中进行检索就叫作字段限定检索，通常在检索式中加入字段代码来限定检索字段。字段代码与检索词之间可用后缀符（如“/”）或前缀符（如“=”）连接起来。

比如，education/TI、high school/DE、teaching/AB，ID，分别是指将“education（教育）”限定在 TI（题目）字段中检索，“high school”限定在 DE（叙词）字段中检索，“teaching”限定在 AB（文摘）字段和 ID（自由标引词）字段中检索。

又如，AU=wang haiyan、JN=psychology abstracts、LA=English，分别是指将“wanghaiyan”限定在 Au（作者）字段中，“psychology abstracts”限定在 JN（刊名）字段中，“English”则限定在 LA（语种）字段中，以缩小检索范围。

各个检索系统的字段限定算符、前缀和后缀符号可能各有不同。在菜单式检索界面中，通常用户只要在下拉菜单中选择某个字段名称，在提问框中输入检索词，就可完成字段限定检索。

4. 位置算符

位置算符用于表达检索词间的位置关系。位置检索适用于两个检索词以指定间隔或者指定顺序出现的场合，比如，以词组形式表达的概念；彼此相邻的两个或两个以上的词；被禁用词或特殊符分隔的词以及化学分子式等。如果说布尔逻辑算符表示的是两个概念之间的逻辑关系，那么位置算符表示的是两个概念在信息中的实际物理位置关系。下面介绍部分常用的位置算符。

（1）词位置检索算符。词位置检索算符，即邻近检索算符，表示两个检索词或短语之间的距离和位置关系。

①位置算符（W）。表达式：A（w）B，表示 A、B 两词靠近，次序为 A 先 B 后，顺序不可颠倒，而且检索词之间不允许有其他的词或字母，但允许有空格或连字符号。比如，communication（W）satellite 或者 communication（ ）satellite，可检索出 communication satellite、communication-satellite。

②位置算符（nW）。表达式：A（nW）B，W 的含义为 Word，表示 A、B 两词靠近，次序为 A 先 B 后，中间最多可加 n 个词，但两个检索词的次序还是不能颠倒。比如，communication（2W）satellite，可检索出 communication satellite、communication though satellite、communication on the satellite 词组的记录。

③位置算符（N）。表达式：A（N）B，N 的含义为 near，表示 A、B 两词靠近，次序可变。例如，money（N）supply 可检索出 money supply 和 supply money 两个词组。

④位置算符（nN）。表达式：A（nN）B，表示 A、B 两词靠近，次序可变，中间最多可加两个词。比如，cotton（2N）processing，凡含有 cotton processing、processing of cotton 和 processing of Egyptian cotton 的文献记录都算命中。

⑤ ADJ。类似于词组检索，表示两词前后顺序固定。

⑥拼写词 TYPO。可进行同义词不同拼写的检索。比如，TYPO［fibre］，可找出 fibre、fiber。

⑦“”。用“”标注的检索式表示完全匹配的短语/词组检索。一般来说，在查询框内输入一个或多个关键词，且两个检索词之间没有任何其他符号，则检索系统会将这两个检索词之间的关系设为默认值（AND 或 OR）。若将这两个检索词看成一个短语或词组进行检索，就必须使用一定的标志号来表明该词组或短语。最常用的是将该词组用双引号或括号标志出来。

（2）同字段检索算符。

①（F）算符。表达式：A（F）B，F 的含义为 Field，表示 A、B 两词在同一字段中，次序可变，中间可插任意检索词。比如，pollution（F）control 表示检索词在同一字段中，可查出 control and management of industrial pollution。字段类型可用后缀限定。比如，environmental（F）impact / DE，TI，表示这两个词必须同时出现在叙词和篇名字段中。

②（L）算符。L 是“Link（连接）”的缩写，（L）两侧的检索词之间有一定的从属关系。在某些数据库中，存在着主标题词与副标题词。副标题词一般是修饰主标题词或限定主标题词的，二者之间有一定的从属关系。

（3）子字段检索算符。

子字段检索算符（S），算符表达式：A（S）B，S 的含义为 Sentence，表示算符两侧的检索词出现在同一个子字段中，在文摘中可以用来限定在同一句子中检索，并且检索词之间的词数可以是不定的，且前后关系不限。比如，literature（S）foundation，只要 literature 和 foundation 两个词出现在同一句子中，就满足检索条件。（S）算符比词位置检索算符（W）、（N）的词间位置关系更宽松。在某些检索中，用户对检索词之间的位置关系要求不像（W）、（N）那么严格，但还是要求有一定的上下文关系，那么使用（S）算符检索比较合适。

### （四）检索效果

所谓检索效果（Retrieval Effectiveness），是指检索结果的有效程度。检索效果包括技术效果和经济效果两方面，技术效果主要指系统的性能和服务质量，它是由检索系统实现其功能的能力所确定的；经济效果主要指检索系统服务所花费的成本和时间，它是由检索系统完成其检索服务的代价所确定的。检索效果评价是根据一定评价指标对实施信息检索活动所取得的成果进行客观、科学评价，以进一步完善检索工作的过程。常用的评价指标有收录范围、查准率、查全率、响应时间、用户负担和输出形式等，其中主要指标是查准率与查全率。

一系列的试验结果表明，查准率与查全率之间存在互逆关系。从不同检索语言出发得到的试验结果都表明了这种关系，即查全率高时，查准率较低。要想做到查全，势必要对检索范围和限制逐步放宽，则结果是会把很多不相关的文献也带进来，影响了查准率；反之亦然。

比如，心理学是包括教育心理学的大概念，把“心理学”作为检索词具有泛指性，能提高查全率，但是正因为检索范围的扩大，使得查准率降低。同样，把“教育心理学”作为检索词具有针对性，能提高检索词的专指性，排除非相关信息，但是也降低了查全率。前者查全率高，虽查出的文献量大，但误检的多；后者漏检率高，丢失了大量的有关文献。

一般来说，如果检索时所用检索语言的泛指性强，检出的文献多，那么查全率将会提高，但误检率也同时增大，因而查准率降低。如果检索语言专指性强，查准的文献多，则查准率提高，但漏检率也同时增大，因而查全率降低。所以，欲达到较好的检索效果必须兼顾两者，不能单纯追求其中某一个，而应当根据具体课题的要求，合理调整查全率和查准率，保证检索效果。比如，须了解某项研究的全面情况则要求查全率高，须了解某项技术的具体问题则要求查准率高。从理论上说，一般查全率在 60%~70% 是检索的最佳效果。

## 三、检索策略：探索式查找与获取信息

### （一）检索策略的概念

广义地理解检索策略，是实现检索目标的途径与方法，是为实现检索目标而制订的全盘计划或方案。检索策略具体包括以下流程：分析信息需求，选择检索工具，拟定检索词，明确各检索词之间的逻辑关系与检索步骤，制定、调整和优化检索式，以及获取和管理检索结果。这也是进行一次检索的完整步骤和合理流程安排，要在分析检索需求的基础上，确定用于检索的数据库，确定检索用词，并明确检索词之间的关系，以及查找步骤。

检索策略体现了对检索的总体计划和全部过程，也可以将其理解为检索步骤、检索流程、检索过程、检索条件设置等。检索策略的优劣直接影响着检索效果。检索策略指导着整个检索过程，因此，包括了绝大部分检索相关基础知识的应用。

### （二）检索式的概念

具体到检索过程中，检索者要构造一个既能表达信息需求，又能为计算机或各类搜索工具所识别的检索表达式。这个检索表达式，人们常将其称为检索式。检索式，是狭义理解上的检索策略，是检索策略的具体体现。

检索式是表达检索提问的逻辑表达式，是将检索词、检索字段、检索算符等检索要素组织在一个计算机可识别并可执行的检索语句中，用以表达复杂的检索需求，完成检索任务。

最简单的检索式，可以只是一个检索词（关键词或号码等），就像人们经常在搜索引擎中做的，输入一个关键词，就属于这种情况。如果希望检索结果满足更多更精细的要求，就需要一些更的检索式。比如，可以给检索词添加检索字段，以限定检索词在文献信息中出现的位置和重要程度等；再复杂一些，则可以包含多个检索词和检索字段，以及检索算符，甚至多重嵌套条件。

一个课题的检索式表达未必是唯一的，而是可以有各种选择、描述、限定和组配方式，这些都可以通过各种检索算符来体现。

检索式在检索中可一次设置完成，也可分为多步完成，检索者可以根据信息需求和信息源的特点以及自身需要，灵活编制，运用检索式，以达成检索目标。

### （三）检索策略详解

#### 1. 分析课题

分析课题，即分析信息需求，是实施检索中最重要的一步，是检索效率高低或成败的关键。面对一个课题，需要明确它的研究范围、研究现状以及将要达到的检索目的。

（1）明确检索目的。

明确检索目的指明确所需信息的用途，是为编写教材、撰写学科总结或进行专题综述系统收集信息，还是为申请专利或鉴定科技成果须利用信息为依据说明其新颖性和创新性？还是为解决某一技术问题，须利用相关的技术信息提供借鉴或参考？还是为技术预测或决策提供背景材料？等等。

（2）明确检索要求。

明确检索要求是指明确所需信息的类型、语种、数量、文献范围和年代等，以控制对查新、查准、查全的指标要求及其侧重。

①信息的类型。如要了解科技的最新动态、学科的进展、了解前沿、探索未知，则强调一个“新”字；如要解决研究中的具体问题，则要强调一个“准”字；如要了解一个全过程、写综述、做鉴定、报成果，就要回溯大量文献，要求检索全面、详尽、系统，则要强调一个“全”字。检索目的不同，主题分析选取主题范围的广度与深度则不同。若要系统、全面收集有关信息，则选取主题范围的面要宽一些，所得信息的泛指性要强一些；若需有关信息为某一技术问题提供解决的方案做参考或借鉴，则选取主题范围的面要窄一些，所得信息的专指度要高一些。

课题的类型主要包括下面几种情况：

查全型。开题、编写教材、基础研究或应用理论研究的课题。

查准型。用户需要查询在科研、生产进行当中遇到的非常专指或细微的问题。

动态型。研究开发和应用新技术、新理论的课题。

查新型。某项技术或新产品在研制开发完成后，要对同类研究项目或相关研究项目等有关的专利及非专利文献资料对比分析所进行的检索。

②确定检索的时间范围。每一项研究理论和技术都有其发生、形成和发展的过程，为提高检索效率，检索时应根据研究课题的背景，即有关知识发展的形成期、高峰期和稳定期来确定检索的时间范围，对发展较快的学科领域首先查找最近几年的文献。

③确定检索需要的语种。

④了解课题对查新、查准、查全等方面的具体要求。

（3）分析课题的主题内容。

了解课题的背景知识是进行课题检索的基础，课题的背景知识包括课题研究的对象及其所属的学科，主要涉及的内容包括研究方法、使用器材、主要研究单位和人员等。获取背景知识，可以询问专业人员，也可以阅读一些入门的相关文献。

找出课题所涉及的主要内容和相关内容，形成主要概念和次要概念，选取主题词。要注意课题分析获得的是反映课题主要内容的概念，而不是文献篇名中字面的罗列和堆砌。

2. 选择检索工具

根据课题分析的结果，确定了自己的检索目的和主题内容之后，下一步就是选择适用的检索系统。要根据课题要求，选择与所查课题和信息需求相适应、学科专业对口、覆盖信息面广、报道及时、揭示信息内容准确、有一定深度、检索功能比较完善的检索工具。

（1）了解检索工具的收录和质量等情况。

不同的检索工具，其收录的学科类别、文献类型、文献收录的时间跨度、覆盖的地理范围、文献记录的详略程度、是否提供全文、语种情况等方面都会存在差异，要根据所查课题的需要，加以选取。

一般来讲，学科属性是考察检索系统是否适用的首选因素。首先要保证所选择的资源与检索课题的学科一致；其次应考虑所选资源在该学科领域的权威性如何，尽量使用权威性的专业数据库作为检索工具。

课题的检索范围包括时间、地理、文献形式和资料类型的范围。另外，与课题的学科特点也有很大关系。比如，社会人文科学方面的课题受地域因素的制约，在资料的检索范围上应当有所侧重，有关中国社会问题的研究应着重参考有关的国内文献；对于科学技术，特别是高科技领域方面的课题，仅仅查阅国内的文献是不够的，还必须查阅先进国家的研究情况。

对检索系统的正确选择必须建立在对可利用资源全面了解的基础上，同时充分认识各种检索系统的类型、内容、意义和功能，如需要系统掌握某学科知识，可以选择图书；如需要写研究项目开题报告、学术研究和技术攻关，可以选择研究报告、科技论文、学位论文、会议文献等；如需要进行发明创造、工艺改革、新产品设计、引进设备和签订合同，可以选择专利说明书、标准文献、产品资料等。

（2）了解检索工具的功能和特色。

不同的检索工具，会有不同的检索功能和特色，有些功能单一，有些功能多样，有些功能较简单，只提供搜索功能，有些功能较强大，在搜索之外还提供分析功能。要学会了解并有效利用检索系统的助检手段和辅助工具，如检索帮助、培训课程等。

（3）了解检索工具的检索界面、方式。

在检索中，我们经常会面临检索方式的选择。检索式和检索方式表达的意思不一样，在此做一下区分。检索式是检索词、检索字段和检索算符等检索要素构成的一个表达式，而检索方式则是数据库和搜索引擎等检索工具提供的不同功能的检索界面。不同的检索界面可以为检索者提供不同的检索精度、灵活度和全面度。

一般来说，在使用数据库等检索工具时，可以根据其提供的功能设置和界面，选择不同的检索方式。最常见的就是浏览和检索两类。

①浏览，也称导航，是检索工具提供导航和索引列表，如作者导航、机构导航、期刊导航等，方便使用者在导航显示列表中任意浏览查看、选择点击，而无须输入检索词。导航的顺序常用字顺法、地域法等。图 3–5 所示是维普中文科技期刊数据库的期刊导航界面，图 3–6 所示是中国知网出版来源导航界面。

图 3-5　维普中文科技期刊数据库的期刊导航界面

图 3-6　中国知网出版来源导航界面

②检索，也称查询、搜索，指提供输入框，由使用者自行输入检索词和检索式，并设置检索限制条件，以完成检索过程，得到检索结果。

采用检索的方式时，一般有三种实现不同检索精度和灵活度的方式，分别是快速检索、高级检索和专家检索。

快速检索，也称作一般检索、普通检索、简单检索、简易检索，通常用于实现单条件的简单检索。通常只可输入一个或少量几个检索词，不同检索词之间的逻辑关系往往也比较单一。快速检索简单易行，可以比较全面地查找出与检索词相关的信息，让检索者快速了解相关总体情况，但缺点是检索精度不高、不够灵活。

高级检索，往往提供多个输入框，并提供检索字段选项，以及各种检索限制条件，使检索者可以方便地输入多个检索词，并设置多种逻辑关系，以完成复杂的检索条件设置，达到更高的检索精度和灵活度。

专家检索，也称作专业检索，其灵活性比高级检索更强，可以使用的检索词往往更多，检索词间的关系也更复杂多变，能将多种检索要素集合在一个检索表达式中，更加快速、准确、灵活、高效地完成检索。

图 3–7、3–8、3–9 所示分别是中国知网的快速检索、高级检索和专家检索三种检索方式的界面。

图 3-7 中国知网的快速检索

图 3-8 中国知网的高级检索

图 3-9　中国知网的专家检索

3. 拟定检索词

（1）分析提取课题概念。分析出课题所涉及的主要概念和辅助概念，并找出能表达这些概念的若干个词或词组。

主要概念，也称核心概念，是指课题研究的主要对象。课题研究的主要对象包括课题归属的专业学科名称，还包括课题涉及的具体原理、研究方法、材料工艺、应用领域等。例如，课题“3D 打印技术在建筑领域中的应用”的主要概念是“3D 打印”和“建筑”。

辅助概念，又称普通概念，是指一些没有专业意义的概念。比如，课题“新一代可降解塑料薄膜研究”，其主要概念是“降解塑料”“薄膜”，辅助概念是“新一代”。

禁用词，所谓禁用词，是指没有实质检索意义，在检索过程中一般不使用的词。禁用词包括介词、冠词和连词等虚词，也包括没有事物含义的普通名词、代词、动词和形容词，如“研究”“技术”“过程”“问题”“关于”“基于”等。

（2）拟定检索词的一般方法。

①切分。切分是对课题的语句以自由词为单位进行拆分，转换为检索的最小单元分割。自由词切分仅适用于自然语言检索。比如，检索“负载催化剂的性能与制备”相关文献，直接切分为负载催化剂 | 的 | 性能 | 与 | 制备。当词切分后将失去原来的意思时，不应再切分，即必须注意保持意思的完整，如“中国科学院”不可切分为“中国”和“科学院”。这类词一般都是一些专用名词，如地名、机构名等。

②删除。删除是对自然语言中不具有实质性检索意义的介词、连词、虚词等，

或使用频率较低的词，或专指性太高、过分宽泛的词，或过分具体的限定词、禁用词，一律予以删除。比如，“与”“的”“关系”“研究”“技术”“方法”“分析”“应用”“运用”“利用”“发展”等，都应予以删除。

在分析提取课题概念的过程中，有些检索词中已经含有的某些概念，在概念分析中应予以排除。比如，课题“玻璃纤维增强石膏制品”，从字面上看，这个课题可划为三个概念，即“玻璃纤维”“增强”“石膏制品”，但石膏制品中加入玻璃纤维，其目的就是为了增强石膏制品，因此可将“增强”这一概念排除在外。又如，课题“内弹道高温高压高密度的气体状态方程”，如果把“内弹道”“高温”“高压”“高密度”“气体”“状态方程”六个概念全部组配起来，会造成大量漏检。实际上，内弹道状态方程必然是高温、高压、高密度的，而且弹道状态方程也必然是针对气体而言的。

③替换。对表达不清晰或易造成检索误差的词，用更明确、具体的词予以替换。比如，“绿色包装”中的“绿色”，应替换为“环保”“可降解”“无污染”等。

④补充。补充是进行同义词、近义词、相关词、缩写词、翻译名等方面的查缺补漏。比如，“二氧化钛”应考虑补充“$TiO_2$”。

⑤组合。组合是对概念进行语义上的组配、合并，使概念的集合转换为主题词的集合。

自由词的概念组合方式有四种：

概念相交组合，即内涵不同、外延部分重合的两个相同性质的概念之间的组配。组配的结果产生一个新概念，这个概念分别属于这两个概念的下位概念。比如，青年 * 科学家 = 青年科学家。

概念限定组合，即两个不同性质的概念之间的组配，其中一个概念反映了另一概念的某一方面、某一特征或时空中的某一部分。限定的结果也产生一个新概念，它表示该事物的某一方面或某一特征。比如，数学 * 基础理论 = 数学基础理论。以上两种组配方式所得到的新概念都是原组合概念的下位概念，缩小了检索范围，提高概念的专指度，提高查准率。

概念概括组合，即两个或两个以上的同级概念相加或并列，组配结果形成一个新概念，作为原来概念的属概念。比如，文学理论 + 艺术理论 = 文艺理论。

概念联结组合，这种组配表示几个概念之间的联系，并不形成新的概念。比如，档案学 + 图书馆学 = 档案学和图书馆学。

组合的条件如下：

当组配表达会产生意义失真时，不用组合表达。如用“蘑菇”和“战术”两个词来组合表达“蘑菇战术”这个概念，“蘑菇”一词在检索时独立使用会产生误检，所以应直接采用专指性词组，即用“蘑菇战术”这一词。

某些专业词汇和专有名词不必用组配，可直接采用专指性词组，如“收录两用机”。

当组配表达不可能得到组配长处时，就采用专指性词组。如“文化水平”一词就不必分拆成“文化”+“水平”。因为“水平”一词并没有检索意义，不能成为一个检索词。

⑥增加。对于提取的检索词，除具有我们所期望的意义外，是否还有其他含义，如果有，就应该给它增加“限义词”，分析隐含概念。

增加“限义词”的方法主要有直接增加限义词、挖掘隐含词、提取潜在的检索词，还可以把限义词以逻辑的方式加入，采用逻辑“与”或逻辑“非”的方法来增加。

分析隐含概念就是挖掘潜在的主题词，还可通过对上位词、下位词、同类词关系分析得到其他相关主题词。比如，检索“Fll7A 潜隐战斗机”的相关文献，主题词是“隐身飞机”和“Fll7A 飞机”，隐含主题是“武器”。又如，“智力测试”，隐含着“能力测试”“态度测试”“创造力测试”等概念。

4. 制定、调整和优化检索式

（1）制定检索式。

检索式既能表达检索课题需求，又能为计算机识别的检索表达式，其构成包括检索词、检索字段和检索算符。检索词、检索字段、检索算符在前面都分别介绍过，此处强调一下检索字段的具体选择。

检索字段是指文献信息的特征项目，对应于数据库中的字段标目，是检索的出发点，以前常用“检索途径”这一术语，现在常用的名称还有检索项、检索入口、检索点等。常用的检索字段主要有分类、主题、作者、团体作者、篇名、摘要、关键词、号码等。每种文献均有内容特征及其相关的外表特征，分类、主题等字段反映文献信息的内容特征，作者、名称和号码等字段反映文献信息的外表特征。检索时从文献的特征出发，将其特征值与检索系统中的目标数据进行比较，通过匹配达到检索目的。

①分类字段。分类字段检索是从文献内容所属的学科类别出发来检索文献，它依据的是一个可参照的分类体系，具体表现为分类表、分类目录、分类索引、分类导航、分类专辑等，检索时可使用分类号或分类类目。分类字段检索能满足族性检索的需求，查全率较高。

②主题字段。主题字段检索是以课题的主题内容为出发点，按主题词（包含关键词、叙词、标题词等）来查找文献。主题字段对应文献主题概念，主要包括题名、

关键词、摘要。以主题作为检索途径能满足特性检索的需求，查准率较高，适合查找比较具体的课题。

③作者字段。作者字段检索是从文献的作者姓名出发来检索其文献。作者包括个人作者和团体作者，个人作者广义上还应包括汇编者、编者、主办者、译者等；团体作者包括作者所在单位。

④名称字段。名称字段检索是从各种事物的名称出发来检索文献信息。名称包括书名、刊名、资料名、出版物名、出版社名、会议名、物质名称等，也包括人名和机构名。书名索引、会议名称索引、书目索引、刊名索引等都提供了从名称进行检索的途径。

⑤号码字段。号码字段检索是以号码特征来检索文献信息。号码包括文献的编号、代码等，它们是文献信息的一些特有的外表标志。号码多种多样，通常用数字、字母或用它们结合的形式或以分段的方式来表示其各部分的含义。比如，图书有国际标准书号 ISBN；期刊有国际标准刊号 ISSN；科技报告有报告号、合同号、拨款号等；专利文献有专利号、入藏号、公司代码等；馆藏单位编有馆藏号、索取号、排架号等。它们各自按号码顺序，或以数序、字序或混合序列检索，比较机械、单纯，不易错检或漏检。若已知书名、刊名、作者姓名或序号数码的文献，则可直接判断该文献的有无。

（2）调整和优化检索式。

检索是一个动态的随机过程。在实施检索之后，要对检索结果进行评估，判断检索结果是否理想，再根据结果进行调整和优化检索式的操作。

一般来说，初次检索得到结果后，大致浏览检索结果，分析其全面性、准确性、新颖性等方面的检索效果，再据此调整和优化检索式。如果检索出来的文献量太多，就需要考虑适当缩小检索范围，减少检出量；反之，则要采取相反的措施。这个过程可以进行多次，直到逼近相对更优的检索效果。

若发现以下三种情况：显示太多与研究课题不相关的记录；显示太少与研究课题相关的记录；没有与研究课题相关的记录，都必须重新思考并建立检索命题，对检索策略进行优化、缩检或扩检。

调整检索式可以从构成检索式的三个部分入手，检索词、检索字段、检索算符都可以修改。

从检索的整体流程看，除了检索式可以调整外，其他各步骤涉及的事项也可以根据需要进行灵活调整，包括检索工具、各种限制条件等。

（3）检索式编制的注意事项。

不同的课题、不同的检索目的，有不同的检索方法和策略。一般来说，使用逻辑与算符越多，专指性则越强，查准率就越高；使用逻辑或算符越多，检索范围就越大，查全率就越高；使用逻辑非算符去掉不相关的概念，也可提高查准率，但用时要慎重，以免漏检。另外，在制定检索策略时，不要连续使用多个位置和逻辑算符，以免限制过严而导致漏检文献。

5. 获取和管理检索结果

（1）浏览和分析检索结果。

浏览检索结果，若内容相关，则可及时完整地记录保存，以备后续查看或进一步索取原始文献。可以充分利用检索工具或数据库的多种浏览和排序功能，高效浏览检索结果。

由于数据库等检索工具常常收录了海量文献，检索到的文献信息量往往数量巨大，导致人们无法有效地全部阅读使用，所以通常需要对获得的检索结果进行分析，以便对信息进行有效利用。有很多数据库提供了对结果的分析功能，可以对结果进行多角度的聚类、排序、过滤等操作，要学会充分利用数据库自带的分析功能，总体上把握检索结果反映出的信息。

（2）选择和记录文献线索。

可以按照自己的需求和检索工具提供的不同格式，对选中的文献进行标记、记录、导出、关注、分享、收藏、打印、保存、下载、邮件订阅等各种操作。

（3）获取文献原文。

当文献类型和出版物的全称明确以后，即可利用各种馆藏目录或联合目录查找所需文献的收藏机构，进行借阅或复制；或通过网络全文数据库检索，直接下载得到原文；通过搜索引擎搜索获得部分原文；通过作者个人主页或博客获得原文；与作者联系获得原文；通过馆际互借、文献传递等方式获得原文等。

## 第二节　计算机检索的基本原理与策略探索

计算机信息检索不仅能够跨越时空，在短时间内查阅各种数据库，还能快速地对几十年前的文献资料进行回溯检索，而且大多数检索系统数据库中的信息更新速度很快，检索者随时可以检索到所需的最新信息资源。科学研究工作过程中的课题立项论证、技术难题攻关、前沿技术跟踪、成果鉴定和专利申请的科技查新等都需要查询大量的相关信息，计算机检索是目前最快速、省力、经济的信息检索方法。

计算机信息检索系统从物理构成上说，包括计算机（硬件、软件）、检索终端设备、数据库和通信线路（网络）4个部分。一般而言，软件由计算机信息检索系统的开发商制作，通信线路、硬件和检索终端只要满足计算机检索系统的要求都不需要检索者多加考虑。对检索者来说，他们必须了解数据库的结构和类型，以便根据不同的检索要求选择合适的数据库和检索途径。

### 一、计算机信息检索基本原理

计算机信息检索是指利用计算机及其相关技术存储和检索信息。具体地说，就是指人们在计算机或网络终端上，使用检索词、特定的检索指令和检索策略等技术，从计算机检索系统的数据库中检索出所需的信息，再由终端设备显示或打印的过程。

为实现计算机信息检索，必须事先使用信息处理技术将大量的原始信息加工处理，以数据库的形式存储在计算机中，所以计算机信息检索广义上讲包括信息的存储和检索两个方面。计算机信息存储过程是用手工或者自动方式对大量的原始信息进行加工。具体做法是将收集到的原始文献进行主题概念分析，根据一定的检索语言抽取出主题词、分类号以及文献的其他特征进行标记或者写出文献的内容摘要，然后再把这些经过“前处理”的数据按一定格式输入计算机存储起来。计算机在程序指令的控制下对数据进行处理，形成机读数据库，存储在存储介质（如磁带、磁盘或光盘）上，完成信息的加工存储过程。

计算机信息检索过程是用户对检索课题加以分析、明确检索范围、弄清主题概念，然后用系统检索语言来表示主题概念，形成检索标志及检索策略，输入到计算机进行检索。计算机按照用户的要求将检索策略转换成一系列提问，在专用程序的控制下进行高速逻辑运算，选出符合要求的信息输出。计算机检索过程实际上是一个比较、匹配的过程，提问标志只要与数据库中的描述信息特征的标引标志及其逻辑组配关系相一致，则属“命中”（Match），即找到了符合要求的信息，如图 3-10 所示。

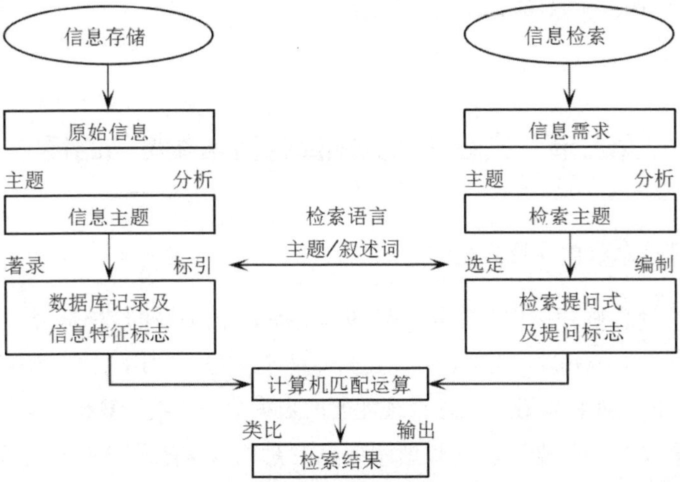


图 3-10　计算机信息检索基本原理

## 二、计算机信息检索策略

检索策略是对检索行为的全面策划，寻找最佳的检索策略不仅是情报检索研究的一个重要目标，还是计算机检索实际工作中必然遇到的问题之一。在保证一定的数据库质量和功能的前提下，检索策略的优化与否已成为决定检索效率高低的一个重要因素。

### （一）检索策略的含义

所谓检索策略，是指为实现检索目标而制订的全盘计划和方案，是对整个检索过程的谋划和指导。具体来讲，就是在分析检索提问的基础上，确定检索的数据库、检索的用词，并明确检索词之间的逻辑关系和查找步骤的科学安排。检索式（检索用词与各运算符组配成的表达式）仅仅是狭义上的检索策略。

### （二）检索策略的制定与优化

一般来说，构造检索策略可按下列顺序进行。

（1）填写检索提问表，列出待检课题的学科专业范围、主题内容及其检索目标。

（2）选择相关数据库并确定检索途径，以便编制适合所选数据库的检索策略。

（3）对情报提问进行概念分析，选择能代表概念组面的检索项，从而把提问的主题概念转换成适合系统的检索词，完成用户情报需求由概念表达到计算机系统所能接受的检索标志表达的转换。

（4）拟定检索表达式。

（5）编排具体的检索程序。检索时不一定要绝对按上述顺序执行，可根据所检课题需求及使用系统的具体情况灵活运用。

## 第三节　文献信息数据库的检索类型与路径

### 一、文献信息数据库及其编排结构

数据库是计算机存储设备上按一定方式存储的相关联的数据集合。在《文献与信息工作术语》（ISO/DIS 5127）中，数据库的定义是至少由一种文档组成的、能够满足某种特定目的或特定数据处理系统需要的数据集合。在计算机信息检索系统中，多数数据库为关系型数据库。当数据库记录的对象为文献信息时，就称为文献信息数据库。

数据库的类型较多，但数据库的结构基本相同。从用户的角度来看，数据库主要由文档、记录、字段三个层次构成。

#### （一）文档（file）

若干个逻辑记录构成的信息集合称为文档，它是书目数据库和文献检索系统中数据组织的基本形式，与检索系统的硬件和软件的功能及系统的效率关系密切。许多数据库以单一的文档编号出现，此时，文档的概念和数据库相当。但有些数据库规模庞大，为了方便用户检索，常被分为若干个文档，如 Dialog 国际联机检索系统由上百个子文档组成，154 号与 155 号文档指 Medline 数据库。文档可分为顺排文档和倒排文档，顺排文档是主文档，倒排文档是辅助索引。

1. 顺排文档

顺排文档是将数据库的全部记录按照记录号的大小排列而成的文献集合，每条记录有唯一的物理位置标志即记录存取号。每一篇文献为一条记录单元，一个存取号对应一条记录，存取号越大，对应的记录就越新。数据库中得到的检索结果都来自顺排文档。如果在顺排文档中进行检索，计算机就要对每个检索提问式逐一扫描数据库中的每一条记录的全部字段，比较费时。因此，数据库又创造了快速检索顺排文档的索引工具——倒排文档。

2. 倒排文档

倒排文档是将顺排文档（主文档）中的可检字段（如主题词、著者、关键词、机构单位等）及其属性值抽出，按其属性值的某种顺序再组织起来，成为可以做索引用的文档，所以也称为索引文档。按表达文献内容特征的主题词排列的文档称为基本索引文档；按表达文献外部特征排列的文档称为辅助索引文档。不同属性的字段组成不同的倒排文档（如著者倒排文档、主题词倒排文档等）。倒排文档只有文献的标志、文献篇数及文献存取号。因此，在实施检索时，必须和顺排文档配合使用，先在数据库的倒排文档中查得文献篇数及其记录存取号，再根据存取号从顺排文档中调出文献记录。

（二）记录（record）

记录是文档的组成单位，也是构成数据库的最基本数据单元。记录由若干个字段组成，每条记录记载了一篇文献的外部特征（如篇名、著者、来源等）和内容特征（如主题词、分类号、关键词等）。在书目数据库中，一条记录相当于一条文摘或题录；在全文数据库中，一条记录相当于一篇完整的文献。记录也是检索结果输出的基本形式。

（三）字段（field）

数据库中的每条记录都由若干个字段组成，它是组成记录的数据项。每个字段描述了文献信息的某一内容特征或形式特征，是对实体的具体属性进行描述的结果。为方便计算机识别，数据库中每个字段名称都会有对应的字段标志符（field tag），如篇名字段、著者字段、文摘字段的字段识别符分别为 Tl、AU、AB。在有些数据库中，根据与文献内容相关与否，文献数据库字段还可分为基本字段（或称默认字段、缺省字段）和限制性字段（或称辅助字段）两种。数据库检索时，用户通常从某些字段或某个字段入手查找文献。因此，作为检索点的可检字段是检索得以实现的基础。

## 二、文献信息数据库类型

### （一）按数据库所含信息内容的不同分类

1. *参考数据库*（Reference Database）

参考数据库包括二次文献数据库（Bibliography Database）与指南数据库（Directory Database）两种。二次文献数据库指储存文献线索的数据库，如题录数据库、文摘数据库、目录数据库等。指南数据库是指存贮机构、人物、地名、产品、物质和材料的特性、事件等信息的数据库，也称事实数据库（Factual Database）。

2. *源数据库*（Source Database）

源数据库指能够直接为用户提供原始资料或者具体数据的一类数据库。包括：

（1）全文数据库（Fulltext Database）：指存贮文献全文或其主要部分的数据库，如中国期刊全文数据库、Elsevier、SpringerLink 等。

（2）数值数据库（Numberical Database）：指专门存贮数值性信息的数据库，如 JCR、InCite 数据库。

（3）术语数据库（Terminological Database）：指专门存贮名词、术语的数据库，如 CNKI 中的知识元搜索数据库。

（4）图像数据库（Image Database）：指专门收藏图片资源的数据库。

3. 混合数据库（Mixed Database）

混合数据库是兼有源数据库和参考数据库特点的一类数据库，多媒体数据库（Multimedia Database）就属于这一类。它是存贮声音、图像、文字、动画等多媒体信息的数据库。

### （二）按数据库记录对象的不同分类

1. 题录型数据库

题录型数据库是存储文献线索的数据库，收录资源比较丰富，检索功能比较完善，为用户提供从文献的外部特征（篇名、著者、出处）及内部特征（如主题词、分类号、关键词）入手，获得一次文献的线索（题录、文摘）。常见的医学题录型数据库包括中国生物医学文献数据库（CBM）、PubMed、BP、Embase 等。

2. 全文型数据库

全文型数据库是源数据库中的一种，它直接将文献全文转化为计算机可以识别、处理的信息单元而形成的数据集合。在全文型数据库中，用户可以直接获取原文，并且全文型数据库对文献的字、词、句，乃至段落等进行更深层次的编辑加工，允许用户进行全文搜索，可以利用词频检索、句子检索、邻近检索等检索技术。常用的全文型数据库如中国知网、万方知识服务平台、Elsevier、Wiley 电子期刊全文库、OVID 全文型数据库等。

3. 事实型数据库

事实型数据库主要为用户提供有关事物、人物、机构等方面的事实信息的数据库。如万方知识服务平台中的中国科研机构数据库、美国国家癌症研究所的关于癌症治疗信息的医生咨询数据库（PQD）、电子化的参考工具书（词典、百科全书、指南等各种网络参考工具书等）都属于事实型数据库。

4. 数值型数据库

数值型数据库主要提供统计数据、科学实验数据、测量数据等数值数据。如美国疾病控制中心发布的医学统计数据、汤森路透集团出版的 JCR 数据库、WHO 出版的 WHOSIS 数据库等都属于数值型数据库。

5. 多媒体数据库

多媒体数据库是数据库技术和多媒体技术相结合的产物，它存储文字、图像、视频、音频等多种信息。如 ASP 视频数据库、OVID 公司的 Primal Picture 3D 解剖模型数据库、美国国立卫生研究院的老年卫生知识库和美国国立医学图书馆的可视人计划数据库。

（三）按文献信息数据库收录信息的学科范围分类

按收录文献的学科性质，可以将数据库划分为专门性文献信息数据库（包括专科数据库、专题数据库）与综合性文献信息数据库。如美国生物学文摘数据库（BP）、中国生物医学文献数据库、PubMed 数据库都是生物医学专业数据库，中国知网、万方知识服务系统、Elsevier、OVID、SpringerLinK、Web of Scinece 等都属于综合性数据库。

## 三、文献信息检索途径

检索途径是检索系统的检索入口，即检索系统所提供的、用以查询获取资源的各种标志。常见的计算机检索途径有以下几种。

（一）主题检索

主题（subject）检索是从反映文献内容的有关主题词出发来检索文献。主题词是一种规范化的词汇，一个概念有唯一对应的主题词，利用主题词检索可以将所有表达同一概念的文献集中在一起，并且只有文章涉及的主要概念才能标引为主题词，因此，主题词检索可以提高数据库的检索效率。但需要注意，主题词具有时滞性，新出现的事物无主题词并且部分概念没有主题词。另外，在万方、CNKI、维普资讯、Web of Science 等数据库中也提供“主题”字段检索，该字段是篇名、关键词、摘要等组合字段，并非指主题词，检索时须注意。目前，支持主题词检索的数据库包括 PubMed、SinoMed、Embase 等。

（二）分类检索

分类检索是从文献内容所属的学科类别出发来检索文献，可满足用户从学科、专业等内容出发获取文献的需要。国内常用的分类法是中国图书馆分类法，如 SinoMed 提供的分类途径，即以文献在《中国图书馆分类法》中的分类号作为检索入口来查找文献。在图书馆馆藏目录及国家书目查询系统中也常提供分类检索。

（三）名称检索

名称（title）检索是从各种事物的名称出发来检索文献信息。这些名称包括书名、刊名、资料名、出版物名、出版社名、会议名、物质名称等，也包括人名和机构名。检索的对象既包括对应的文献，也包括有关的信息、事项等。

### （四）引文检索

引文检索是利用引文（citation，即文后所附参考文献）作为检索入口查找文献的途径。由于被引用的文献和引证文献之间在内容上或多或少有关联，所以从知名学者或一篇高质量文献出发进行引文检索，往往可以获取一系列与主题相关、内容上有所继承和发展的新文献。通过引文途径可追溯课题的起源、发展，了解文献的被引用情况及影响力。引文检索途径允许以引文中出现的任何信息（如作者、题名、出处）等作为检索入口。如 Web of Science 的 Cited Reference Search（引文检索）。

### （五）号码检索

号码检索是利用文献特有的序号（如 ISSN、ISBN、专利号、公开号、报告号、合同号、化学物质登记号、记录顺序号等）作为检索入口查找文献的途径。号码多种多样，通常用数字、字母或用它们结合的形式或以分段的方式来表示其各部分的含义。如专利文献有专利号、优先权号、专利分类号等。

### （六）默认检索

默认检索又称缺省检索，指在检索系统预先设定的单个或多个字段中进行检索的途径。许多数据库都提供默认检索途径，从检索者角度考虑，应该了解默认字段在特定数据库究竟是指哪些字段的组合。比如，在 SinoMed 的基本检索界面直接输入检索词，系统默认在缺省字段（包括中文题名、关键词、主题词、文摘、刊名、特征词等）中进行检索。

## 四、文献信息检索方式

### （一）快速检索

快速检索是最简单的检索模式，仅提供一个检索式输入框，部分数据库的快速检索限定仅能输入检索词而不能支持其他检索技术。快速检索模式检索功能简单，不提供检索字段的选择，系统提供默认的字段，帮助用户实现简单检索功能。

### （二）基本检索

基本检索一般提供一个检索式输入框，提供检索字段的选择，部分数据库中初级检索还提供多个检索字段、检索时间、语种等限定功能。

### （三）高级检索

高级检索提供较多的检索式输入框，提供更多的字段选择，以及更完善的字段限定功能，有助于用户在固定模式下建立较为复杂的检索策略。

### （四）专业检索

专业检索一般提供一个检索式输入框，并提供字段代码显示，用户可以在检索式输入框中，利用逻辑算符、字段代码等构造较为复杂的检索策略。适用于专业用户，普通用户不建议使用。

#### （五）词表辅助检索

词表辅助检索是特色的检索方式，包括主题词表、分类表、作者索引表、刊名索引表等辅助功能，能帮助用户构建检索策略。

#### （六）浏　览

大部分数据库都提供资源的浏览功能，包括分类浏览、期刊浏览，用户通过逐层点击分类或者点击期刊的年、卷期号定位特定的文献，满足用户从不同维度获取文献信息的需求。

#### （七）跨库检索

随着网络技术的不断发展及数据库商的不断重组，许多数据库融合在一起，形成一个大型电子资源检索平台，如 Web of Science 平台、EBSCO 发现服务、万方数据知识服务平台、CNKI 中国知识资源总库等。这种平台检索模式一般提供跨库检索功能，协助用户一次实现多个数据库检索功能，系统的查全率比较高，但子库的特色字段检索功能在跨库平台检索上往往无法实现。

## 第四节　医学文献信息检索语言的类型与应用

### 一、信息检索语言的概念及作用

#### （一）信息检索语言的概念

信息检索语言是用于描述信息系统中信息的内容特征或外表特征和表达用户信息提问的专门语言，是人与信息系统对话的媒介。在文献存储时，内容特征（如分类、主题）和外表特征（如书名、著者、出版项）按照约定的语言来描述，检索文献时的提问也按照约定的语言来加以表达，这种在文献存储和检索过程中共同使用、共同遵守的语言就是信息检索语言。检索语言可依据其使用场合的不同有不同的称呼。作为文献加工组织过程中标引专家用来标引文献的依据，被称为标引语言，而在用户检索文献的过程中则被称为检索语言。

#### （二）信息检索语言的作用

信息检索语言是编制检索工具的方法和标准，如果检索者不遵循这一共同的标准，就不能快速、准确、全面地查找所需要的文献信息，达不到预期的效果。因此，信息检索语言在信息检索中起着重要的作用，主要包括：利用标引语言可以使内容相同及相关的文献集中化，保证不同数据库资源内容的加工处理者（标引人员）表征文献信息的一致性，保证检索提问与文献信息标引的一致性，以及保证检索者按不同需求检索文献信息时都能获得最高的查全率和查准率。

## 二、信息检索语言的类型

虽然信息检索语言的基本原理是一致的，但是，它们为表达概括文献信息内容和检索课题的概念及其相互关系时所采用的具体方法及适应性各有特色，因而形成了不同的信息检索语言种类。

### （一）按规范化程度划分

#### 1. 人工语言

人工语言又称规范语言，是人为地对标引词和检索词加以控制和规范，每个检索词只能表达一个概念的检索语言。人工语言经过规范化控制，词和事物之间具有一一对应的关系，排除了自然语言中同义词、多义词、同形异义词现象，用户在检索时可以省略对其概念的全部同义词或近义词的输入，也避免了这些词在输入时的麻烦和出错，从而有效避免了漏检和误检。分类语言、叙词语言均属人工语言。

#### 2. 自然语言

自然语言是利用直接从原始信息中抽取出的自由词作为标引词和检索词的检索语言。自然语言对主题概念中的同义词、多义词等不加处理，如关键词语言。由于自然语言使用自由词，不用编制词表，检索时选词灵活随意，标引和检索速度快，便于检索规范词难以表达的特定概念，但自然语言未经规范，因此检索时会影响检索效率。

### （二）按描述文献信息的特征划分

#### 1. 文献外表特征检索语言

文献外表特征检索语言是依据信息资源的外表特征，包括题名、著者、号码等作为文献存储的标志和文献检索提问的出发点而设计的检索语言。它包括：以文献发表的刊名或书名作为检索标志的检索语言，如书名目录、刊名目录、篇名索引等；以文献上署名的个人作者、译者、编者、专利权人、学术会议名称、机构单位名称等的字顺为标志的检索语言，如著者索引；以文献特有的序号作为检索标志的文献序号索引系统，如专利号索引、环系索引等；利用科学文献后附注的参考文献作为检索标志的引文索引系统，如美国科学引文索引。

2. 文献内容特征检索语言

文献内容特征检索语言是依据文献研究所属的学科领域、所论述的主题、观点、见解等作为文献存储的标志和文献检索提问的出发点而设计的检索语言。主要有以下两种。

（1）分类检索语言。分类检索语言是用分类号和类目来表达各种主题概念的检索语言。它以学科体系为基础，将各种概念按学科性质和逻辑层次结构进行分类和系统排列。其特点是揭示学科体系，反映事物的平行、隶属、派生关系，通过分类体系使同学科专业文献集中，提供从学科专业角度查找文献的途径。如中国生物医学文献数据库、CNKI、维普等都依据分类法对收录内容进行分类加工。用户可将分类号与主题结合起来检索，使其达到更好的检索效率；也可以按类浏览学科内容，从学科或专业的角度进行族性检索，以达到较高的查全率。

（2）主题检索语言。主题检索语言又称主题法，是以文献的主题为依据，用语词作为概念标志，将概念标志进行字顺排列，并用参照系统等方法间接显示概念之间的相互关系的一种检索语言。主题检索语言与分类检索语言相比，具有专指度高、直观性好、灵活性强等优点，但由于主题检索语言是按字顺排列，所以同一门学科的文献容易被分散在各处，在族性检索方面不及分类检索语言。根据其规范的程度，可以分为主题词语言、关键词语言和代码检索语言。

①关键词语言是直接从原文的标题、摘要或全文中抽选出来，具有实质意义的、未经规范化处理的自然语言语汇，作为信息存储和检索依据的一种检索语言。所谓关键词，就是将文献原来所用的、能描述其主题概念的那些具有关键性的词抽出，作为用户检索入口的关键性名词术语。比如，一篇名为糖尿病患者的生活质量的研究，其中“糖尿病”“生活质量”能表达该篇名的主要含义，是检索入口的重要词语，可作为关键词，但“患者”“研究”作为检索词时，文献区别能力比较差，不作为关键词使用。在检索系统中，出现在篇名、文摘或者全文中的关键词，经常作为文本词纳入文献数据库索引，提供更多的检索入口。从某个关键词出发可能查出成千上万篇文献，其中有很多是误检，必须再与其他途径结合做进一步修饰检索。关键词未经规范处理，具有灵活性强、易于掌握、查检方便等特点，其最大优点是科学领域新出现的专业名词术语能及时进入索引系统，同时数据库编制关键词索引比较快速，因此，关键词法被各种检索系统接受。但因关键词直接取自作者用词，未经规范化处理，同一主题概念文章由于作者可能用不同的表达方式，用词不统一而出现同一主题内容的文献分散，容易造成漏检，影响查全率。

②主题词语言，又称叙词（descriptor）。叙词语言是以自然语言为基础，以概

念组配为基本原理，并经过规范化处理，表达主题的最小概念单元，作为信息存储和检索依据的一种检索语言，也是目前使用最广泛的主题语言。叙词语言是采用严格规范并能代表文献内容实质的专业名词术语或词组表示单元概念，具有单一性，每一个主题概念在主题词表中只有唯一对应的主题词，这样使得内容相同或者相近的文献集中在一个主题词下，避免多次检索，提高查全率。并且数据库标引人员仅将文献主要涉及的概念标引为主题词，因而利用主题词检索，同时可以提高查准率。检索时可由多个叙词组成任意合乎逻辑的组配，形成多种检索方式。

③代码检索语言是依据文献信息中论述事物的代码作为标志，加以标引和排列的检索语言。如专利文献检索中的专利分类号、美国化学文献服务社数据库 SciFinder Schloar 中的化合物分子式索引、环状化合物的环系索引以及美国《生物学文摘》中的生物体索引等。

### 三、检索语言的应用

检索语言作为信息组织的基石，在文献数据库、图书馆资源及网络资源的组织中起着重要作用。国内图书馆对图书资源的组织基本上采取中国图书馆分类法（简称“中图法”）对图书资源进行组织编目，列成图书目录索引系统。目前国内外许多文献数据库是利用分类法对收录的文献进行标引，提供按类浏览的途径。如中国学术期刊全文数据库、中文科技期刊数据库、中国生物医学文献数据库等都采取中图法对收录的文献资源进行加工组织，提供分类检索途径。主题法也是文献数据库最重要的组织方式，所有的数据库都提供主题途径的检索，如 PubMed、中国生物医学文献数据库、万方医学网、中国医院知识仓储中的主题词检索，中国期刊全文数据库、万方数据服务系统、EBSCO、OVID 等数据库中的篇名、关键词等检索。分类语言与主题语言在网络信息的组织中也占有一席之地，如关键词搜索引擎、分类搜索引擎、主题网关等。

# 第四章　信息源的利用与获取信息的路径

## 第一节　电子期刊信息检索

### 一、中国生物医学文献服务系统

#### （一）概　述

中国生物医学文献服务系统（SinoMed）是中国医学科学院医学信息研究所开发的文摘型数据库，是国内检索生物医学文献的重要数据库，具有数据回溯时间长、文献覆盖范围广、检索方便快捷且专业性强、资源更新及时等特点。数据库可通过主页 http://www. Sinomed.ac.cn/ 进行访问。

SinoMed 包含 8 个子数据库：中国生物医学文献数据库（CBM）、西文生物医学文献数据库（WBM）、中国医学科普文献数据库、北京协和医学院博硕学位论文数据库、日文生物医学文献数据库、俄文生物医学文献数据库、英文文集汇编文摘数据库、英文会议文摘数据库。这些数据库包含了期刊论文、科普文献、学位论文、会议论文等类型的文献，并且涉及多个语种。其中，中国生物医学文献数据库（CBM）是 SinoMed 的核心数据库之一，其特有的主题词检索功能可帮助用户提高查全率和查准率。

1. 检索规则

（1）布尔逻辑运算符。SinoMed 支持布尔逻辑运算符“AND”（并且）、“OR”（或者）、“NOT”（去除），且运算符按 NOT>AND>OR 优先顺序运算；如果需要先运算优先级低的，可以添加括号。所有运算符须在半角状态输入才能被数据库识别。

（2）通配符检索，又叫截词检索，“?”代表一个字符，“%”可以替代 0 到多个字符。使用截词检索可提高查全率。

（3）短语检索。在检索词前后加上“”，检索时系统将不会分割这个检索词，检出文献会包含完整的检索词；在遇到检索词含有特殊符号如“-”“（”等时，需要使用短语检索。

2. 检索和分析功能

进入 SinoMed 主页可对其 8 个数据库进行跨库检索，默认为快速检索，勾选任意一到多个数据库，在检索框中输入检索词即可。点击高级检索即可进入高级检索页面，高级检索可以选择字段且限定年份。此外，还可以选择主题检索和分类检索。这 4 种检索方式具体的操作方法可参照中国生物医学文献数据库（CBM）的检索方式。

SinoMed 提供各种学术分析功能，包括引证分析、机构分析、基金分析、作者分析和期刊分析。通过检索相关文献并进行统计分析以辅助科研与工作。

3. 其他资源

（1）中文生物医学主题词表（Chinese Medical Subject Headings，CMeSH）：包含了美国国立医学图书馆（NLM）的《医学主题词表（MeSH）》中译本和中国中医科学院中医药信息研究所的《中国中医学主题词表》以及《中国图书馆分类法・医学专业分类表》的内容，可对以上内容进行检索。

（2）临床医学知识库（Clinical Medicine Knowledge Base，CMKB）：包括疾病库、药物库、检查库和辅助诊疗系统。通过专家访谈、文献调研，确定各个知识库的知识来源，为临床医生、医学生等医疗相关人员提供专业知识辅助。

### （二）中国生物医学文献数据库

1. 概　述

中国生物医学文献数据库（CBM）目前收录了 1978 年至今 1800 多种生物医学期刊和汇编、会议论文的文献题录约 740 万篇，还有 1989 年至今的约 386 万篇中文参考文献。

CBM 的全部题录均根据《中国图书馆分类法》进行分类标引，依据 NLM 的 MeSH 中译本和中国中医科学院中医药信息研究所的《中国中医学主题词表》进行主题标引。数据库提供多种检索方式，为用户开展引证分析、机构分析等学术分析提供帮助。

2. 检索方式

CBM 提供多样化的检索方式，可满足用户不同的检索需求。主要包括以下几种检索方式。

（1）快速检索。

CBM 的默认检索页面为快速检索（图 4-1），检索页面简洁，适合简单的课题检索，方便快捷。快速检索默认检索全部字段，且使用智能检索方式。智能检索是根据自由词—主题词转换表，将检索词转换成同一概念的一组同义词，可以同时检索该检索词、检索词对应的主题词及该主题词所含下位词。快速检索框中输入检索式时自动关闭智能检索功能，“详细检索表达式”可以查看数据库执行的实际检索式。

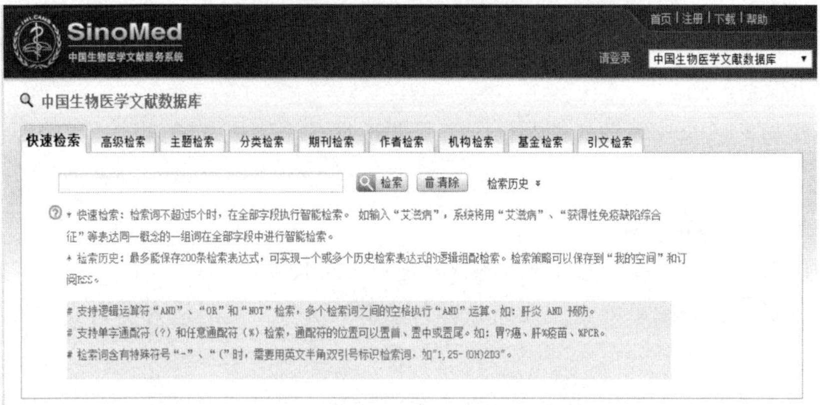


图 4-1　CBM 检索页面

（2）主题检索。

主题检索是 CBM 的特色检索方式，可提高检索效率。主题检索的主要步骤如下。

第一，进入主题词库查找主题词。在主页点击“主题检索”进入主题词查询页面。

第二，查找主题词。在检索框中输入检索词，点击“查找”按钮，看是否有对应的主题词，若有则直接使用，若无则可查找其相关的上位词来代替或者直接使用自由词检索。

第三，选择主题词的检索方式。点击主题词进入其详细信息页面，可查看其英文名称、款目词、树状结构号、标引注释、主题词详解和主题词树形结构，可以选择组配副主题词、扩展检索、加权检索等限定，然后点击“发送到检索框”。

第四，重复以上步骤，直至所有主题词组配完毕，最后点击“主题检索”。

（3）高级检索。

点击主页的“高级检索”按钮可进入“高级检索”页面。高级检索构建检索表达式的方法为：选择字段，一次只输入一个检索词，选择是否需要智能检索功能，选择逻辑运算关系，点击“发送到检索框”。重复以上步骤，直到完整的表达式构建完，最后点击“检索”。高级检索有 18 个检索字段：常用字段、全部字段、中文标题、英文标题、摘要、关键词、主题词、特征词、分类号、作者、第一作者、作者单位、国 / 省 / 市名、刊名、出版年、期、ISSN、基金。其中，“常用字段”是中文标题、摘要、关键词、主题词的组合。

在高级检索中，当选择“常用字段”“全部字段”“中文标题”“英文标题”“摘要”“关键词”时，系统支持智能检索；当选择“关键词”“主题词”“特征词”“分类号”“作者”“第一作者”“刊名”“期”“ISSN”字段时，则可选用精确检索。

此外，高级检索还可以限定年代、文献类型、年龄组、性别、对象类型等条件，帮助缩小检索范围。

高级检索适合较复杂的课题检索，需要选择多个字段和检索词，并需要设置限定条件。

（4）分类检索。

可以采用检索或者浏览分类表的方式进行分类检索。

①分类名、分类号检索。选择分类名或者分类号，然后输入类名或类号。可使用布尔逻辑运算符。

②分类导航。提供“R 医药、卫生”分类导航，通过点击“+”或“-”缩放目录，点击类目名称即可进入其详细信息页面。

通过以上方法找到相应分类之后，选择是否进行扩展检索、添加复分号，然后点击“发送到检索框”。重复以上步骤，直至所有分类号发送完毕，最后点击“分类检索”按钮。

（5）期刊检索。

在期刊检索页面可以通过刊名、出版地、出版单位、期刊主题词或者 ISSN 查找期刊，也可以通过期刊分类导航或首字母导航查找期刊，然后查看某期刊的详细信息，进行刊内检索和浏览某一期的文献。

（6）作者检索。

在作者检索页面，可检索某一作者发表的文献。

①作者检索：输入作者姓名，点击“查找”，在结果中选中一到多个作者，点击“查找”按钮即可。

②第一作者检索：输入作者姓名，勾选“第一作者”，点击“查找”，在结果中选择一个作者，点击“下一步”，选择作者单位之后点击“查找”按钮即可。

（7）机构检索。

进入机构检索页面，可以直接检索机构名称，也可以通过机构分类导航、首字母导航逐级查看，找到相应机构后，可以进行机构发文检索和分析。

（8）基金检索。

进入基金检索页面，可以通过基金名称或者基金项目（“项目名称”或“项目编号”）直接检索基金，也可通过分类导航逐级浏览基金，进行基金文献检索和分析。

（9）引文检索。

CBM 中引文检索可查看论文被引用的情况。进入引文检索页面，通过字段检索引文，能限定论文发表年代和被引年代，可检索字段包括：常用字段、被引文献题名、被引文献主题、被引文献作者、被引文献第一作者、被引文献出处、被引文献机构、被引文献第一机构、被引基金。其中，常用字段包括被引文献题名、被引文献出处和被引文献主题。被引文献主题字段包括被引文献题名、关键词和主题词。

检索结果可以创建引文分析报告，分析记录数最多为 10000 条，显示年出版文献数、年被引频次以及论文近 5 年被引情况，报告可以文本、PDF 等格式保存。

3. 辅助检索功能

（1）限定条件。在高级检索页面和所有检索结果页面都有“限定检索”按钮，点击即可显示限定条件，包括限定年代、文献类型、年龄组、性别、对象类型等条件，可用于缩小检索范围。

（2）检索历史。显示已完成检索的表达式及对应的检出记录数，检索表达式按时间由近到远的顺序排列，最多可保存 200 条检索表达式。可对表达式进行逻辑组配检索。

（3）二次检索。出现在检索结果页面，输入检索词，勾选“二次检索”，点击“检索”按钮即可实现在检索结果中再次检索。

4. 检索结果的处理

（1）检索结果浏览。在检索结果页面可查看“详细检索表达式”“最近检索”，还可以选择不同的显示方式浏览检索结果，包括题录和文摘两种显示方式。可选择的期刊及文献类型包括核心期刊、中华医学会期刊、循证文献，还可选择每页显示结果数和排序方式。此外，还可以根据主题、学科、期刊、作者、时间、地区精练检索结果。

（2）检索结果统计。点击结果页面右侧“结果聚类”旁的“统计”链接，弹出按照主题、学科、作者、期刊、时间、地区进行统计分析的数据和统计图，统计图可以保存和打印。在结果统计页面可以对结果进行限定。

（3）结果输出与全文获取。点击页面上的“结果输出”，选择输出方式、输出范围、保存格式，点击“确定”，可以将结果批量保存。CBM 为文摘型数据库，本身不提供全文下载，但可以提供其他资源的全文下载链接及原文索取服务。

5. 个性化功能

点击页面右上角“我的空间”并登录个人账户后即可使用各种个性化功能。SinoMed 的用户包括集团用户和个人用户，集团用户是以单位名义或 IP 地址进行系统注册的用户，一个集团用户下可以有多个子用户，子用户需要注册“我的空间”的账号；个人用户是个人进行系统注册的用户，可直接使用“我的空间”。登录之后可以使用各种个性化功能，如保存检索策略以便于对某一课题进行定期跟踪，对文献进行在线保存和管理，创建某一文献的引文跟踪服务等。

## 二、PubMed

### （一）概 述

PubMed（http://www.ncbi.nlm.nih.gov/PubMed/）是由美国生物技术信息中心（National Center for Biotechnology Information，NCBI）研发的免费生物医学文摘型数据库，是 NCBI 平台上生物信息综合检索系统 Entrez 的一个重要组成部分。学科范围包括基础医学、临床医学、口腔医学、卫生保健、护理学、药理和药剂学、兽医学及部分生命科学、行为科学、化学和生物工程学。目前已收录 2300 万多条记录，数据回溯至 1946 年，少量可回溯至 1865 年。

PubMed 提供丰富的链接，可以链接到 NCBI 分子生物信息数据库及美国医学国立图书馆（NLM）的其他数据库，如 ClinicalTrials.gov、MedlinePlus、NIH Clinical Alerts、Advisories 和免费全文库 PubMed Central 等。此外，PubMed 提供了合作期刊出版商网站上的全文链接、图书馆或测序中心等第三方链接，便于用户获取使用权限内的全文或相关信息。

PubMed 一直紧跟计算机及互联网技术的发展，不断丰富网站的功能。在全媒体时代，PubMed 不断推出新服务和新应用，如 RSS 服务、手机版 PubMed（PubMed Mobile）、iOS 系统的 PubMed On Tap Lite。近年来，社区交流显得越来越重要，PubMed 在 2013 年底推出了 PubMed Commons，提供学术论文发表后同行评议的交流平台，允许 PubMed 的作者对数据库中的文献记录进行实名评论和交流。

### （二）检索规则

1. 自动词语匹配检索

对输入的单词或词组，PubMed 全自动对其进行分析、匹配、转换、拆分、组配，以达到查全的目的。

2. 短语检索

当检索词加上双引号（如“stem cell”）本词字段标志（如 renal transplantation[tw]）、

短横线（如 first–line）或其中一个单词带截词符（如 citizerjur*）时，PubMed 将关闭自动词语匹配功能，进行固定词组检索。

3. 截词检索

用星号“*”作为截词符进行右截词检索，此时 PubMed 关闭自动词语匹配功能。

4. 布尔逻辑运算 AND、OR、NOT

运算次序按检索式自左到右运算，可以通过加小括号来实施优先运算。

5. 限定字段检索

PubMed 的记录字段有 60 多个，可检索的字段有 40 多个，表 4–1 列出常用检索字段名称、字段标志及其含义。字段检索的格式为：检索词 [ 字段标志 ]。

6. 序号检索

在高级检索（Advanced）的检索史（History）中，可通过序号检索，如 #2 AND#5 NOT#8。PubMed 保存用户最后一次操作以后 8 小时内的检索史。

表 4-1 PubMed 主要可检索字段名称、字段标志及其含义

| 字段名称 [ 字段标志 ] | 中文含义 |
| --- | --- |
| Affiliation[AD] | 第一著者的单位、地址（包括 E–mail 地址） |
| Article Identifier[AID] | 文章标识码如 DOI |
| All Fields[ALL] | 所有字段 |
| Author[AU] | 著者 |
| First Author Name[1AU] | 第一著者 |
| Full Author Name[FAU] | 著者全名 |
| Last Author[LASTAU] | 排名最后的作者 |
| Corporate Author[CN] | 合著者或团体著者 |
| EC/RN Number[RN] | 国际酶学委员会给特定酶的编号或化学物质的 CAS 登记号 |
| Entrez Date[EDAT] | 文献被 PubMed 收录的日期 |
| Grant Number[GR] | 获资助项目的编号或合同号 |
| Issue[IP] | 期刊的期号 |
| Investigator[IR] | 对研究项目有贡献的主要调查者或合作者 |

续 表

| 字段名称 [ 字段标志 ] | 中文含义 |
|---|---|
| Journal[TA] | 期刊全称、缩写或国际标准期刊号（ISSN） |
| Language[LA] | 语种 |
| Location ID[LID] | 文章的 DOI 号或出版商的 ID 号 |
| MeSH Major Topic[MAJR] | 主要主题词，主题词后加“・”作为标记 |
| MeSH Subheadings[SH] | MeSH 副主题词 |
| MeSH Terms[MH] | MeSH 主题词 |
| Pagination[PG] | 文献在期刊中的起始页码 |
| Place of Publication[PL] | 期刊的出版国别 |
| Publisher[PUBN] | 文献的出版商 |
| Publication Date[DP] | 文献的出版日期 |
| Publication Type[PT] | 文献类型 |
| Subset[SB] | PubMed 数据库子集 |
| Supplementary Concept[NM] | 化学物质名称 |
| Text Words[TW] | 文本词，来自 TI、AB、MH、SH、PT、NM 等字段 |
| Title[TI] | 文献的题名 |
| Title/Abstract[TIAB] | 文献的题名、摘要 |
| Transliterated Title[TT] | 非英文的原文题名 |
| Unique Indentifer[PMID] | PubMed 中文献的唯一识别码 |
| Volume[VI] | 期刊的卷号 |

### （三）检索方法

图4-2为PubMed的主页，系统提供基本检索、高级检索和专用检索3种检索方式，专用检索又包括主题词检索、期刊检索、临床检索、单（多）篇引文检索等方式。

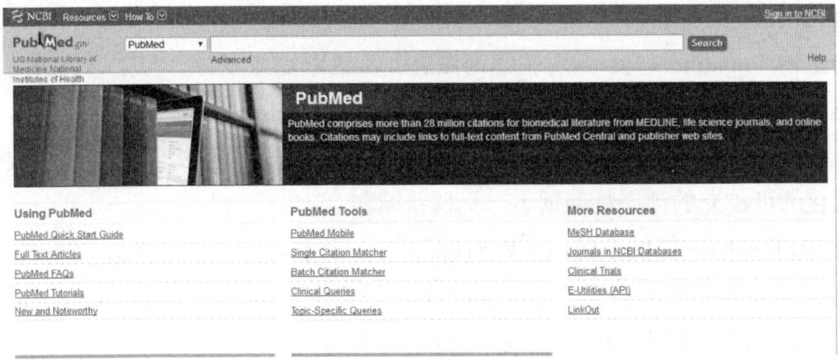


图 4-2　PubMed 主页

1. 基本检索（Document Search）

在检索框中输入单词或词组，系统自动显示词语提示功能及智能拼写检查，有助于正确选词；同时，PubMed 执行自动词语匹配功能，即对输入的检索词（组）在多个索引词表（含主题词表）中进行分析、匹配、转换、拆分并检索，以达到较好的查全率，是 PubMed 最具特色的检索功能之一。在检索结果页面右下方的“Search details”中，可以查看系统对所输的检索词进行转化后的实际检索式。

在基本检索中，还可进行短语检索、截词检索、著者检索及字段检索等。著者检索时，姓全称在前，名字首字母在后，中间用空格，如 Wang CX，2002 年以后的文献支持作者姓名全称检索，且姓名排列次序不限。为了提高查准率，可通过指定作者字段 [au]、[1au] 和组配作者单位、研究方向等来区别同名作者。

2. 高级检索（Advanced Search）

高级检索是通过构建检索式来完成比较复杂的课题检索，并可提高查准率。检索时，先在检索构建器（builder）选择检索字段，输入检索词（可借助“Show index list”显示该检索词相关的索引词，以便正确选词），再选择逻辑运算符 AND、OR 和 NOT 组配下一个检索词，所构建的检索式显示在上方的检索框中。高级检索页面下方是检索史“History”，用流水号记录了用户进入系统后执行每次检索时采用的检索式。单击检索式的序号，在弹出的选项中对检索式执行组配、删除、显示检索式详情或保存到 My NCBI 中等功能。

3. 主题词检索（MeSH Database Search）

主题词检索是基于主题概念，采用规范化的主题词 / 副主题词进行检索。它能更好地提高查全率及查准率，是 PubMed 最具特色的检索功能之一。

主题词（main headings）又称叙词（descriptors），是用于描述主题事物或内容的规范化词汇，具有准确性、单一性和专指性，能提高查全率。副主题词（subheadings）又称限定词（qualifiers），是对主题词做进一步的限定或复分，与主题词进行组配，具有更高的专指性，如诊断（diagnosis）、药物治疗（drug theray）、血液供给（blood supply）等。MeSH是美国国家医学图书馆研制的用于标引和检索生物医学文献的一部规范化的可扩充的动态性叙词表，呈树状结构。

MeSH Database提供主题词（MeSH term）、副主题词、补充概念（Supplementary Concept，又称补充化学物质名称）、款目词（Entry Term，是主题词的同义词或相关词）和主题词范围注释（MeSH Scope Note）等内容。

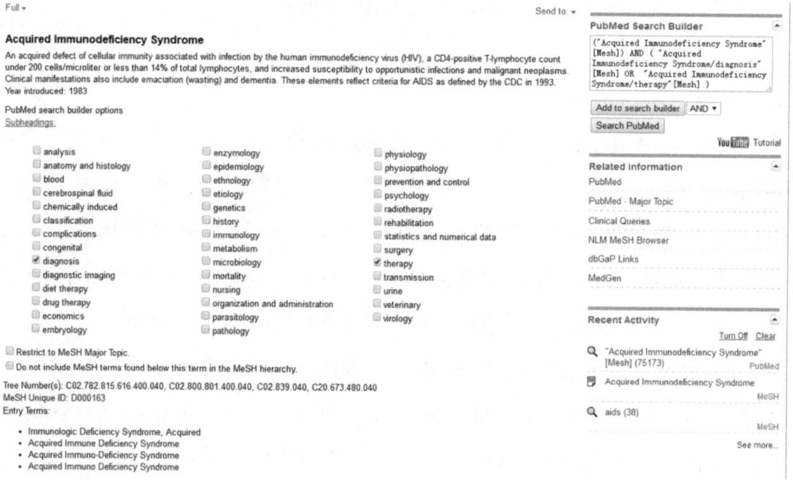


图4-3 PubMed主题词详细信息页面

检索页面（图4-3）有关于主题词含义的解释、辅助题词的选择区，以及两个复选项：一是“Restrict to MeSH Major Topic”，选中后表明对该主题词进行主要主题词的限定，可提高检索的查准率；二是“Do not include MeSH terms found below this term in the MeSH hierarchy”，选中后表明不对该主题词进行扩展检索，这有可能造成漏检（系统默认为扩检），一般不建议选择。若有多个主题词，可逐一检索，在将主题词送入检索构建器时选择逻辑运算符与前面的主题词匹配，或分别检索显示结果，再在高级检索的检索史中重新组配检索式。

应该注意的是，PubMed进行主题词检索时会漏掉一些文献记录。一是因为只有MEDLINE数据库才提供规范的主题标引，所以采用主题检索时将排除出版商直接提供的数据（supplied by publisher）和尚未完成主题及标引（in-process citations）的最新文献二是因为OldMEDLINE数据库的主题标引采用的是早期的MeSH表，所以也不包含所有 OldMEDLINE 数据库中的文献；三是主题词表有滞后现象，新出现的名词术语无法立即在主题词表中出现；四是有的专指概念没有对应的主题词。所以，在实际检索中，要扬长避短，注意将各种检索方式结合起来。

4. 期刊检索（Journals in NCBI Databases）

通过期刊的主题（topic）、刊名名称、MEDLINE 刊名缩写、ISSN 等来查询 NCBI 所收录的期刊信息和检索期刊收录的文献，如检索期刊 American Journal of Transplantation 的信息及其文献。进入期刊检索页面，输入“American Journal of Transplantation”，点击“Search”，显示该刊的详细信息，包括出版商、出版者、出版国、全称、创刊年、期刊沿革、NLM 刊名缩写、文种、所属学科类别、印刷版及电子版各自的 ISSN、电子版网址、被 PubMed（MEDLINE）收录情况、NLM ID 期刊存储号等信息。点击页面右栏“Add to search builder”，将刊名限制在期刊字段检索，可检索该刊发表的文献记录。

5. 单（多）篇引文匹配（Citation Matcher）

通过输入文献题录的相关信息如作者、题名、刊名、出版年代、卷、期、页码等来查找特定的文献。有两种方式：

（1）单篇引文匹配（Single Citation Matcher）。填入期刊名、出版日期、卷、期、论文起始页码、著者姓名、篇名等一项或多项来检索特定文献的准确信息。

（2）多篇引文匹配（Batch Citation Matcher）。允许用户按照规定的格式一次输入多条文献的题录信息，查找出大量相关文献的准确信息。格式为“期刊名称 | 出版年 | 卷 | 论文起始页码 | 作者姓名 | 关键词 |”，返回结果为相应文献的 PMID 号。

6. 临床查询（Clinical Queries）

临床查询是专门用于检索临床信息的检索方式，也是 PubMed 颇具特色的检索方式之一。它包括三方面检索：

（1）临床研究（Clinical Study Category）检索。查找疾病的病因（Etiology）、诊断（Diagnosis）、治疗（Therapy）、预后（Prognosis）及临床预报指南（Clinical predictions guides）的文献，可选择 broad（查全率）与 narrow（查准率）来限制检索结果。

（2）系统评价（Systematic Reviews）检索。检索系统评价（systematic reviews）、Meta 分析（meta analysis）、临床试验评价（reviews of clinical trials）、指南（guidelines）等循证医学相关的文献。

（3）医学遗传学（Medical Genetics）检索。查询疾病的遗传学文献，包括所有诊断（Diagnosis）、鉴别诊断（Differential Diagnosis）、临床描述（Clinical Description）、管理（Management）、遗传咨询（Genetics Counseling）、分子遗传学

（Molecular Genetics）、遗传学检测（Genetics Testing）等选项。

使用方法：在 PubMed 主页中部点击“Clinical Queries”进入临床检索界面，在检索框中输入检索词，点击“Search”按钮，直接显示上述三方面检索的结果。每一列列出前 5 条结果的简要信息，点击下方的“See all”，查看全部结果；点击“Filter Information”查看相应的检索策略。图 4–4 显示利用临床查询检索艾滋病诊断及鉴别诊断结果页面。

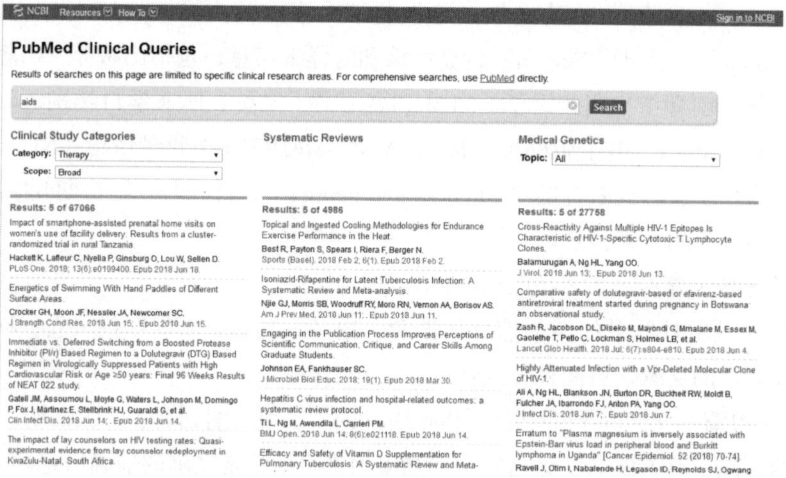


图 4-4　PubMed 临床查询页面

## （四）检索结果的处理

PubMed 检索结果（图 4–5）的处理包括过滤结果，显示、排序、保存和输出结果。

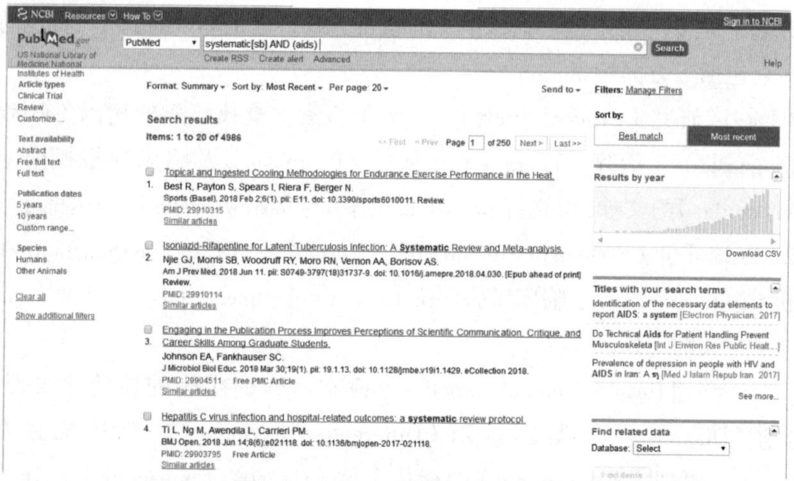


图 4-5　PubMed 检索结果页面

1. 过滤检索结果

对检索结果进行多维度的精练和限制，提高查准率。页面左栏是系统自带的过滤器，右栏的"Filters"可在 My NCBl 设置筛选条件，自定义各种个性化的过滤器。

系统自带的过滤器包括文献类型（Types of Article）、可获得的文本（Text availability）、出版日期（Publication dates）、物种（Species）等，点击"Show additional filters"弹出更多的过滤器，如语种（Languages）、性别（Gender）、主题（Subject）、期刊分类（Journal categories）、年龄（Ages）、检索字段（Search fields）和论文发表后同行评议（PubMed Commons）。

需要注意的是，选定了过滤器之后，系统会保持激活状态而在此后的检索中持续起作用。若不需要，则在"Filters activated"后面点击"Clear all"，或者直接在页面左栏相应的过滤器中取消过滤选项。

2. 显示、排序

结果显示（Display）默认为简短的题录格式（Summary），还有：纯文本格式 Summary（text）；带文摘、全文出版商链接、出版类型和主题词信息的 Abstract 格式；纯文本带摘要格式 Abstract（text）；带有字段标志符的 MEDLINE 格式，字段信息最全，方便用户导入到文献管理软件中；显示可扩展标记语言的 XML 格式，使检索结果可作为网络数据在 Web 上进行转换和描述；仅显示每条记录的 PMID 号 PMID List 格式。

排序（Sort by）提供按最近新增（Recently Added，默认方式）、出版时间（Pub Date）、第一作者（First Author）、末位作者（Last Author）、期刊名称（Journal）、篇名（Tide）和相关性（Relevance）排序。

3. 保存及输出

在 Choose Destination 提供了 7 种保存或输出检索结果的方式。

（1）File：保存检索结果在本地盘，保存时注意格式的选择，如要将结果导入文献管理软件，则要选择 MED、LINE 格式。

（2）Clipboard：剪贴板，进行多次检索时，可暂存每次检索选中的记录（序号会变绿色），最后再集中处理，最多允许存储 500 条，保留 8 小时。

（3）E-mail：通过邮件发送检索结果，注意格式的选择，一次最多可发送 200 条记录。

（4）Collections：在线保存文献记录，即将检索结果直接保存到 My NCBl 中。

（5）My Bibliography：将选中的记录保存到 My NCBl 中的个人书目记录，可对记录进行管理和共享。

（6）Order：如果用户无法获取文献的全文，可选择 Order 选项通过 NLM 的

LoansomeDoe 文献传递系统向 NLM 订购全文，但须支付费用。

（7）Citation manager：保存为可以导入各种文献管理软件的文件，但一次最多保存 200 条记录。

此外，PubMed 支持 RSS 服务，利用 RSS 阅读器来自动推送最新检索结果。订阅 RSS 服务的方法是：点击结果页面“RSS”按钮，选择“Create RSS”，再选 XML 橙色按钮，在浏览器地址栏复制网址，接着在 RSS 阅读器中点选“订阅”按钮，复制网址，完成订阅。

## （五）个性化信息服务——My NCBI

PubMed 通过 My NCBI（图 4-6、图 4-7）提供个性化信息服务。用户须先注册，取得 My NCBI 账号，或者用已有的 Google 账号，在 PubMed 主页的右上角点击“My NCBl 按钮”登录。

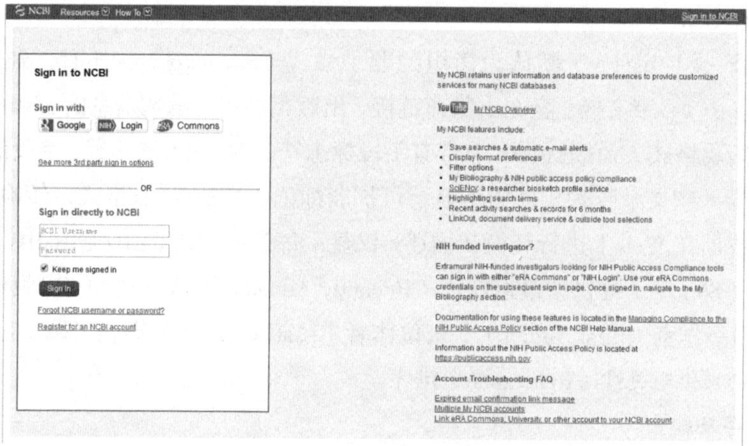


图 4-6 PubMed 登录页面

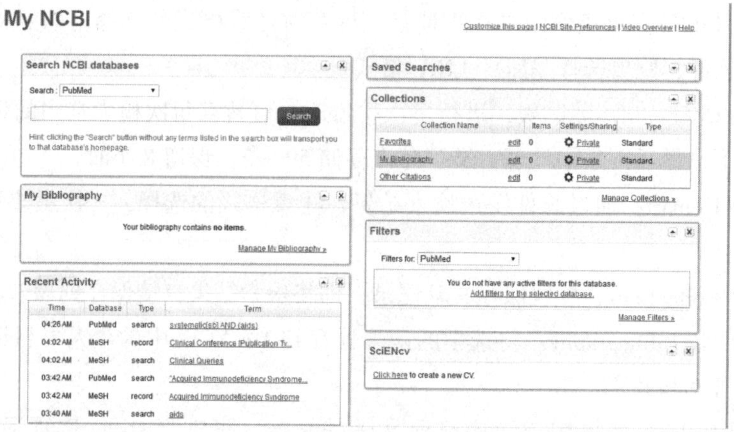


图 4-7 PubMed 个性化服务 My NCBI 页面

My NCBI 的主要功能包括：

（1）个性化界面定制。点击“NCBI Site Preferences”参数设置，设置个性化检索界面，如高亮（highlight）检索词、检索结果界面显示模式和与外部资源的链接（Outside Tool）等。

（2）个性化信息保存。包括在线保存检索结果（Collections）、个人书目管理工具（My Bibliographies）、最近半年检索操作记录（Recent Activity）。Collections 与 My Bibliography 中的记录均可在检索结果界面中选择 Sent to 下拉菜单进行保存，并通过 My NCBI 进行管理，如增删、合并、排序等。

（3）个性化信息定制和推送。

①存储检索策略（Saved Searches），设置邮件跟踪服务，及时获取最新检索结果，了解所在研究领域的最新进展。设置方法是在检索结果页面基本检索框下面点击“Saved Searches”保存检索式，进入 My NCBl 页面，在 Name of search 栏中输入检索策略的名称，点击“Save”，系统自动提示“是否需要通过 E-mail 定期自动发送新的检索结果”，以及发送的频率和格式，保存设置；管理所设置检索式的方法是选“Manage Saved Searches”按钮，可以对保存的多个检索式进行排序、删除、更改。

②通过 My NCBI 中的设置检索个性化过滤器 Filters，按个人要求输出经筛选的个性化检索结果。提供 Popular、LinkOut、Properties、Links 四种设置选项。

### （六）移动应用

PubMed 有许多免费的移动应用，如简洁的 PubMed Mobile、Instant PubMed，备受用户欢迎的 PubMed On Tap Lite，提供检索循证医学信息的 PubMed for Handhelds 等。

PubMed Mobile 提供简洁界面，只有基本检索，结果提供两个过滤器，即免费全文及综述限制。单击记录的题名链接，显示该题录的摘要和相关文献，可下载免费全文及有权限获取的全文。Instant PubMed 可通过题名、作者、刊名、主题词、单位及文摘从手机检索 MEDLINE。点击题名链接可显示一条题录的作者、刊名、出版日期、文摘，可写评论，也可发送 E-mail。

## 三、Scopus

### （一）概　述

Scopus（http://www.scopus.eom）是由 Elsevier（爱思唯尔）研发的大型文摘和引文数据库，收录 5000 多家出版社提供的内容，涵盖自然科学、技术、医学、社会科学以及艺术和人文科学的 21000 多种出版物，其中医学领域出版物 6800 种，生物科学领域 4200 种，包括全部 MEDLINE 期刊。

迄今为止，Scopus 收录了 5000 万条记录，自 1996 年以来共有 2900 万条，含文摘（84% 包括摘要）及文后参考文献，提供引文服务；数据每日更新；其余 2100 万条是 1823—1995 年间的记录，只含文摘，无文后参考文献，不提供引文服务。

出版物类型包括 20000 余种经同行专家评议的学术期刊（含 OA 期刊 2600 种）、390 多种商业出版物和 370 种丛书、550 万篇会议论文。

此外，Scopus 还提供 2520 万条来自全球五大专利机构（美国专利与商标局 USPTO、欧洲专利局 EP0、日本专利局 JPO、世界知识产权组织 WIPO 和欧洲知识产权组织 UKIPO）的专利信息和 5.45 亿条由 Scirus 提供的网络学术资源（如预印本、机构仓储、课件库等）的网页信息。信息每月更新 2~3 次。

Scopus 收录文献的地域广泛，有一半以上作者来自欧洲、拉丁美洲及亚洲。检索功能强大，提供作者及机构识别系统，同时借助 Elsevier 集团的索引词表功能，对所收录的记录做较为深入的标引，文献检出率较高；结果提供引文分析、智能跟踪更新、可视化分析及精练结果。

Scopus 是继 ISI 的 Web of Science（WOS）核心合集之后又一引文分析数据库，收录杂志种数比 WOS 多，越来越受到用户的重视。但应当注意的是，Scopus 只提供自 1996 年以后的引文数据。另外，Scopus 期刊评价指标 SJR（SCImago Journal Rank）和 SNIP（CWTS Journal Indicators）有别于 JCR 影响因子的计算方法，是目前评价期刊学术性的重要参考指标。

### （二）检索规则

（1）布尔逻辑运算：AND、OR、AND NOT。

（2）位置算符。① PRE/n。限定前后两个检索词间的间隔为 n 个词以内，且词序不能改变。② W/n。两个词相隔 n 个词以内，词序无论先后。

（3）运算次序为 OR>W/n，PRE/n>AND>AND NOT，可以通过加小括号来实施优先运算。

（4）词组检索。在检索词加双引号“”，表示进行近似词组检索（忽略检索词间的符号）；加大括号 {}，则要进行精确词组检索（包括检索词间的符号）。比如，“heart-attack”与“heart attack”检索结果相同，但 {heart-attack} 与 {heart attack} 检索结果不同。

（5）通配符。①问号（?）：代替任意一个字符。②星号（*）：代替 0 ~ 多个字符，可位于单词左、中、右三种位置。

（6）字段检索按“检索词（字段标志）”格式进行检索。常用字段名称、标志及其含义，见表 4-2。

表 4-2　Scopus 检索字段标志

| 字段名称<br>[ 字段标志 ] | 中文含义 | 字段名称<br>[ 字段标志 ] | 中文含义 |
|---|---|---|---|
| A11 fields<br>[ALL] | 所有字段 | International Standard Book Number [ISBN] | 国际标准书号分配给书籍的唯一识别码 |
| Abstract [ABS] | 摘要 | International Standard Serial Number[ISSN] | 国际标准连续出版物编号分配给连续出版物的唯一识别码 |
| Affiliation ID<br>[AF−ID] | 机构识别号 | Print International Standard Serial NUlnber[ISSNP] | 打印国际标准刊号 |
| Affiliation [AFFIL] | 单位地址 | Issue [ISSUE] | 期 |
| Affiliation city<br>[AFFILCITY] | 单位地址中的城市 | Keywords[KEY] | 关键词<br>=AUTHKEY<br>+INDEXTERMS<br>+TRADENAME<br>+CHEMNAME |
| Affiliation country<br>[AFFILCOUNTRY] | 单位地址中的国家 | Language<br>[LANGUAGE] | 原文语种 |
| Affiliation organization<br>[AFFILORG] | 单位地址中的机构 | Manufacturer<br>MANUTACTURER] | 出版商 |
| Article number<br>[ARTNUM] | 文章编号 | First page<br>[PAGEFIRST] | 起始页码 |
| Author identifier number[Au−ID] | 作者识别号 | Last page<br>[PAGELAST] | 终止页码 |
| Author name<br>[AUTHOR−NAME] | 作者姓名可找到一个作者姓名的很多变种 | Pages[PAGES] | 页码一个组合字段包括 PAGE−FIRST 和 PAGELAST 这两个字段 |
| Author[AUTH] | 作者<br>=AUTHLASTNAME<br>+AUTHnRST | PubMed identifier<br>[PMID] | PubMed 标志符 |

续 表

| 字段名称<br>[ 字段标志 ] | 中文含义 | 字段名称<br>[ 字段标志 ] | 中文含义 |
|---|---|---|---|
| Author.first initial [AUTHFIRST] | 作者名的首字母 | Date of publication [PUBDATETXT] | 出版日期文本日期字段表明出版日期 |
| Author.last name [AUTHIASTNAME] | 作者的姓 | Year of publication [PUBYEAR] | 出版年 |
| Collaboration author [AUTHCOLLAB] | 合作者 | References [REF] | 参考文献 |
| Author keywords [AUTHKEY] | 作者关键词由作者分配给文献的关键 | Reference authors [REFAUTH] | 参考文献的作者 |
| CAS registry number [CASREGNUMBER] | CAS 登录号 | Reference title [REFTITLE] | 参考文献的题名 |
| Chemical[CHEM] | 化学物 =CHEMNAME +CASREG—NUMBER | Reference source. title [REFSRCTITLE] | 参考文献的来源出版物 |
| Chemical name [CHEMNAME] | 化学物名称 | Reference year [REFPUBYEAR] | 参考文献的出版年 |
| CODEN[CODEN] | 识别系列和非系列出版物的唯一代码 | Article number [REFARTNUM] | 参考文献的文章编号 |
| Conference information [CONF] | 会议信息 =CONFNAME +CONFSPON—SORS+CONFLOC | Reference page numbers [REFPAGE] | 参考文献的页码 |
| Conference location [CONFLOC] | 会议地址 | First page [REFPAGEFIRST] | 参考文献的起始页码 |
| Conference name [CONFNAME] | 会议名称 | Sequence bank [SEQBANK] | 基因组序列 |

续　表

| 字段名称<br>[ 字段标识 ] | 中文含义 | 字段名称<br>[ 字段标识 ] | 中文含义 |
|---|---|---|---|
| Conference sponsors [CONFSPONSORS] | 会议赞助商 | Sequence bank accession number [SEQNUMBER] | 基因组序列入藏号分配给一篇文献中提到或者定义的核苷酸或氨基酸序列的编号 |
| Document type [DOCTYPE（XX）] | 文献类型 | Source title [SRCTITLE] | 来源出版物 |
| Digital object identifier [DOI] | 数字对象标示符（DOI） | Source type [SRCTYPE（XX）] | 来源出版物的类型 |
| Editor.first name [EDFIRST] | 编辑者的名 | Subject area [SUBJAREA（XX）] | 学科范围 |
| Editor[EDITOR] | 编辑 =EDLASTNAME +EDFIRST | Article title [TITLE] | 文章题名 |
| Editor.last name.（family name）[EDLASTNAME] | 编辑的姓 | Title-abs-key [TITLE-ABS-KEY] | 一个组合字段会搜索摘要、关键词和文章的题名 |
| Electronic International Standard Serial Number[EISSN] | 电子国际标准刊号出版物的电子版的 ISSN 号 | Title-abs-key-auth[TITLE-ABS-KEY-AUTH] | 一个组合字段会搜索摘要、文章的题名、关键词和作者姓名 |
| Exact.source title [EXACTSRCTITLE] | 确切来源出版物 | Tradename [TRADENAME] | 用来识别商业性的产品或服务的名称 |
| First author [FIRSTAUTH] | 第一作者文献的作者列表中的第一个作者 | Volume[VOLUME] | 期刊的卷号 |
| Index terms [INDEXTERMS] | 索引词分配给文献的控制词汇 | Website [WEBSITE] | 参考文献中的网站地址 |

### （三）检索方法

Scopus 提供基本检索、作者检索、机构检索（Affiliation Search）、高级检索（Advanced Search）、检索史（Search History）、浏览出版物（Browse Sources）和期刊分析系统（Journal Analyzer）等多种检索途径。图 4-8 为 Scopus 主页。

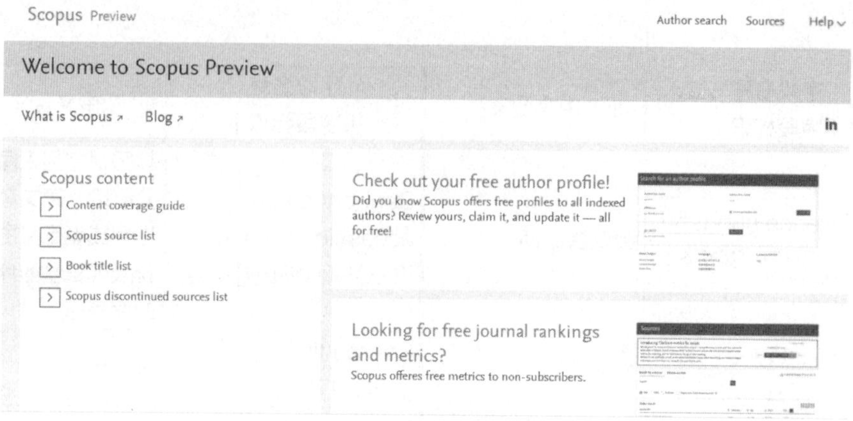


图 4-8 Scopus 主页

1. 基本检索（Basic Search）

基本检索是 Scopus 默认的检索途径。在检索框中输入检索词（注意输入同义词），选择检索字段，需要时通过“Limit to”限制时间范围（Date Range）、文献类型（Document Type）和学科范围（Subject Areas）。可通过检索史（Search History）在“Combine queries”中用 AND、OR、AND NOT 重新组配前面的检索式。

2. 作者检索（Author Search）

作者检索通过输入作者姓全称、名字的全称或缩写（要加上缩写点）来检索作者发表的文章。Scopus 通过作者的姓名、所属机构、研究领域和最新发文（view last title）等途径来识别同一作者的不同姓名形式的变体，并分辨同名作者。通过作者详细信息（author details）界面中的“Find potential author matches”功能，找出其他可能的相同作者，再合并检索。作者详细信息界面显示作者的学术档案，有作者姓名的不同形式的变体、作者唯一标志号（Author ID）和综合反映研究人员的学术产出（文章数）、影响力（被引数、H 指数）和学术联系（合作作者）的信息。若作者信息有误，可通过右侧“Request author detail corrections”发送校正信息。

3. 机构检索（Affiliation Search）

输入机构的全称或简称，显示相关机构的名称、发文量、所在城市和国家等信息，可通过这些信息辨识同一机构的不同称谓。若机构相关信息有误，可点击“Feedback”提交补充信息。点击机构名称，进入机构详细信息界面，提供机构基本数据如作者数量、发文量、发表刊物、专利数、合作机构以及用饼图显示的该机构各主题领域发表文章数等信息。

4. 高级检索（Advanced Search）

高级检索通过构建检索表达式来检索信息，适用于检索问题较为复杂且熟悉字段名称的用户使用。输入格式为“字段名（检索词）”。检索式输入框的下面显示相关运算符及检索字段名称的提示，供编辑检索时参考。

5. 浏览出版物（Browse Sources）

可通过学科主题（Subject Areas）、资源类型（Sources Type）、资源名称字顺来浏览数据源，也可选择数据名称（题名）、ISSN 或出版商名称来检索特定数据源。结果提供该数据源（如期刊）的出版信息、SJR 及 SNIP 值，按年份顺序列出每年该数据源收录文献量、文章被引情况的链接。

6. 期刊分析系统（Journal Analyzer）

在主页工具栏点击“Analyzer Journals”进入期刊分析系统，通过刊名、ISSN 号或出版商检索期刊，系统显示符合检索条件的相关期刊列表。双击期刊名称，右侧即显示该刊的相关信息，包括期刊自 1996 年起每年的 SJR、SNIP、被引总次数（Citations）、收录文章总量（Does）、年度引用零次数的文章占该年度总篇数的百分比（Percent Not Cited）、综述文章百分比（Percent Reviews）等信息。若选中多份期刊，则在同一张图表中比较不同期刊上述的指标情况。

### （四）检索结果处理

1. 结果显示和排序

检索结果界面上方显示检索式，可对其编辑、保存、设置邮件跟踪及 RSS 服务。显示 Scopus 及专利的检索结果，可浏览出现在参考文献但不被 Scopus 收录的文章（View secondary documents）。系统默认按时间显示结果，还可选择按被引次数、相关性和日期升序、作者、出版物名称来排列结果。

2. 结果输出

选择记录后点击“Export”输出结果，通过选择合适格式可导入个人文献管理软件中；支持批量下载全文（Download）；点击“View at Publisher”，通过 SFX 链接获取免费或订购的全文。

3. 结果分析与精练

点击分析检索结果（Analyze Results），可从不同维度对结果进行图示分析，包括出版年、刊名、作者、机构、国家、文献类型和主题 7 个方面。精练结果（Refine Results）的方法有：通过输入关键词进行二次检索，或从出版时间、作者、主题、文献类型、出版物名称、作者关键词、作者所属机构、国家、刊物类型和原文语种对检索结果做进一步的限制（Limit to）或排除（Exclude）。

4. 引文分析

引文分析包括单篇文献的引用、被引、共引文献追踪，一组文献的引文概览（View Citation Overview）和浏览被引文献（View Cited by）。

单篇文献的引用、被引、共引文献追踪：选择一条记录的篇名，进入全记录界面。提供 3 种与引文相关的链接："View References"显示参考文献；"Cited by documents since 1996"是该文自 1996 年至今被引用次数，点击"View all citations documents"浏览引证文献；"Related documents"显示相关文献，点击"View all related documents based on references"可浏览与本篇文章有共引文献的文章。同时，还提供"Set citation alert"设置邮件引文跟踪，"Set citation feed"设置 RSS 引文跟踪服务。

引文概览（View Citation Overview）显示所选一组文献的历年被引用情况，可选择"Self citations of all authors"，点选"Update Overview"，即排除自引后的文章被引用次数。浏览被引文献（View Cited by）显示所选一组文献被引的条目。可进一步利用分析工具（Analyze Results）对被引情况做进一步的分析。要求所选择的文献量小于 2 万条。

## （五）个性化服务

个人用户在 Seopus 免费注册后，可享受系统提供的个性化服务及工具，如自动推送的定题跟踪 Search Alerts/RSS 服务和引文跟踪 Citation Alert，保存文档列表 My list 及保存检索式 Saved searches。

1. 定题跟踪 /RSS

执行一次检索后，在检索结果界面或检索史中选择"Set AIert"，进入"Save a Search Alert"设置界面，保存检索式并定制更新时间及频率，系统定期将更新结果发送到用户邮箱。支持 RSS 服务。

2. 引文跟踪 /RSS

在单篇文档详细显示界面，在右栏选择"Set Alert"，进入"Set Document Citation Alert"设置界面，定制系统检索时间后，若该文在 Scopus 有新的引用，系统自动发送到用户邮箱。支持 RSS 服务。

3. 作者引文跟踪 /RSS

进入某一作者详细信息界面，在右栏选择"Set Alert"，进入"Save a Search Alert"设置界面，定制后若作者有新的更新结果，系统将定期送达用户邮箱。支持 RSS 服务。

4. 保存文档列表

在检索结果界面选择要保存文档，点击“More”，选择“Add to My List”。在工具条中进入“My List”，点击“Save this list”，可命名并保存文档。

### （六）移动应用

Elsevier（爱思唯尔）目前通过 Scopus 数据库资源提供移动应用 Research Highlights（研究亮点）。Research Highlights 简便实用，通过 Research Highlights，用户可以随时随地在数百个出版商出版的 2 万多本经过同行专家评议的杂志中获取自己关注领域的新进展。移动设备只显示容易阅读的文章名、文章亮点概述或摘要，而冗长的文章全文则可通过 URL 方式获取，借助电脑更好地阅读全文。

使用方法是：先在 Elsevier 的 Webshop 免费注册，在 iTunes App Store 下载安装 Research Highlights，也可先下载安装程序后，再注册。设置好自己关注的领域，就可跟踪关注研究课题新亮点和研究进展，查看摘要，有必要进一步阅读全文则单击相应文章下面的链接“Send article link to my mail”，将获取全文的链接 URL 发送到自己注册时的邮箱，在电脑上通过 URL 获取有权限访问的全文。

## 四、Web of ScienceTM Core Collection

### （一）概　述

《科学引文索引》（Science Citation Index，SCI）由美国科学信息研究所（Institute for Scientific Information，ISI）于 1958 年创刊，是著名的引文数据库。其 1989 年推出光盘版 SCl，1997 年开始提供网络版 Web of Science（WOS）。自 2002 年起，ISI 隶属于汤姆森集团（The Thomson Corporation），称 Thomson ISI。WOS（SCIE）集成于 ISI Web of Knowledge 检索平台中。2008 年 4 月，汤姆森集团与英国路透集团（Reuters Group PLC）合并组成信息提供商汤森路透（Thomson Reuters），WOS 也随之由汤森路透出版发行。2014 年 1 月，汤森路透将 Web of Knowledge 改名为 Web of Science 平台，原来的 Web of Science 更名为 Web of ScienceTM Core Collection（Web of Science 核心合集，以下简称 WOS 核心合集）。

WOS 核心合集涵盖自然科学、工程技术、生物医学、社会科学、艺术与人文等多个学科领域；收录了 1 万多种高质量的学术期刊；除期刊论文外，还包括会议、图书、丛书、报告等多种类型的资源。最早回溯至 1900 年，数据内容每周更新。WOS 核心合集包括 7 个引文数据库与 2 个化学数据库，所含内容见表 4–3。

表 4-3 WOS 核心合集的构成

| 分类 | 子库名称 | 说明（2013 年底汤森路透数据） |
|---|---|---|
| 三大引文数据库 | Science.Citation. Index Expanded（SCI-Expanded，SCI-E，科学引文索引） | 收录 8400 多种期刊，涵盖 150 多个自然科学学科，可回溯至 1900 年 |
| | Social.Sciences.Citation Index（SSCI，社会科学引文索引） | 收录 3047 种社会科学学术期刊，同时从 3500 多种科技期刊中筛选出的与社会科学相关的论文建立了索引，可回溯至 1900 年 |
| | Arts & Humanities.Citation Index（A & HCI，人文&艺术引文索引） | 收录 1600 多种艺术与人文学科的学术期刊，同时从 6000 多种自然科学和社会科学期刊中挑选与人文、艺术相关的文献进行索引，可回溯至 l975 年 |
| 世界会议录文献引文数据库（CPCI） | Conference.Proceedings. Citation Index-Science（CPCI-S，科学会议录引文索引） | 收录 1990 年至今以期刊论文或文摘、图书、科技报告等形式出版的各类国际会议文献，其原型是国际著名四大检索工具之一的 ISTP（Index to Scientific and Technical Proceedings） |
| | Conference.Proceedings Citation.Index-Social Science & Humanities（CPCI-SSH，社会科学与人文科学会议录引文索引） | |
| 图书引文数据库 | Book.Citation.Index-Science（BCKI）（图书引文数据库） | 收录 2005 年后出版的电子或纸质学术图书 4 万种，每年新增学术著作 1 万多种，利用该索引除可以进行图书章节检索外，还可以查阅图书被引用情况。该索引覆盖自然科学、社会科学和艺术人文的众多领域，主要包括博士论文、研究生以上学历用教科书、丛书、再版 / 再发行图书、译著和非英语图书、引证量高且重要的学术传记以及含有参考文献的学术参考书，绝大部分是英语语种图书 |
| | Book Citation Index-Social Science Hu. manities（社科人文图书引文数据库） | |

续　表

| 分类 | 子库名称 | 说明（2013 年底汤森路透数据） |
|---|---|---|
| 化学数据库 | Current.Chemical Reactions（CCR-Expanded）（化合物与化学反应数据库） | 跟踪世界最新合成技术的数据库，专门收录期刊或专利文献中涉及的单步骤和多步骤的合成方法，每种方法都提供完整的反应流程，同时提供代表每个反应步骤的详细流程图，最早可回溯至 1840 年 |
| | Index Chemicals（IC） | 收录 260 万个化合物，可回溯至 1993 年 |

WOS 核心合集除了具有检索文献、引文查询、结果分析功能外，因其特色的引文索引功能，还成为各种基于引文分析的统计分析工具的数据源，具有分析某一学科领域主要研究趋势、快速定位核心研究论文、识别核心研究作者群等独特功能，能为科研选题提供思路和线索。

（二）检索规则

WOS 核心合集通过关键词检索数据库，检索时要注意查全同义词。常用检索规则见表 4–4。

表 4-4　WOS 核心合集检索规则

| 功能 | 运算符 | 作用 |
|---|---|---|
| 布尔逻辑运算 | AND、OR、NOT | 不区分大小写，与邻近算符运算次序为：NEAR>SAME>NOT>AND>OR，可以用小括号改变运算次序 |
| 邻近运算 | NEAR/X | 限定两个检索词间隔 x 个字符，可用于任何字段，在主题与标题字段中运用该算符，须将检索词用双引号引起来 |
| | SAME | 主要用于地址字段检索中，使用 SAME 可查找该运算符所分隔的检索词出现在同一个地址中的记录。用在其他字段如主题或题名，其作用相当于 AND 的功能 |

| 功能 | 运算符 | 作用 |
|---|---|---|
| 通配符 | ? | 代表任意 1 个字符，所有通配符不能用于年代字段 |
| | * | 代表 0 至多个字符，可以位于单词左、中、右三个位置，其中左截词符只限用于“主题”“标题”“入藏号”和“识别代码”4 个字段 |
| | $ | 表示 0 或 1 个字符，一般用于查找同一单词英美不同拼写形式 |
| 精确运算 | “ ” | 查找精确匹配的短语，该运算符关闭词形还原和产品的内部同义字查找功能，仅适用于主题与标题字段，不可与通配符联用 |
| 词形还原 | | 在“主题”和“标题”字段检索式中，提供自动词形还原的功能，即自动查找检索词的同义词及变体词。当检索词出现“”通配符或匹配检索词过多时，则关闭词形还原功能 |

WOS 核心合集共提供 34 个可检字段，选择字段时需要注意的是：

1. 主题（Main）

主题是篇名、摘要、作者关键词（keywords）、机标关键词（keywords plus）4 个检索字段的组合字段。

2. 作者（Author）

作者（Author）是可检索来源文献的所有作者。输入格式为姓在前，名字的首字母在后，中间用空格。2006 年以后的数据，如果文献原文中提供作者名称全拼，也可以输入作者名字的全称进行检索。

3. 机构扩展字段（Organization-Enhanced）

机构扩展字段（Organization-Enhanced）：可同时检索机构的首选名称与不同拼写形式，如输入“Sun yatsenuniv*”。除了可以检索出机构首选名称为“Sun Yatsen University”的所有记录之外，同时还检索其不同表达方式，如 Zhongshan University、Sun Yatsen University 等。

4. 会议字段（Conference）

会议字段（Conference）检索范围包括会议名称、会议地点、会议日期与赞助方。

作者（Author）、团体作者（Group Author）、出版物名称（Publication Name）、机构扩展（Organization-Enhanced）这 4 个字段提供索引工具，辅助用户优选检索词。

### （三）检索方法

WOS 核心合集提供基本检索、作者检索、被引参考文献检索、化学结构检索和高级检索 5 种检索方式。

1. 基本检索（Basic Search）

基本检索是 WOS 核心合集默认的检索方式，在检索页面一个或多个检索框中输入检索词，选择检索字段（提供 17 个检索字段），需要时可限定时间及子库范围。基本检索用于系统检索某个课题的相关文献，也是查询文献被 WOS 核心合集收录情况的主要检索方式。

2. 作者检索（Author Search）

可检索来源文献的所有作者和编者。输入格式为"姓空格名字的首字母"，2006 年以后的数据，如果文献原文中提供作者名称全拼，也可以输入作者名字的全称进行检索。为了区分同名作者，除了可以添加作者不同拼写形式外，系统采用向导方式，再从作者的研究领域和组织机构对作者做进一步区分，能较为精确地定位某位作者的文献被 WOS 核心合集收录的情况。

3. 被引参考文献检索（Cited Reference Search）

引文数据库的最大特点就是对所收录的每篇文献的文后参考文献进行了加工标引，编制成引文索引，并提供被引参考文献检索即引文检索。它是 WOS 核心合集数据库的特色检索方式，可以检索文献（包括期刊论文、图书、专利等）被他人引证的情况。

该检索方式提供的检索字段包括被引作者（Cited Author）、被引著作（Cited Work，指发表参考文献的出版物，可以是期刊、图书、报纸等）、被引论文发表年份（Cited Year）、被引论文题名（Cited Title*）、被引期刊卷（Cited Volume*）、期（Cited Isalle*）、页（Cited Pages），其中被引作者与被引著作提供字段索引功能。被引著作如果是期刊，要求输入期刊名称的缩写形式。

如果要查询的论文是 SCIE 收录的论文，除可以通过被引参考文献检索（Cited Reference Search）查询被引用情况外，还可以通过基本检索方式找到该论文，在检索结果的简单显示页面或详细显示页面显示论文被引用的次数，并可链接至引证文献。

4. 化学结构检索（Structure Search）

WOS 核心合集包括 Current Chemical Reactions 与 Index Chemicus 两个化学专业数据库，前者可以查询世界最新发现或改进的化学单步骤反应或者多步骤反应，数据来源于 39 个权威出版机构的一流期刊、专利以及著名的 Institut National de la Propriete Industrielle（INPI）国家研究所的十几万条反应记录；后者是对最新化合物的快讯报道。

在 WOS 核心合集中，除可以通过主题（Topic）、作者（Author）、关键词（Keywords）等字段对两个化学库进行检索外，还专门提供化学结构式绘图软件，可以绘制化合物化学结构式或者化学反应式进行化学物质或化学反应的检索，匹配相应的反应数据。

5. 高级检索（Advanced Search）

高级检索可使用字段标志、布尔运算符、括号和检索结果集来创建检索式。相对于基本检索，高级检索提供更多的检索字段，适合专业用户使用，可提高检索效率。检索结果显示在页面底部的“检索历史”中。

6. 检索历史组配检索

除上述各种检索方式外，WOS 核心合集还提供检索历史组配检索。系统保存当前每一次检索的检索式，根据需要选择不同检索式进行组配检索，完成复杂课题的检索，还可以保存检索历史，创建定题追踪。

### （四）检索结果处理

WOS 核心合集提供多样化的检索结果显示与输出方式，同时提供强大的分析功能，帮助用户对检索结果进行更深入的精练分析。

1. 检索结果显示和排序

WOS 核心合集检索结果默认按出版日期降序排列，还可在页面下方选择按出版El 期升序、最近添加、被引频次、第一作者、来源出版物和会议标题等方式排序。检索结果有简单显示与详细显示两种方式，默认是简单显示方式，可直接勾选记录前的复选框，将记录添加到“标记结果列表”，再批量浏览结果，获取题录信息。单击题名可进入全记录格式。

2. 检索结果输出

WOS 核心合集可以将检索结果打印、发送到邮箱、导入文献管理软件或个人 Research ID 中，每次最多可输出 500 条记录。浏览检索结果时，可以将选中的记录做标记，当最终完成检索后，在已标记结果列表中将自动去重后的检索结果一次性输出。

3. 检索结果分析与精练

WOS 核心合集提供多种检索结果精练方式，在检索结果页面，可以输入检索词进行二次检索。此外，简单显示结果页面的左栏提供了多维度对检索结果过滤的选项，包括学科类别、文献类型、研究方向、作者、团体作者、编者、来源出版物名称、丛书名称、会议名称、出版年、机构扩展、基金资助机构、语种、国家 / 地区、开放获取等。

4.WOS 核心合集自身的统计分析功能

WOS 核心合集除了为其他引文分析工具提供统计数据源外，自身也提供统计分析功能，包括引证图谱、引文报告与结果分析。

（1）引证图谱（Citation Map）。检索结果的详细显示界面提供了引证图谱链接，帮助用户展示一篇目标论文引用的文献以及引证这篇目标论文的文献，了解该论文的研究基础以及后续工作。引证图谱提供单层引证图谱与双层引证图谱，有 3 种方式可以选择：Forward only（引证目标论文的文献）、Backward only（目标论文引用或参考的文献）或 Forward and Backward（以目标论文为中心，展示其引用或参考的文献以及引证目标论文的文献）。这项功能须在 Java 环境下运行。

（2）引文报告（Citation Report）。引文报告是 WOS 核心合集的一项统计功能，最大论文量为 1 万篇。引文报告包括检出结果数、被引频次总计、去除自引的被引频次总计、引证文献等。通过引文报告，用户可以了解某一主题领域发文量的发展趋势以及这些论文被引用的趋势，从总体上了解科研产出和影响力情况。除此之外，在引文报告中能自动生成篇均引文数，以及 H 指数。在引文报告页面下方，WOS 核心合集还提供每一篇论文近 5 年来每年的被引用情况，有助于了解论文的生命力。

（3）结果分析（Analyze Result）。WOS 核心合集的分析功能可以对检索结果进行多角度的数据挖掘和可视化分析，一次最多可以分析 10 万条记录。它可以分析的字段包括作者（Authors）、出版年（Publication Years）、来源出版物（Source Titles）、机构（Organizations）、机构扩展（Organizations Enhanced）、国家和地区（Countries/Territories）、研究领域（Research Areas）、WOS 数据库类别（Web of Science Categories）等。通过分析，它可以帮助用户发现某研究领域隐含的发展趋势，了解某特定课题在不同学科的分布情况，获取某学科研究的核心研究人员、主要产出机构、主要期刊，帮助用户寻找科研合作伙伴，发现某个领域的核心期刊，确定论文投稿期刊等。

### （五）个性化服务

用户在 WOS 核心合集免费注册后，可以利用系统提供的个性化功能，包括定题追踪与 RSS 服务、引文跟踪及 Research ID 等。

1. 定题追踪与 RSS 服务

每执行一次有效的检索，系统都在检索历史中保留一条记录。在检索结果或检索历史页面，点击“保存检索历史”或“创建追踪”按钮，系统自动将检索策略保存到已登录用户的个人账户，并定期将最新的检索结果发送到用户邮箱，方便用户追踪某一课题的最新进展或关注某个研究人员的论文产出。此外，WOS 核心合集还提供 RSS 服务，可利用 RSS 阅读器实时掌握课题动态。

2. 引文跟踪

如果要动态追踪一篇文献的被引用信息，可在检索结果的详细页面点击“创建引文跟踪”按钮，将这篇文献添加到引文追踪服务列表中，一旦有新的文献引用了这篇文献，系统将自动发送电子邮件通知。

3. Research ID

WOS 核心合集的 Research ID 服务是一个集中展示个人科研成果的网站，科研工作者可以注册并获取唯一的 ID 号，在 WOS 中将个人发表的文章通过 EndNote 或其他文献管理软件中以 RIS 格式导入 Research ID 网站。该平台除展示个人科研成果外，还可以与同行进行分享与交流，形成科研社区。

### （六）移动应用

通过 http://m.webofknowledge.com，登录 Web of Science 的移动版。

## 五、中文全文数据库

### （一）万方数据知识服务平台

1. 概　况

万方数据知识服务平台（Wanfang Data Knowledge Service Platform）是在原万方数据资源系统的基础上，经过不断改进、创新而成，集高品质信息资源、先进检索算法技术、多元化增值服务、人性化设计等特色于一身，是国内一流的品质信息资源出版、增值服务平台。

万方数据知识服务平台整合数亿条全球优质学术资源，集成期刊、学位、会议、科技报告、专利、视频等 10 余种资源类型，覆盖各研究层次，感知用户学术背景，智慧你的搜索。

期刊资源包括中文期刊和外文期刊，其中中文期刊共 8000 余种，核心期刊 3200 种左右，涵盖了自然科学、工程技术、医药卫生、农业科学、哲学政法、社会科学、科教文艺等各个学科；外文期刊主要来源于外文文献数据库，收录了 1995 年以来世界各国出版的 20900 种重要学术期刊。

学位论文资源包括中文学位论文和外文学位论文。中文学位论文收录始于 1980 年，年增 30 万篇，涵盖理学、工业技术、人文科学、社会科学、医药卫生、农业科学、交通运输、航空航天和环境科学等各学科领域；外文学位论文收录始于 1983 年，累计收藏 11.4 万余册，年增量 1 万余册。

中文科技报告收录始于 1966 年，源于中华人民共和国科学技术部，共计 20000 余份；外文科技报告收录始于 1958 年，源于美国政府四大科技报告（AD、DE、NASA、PB），共计 1100000 余份。

会议资源包括中文会议和外文会议。中文会议收录始于 1982 年，年收集 4000 多个重要学术会议，年增 20 万篇全文，每月更新；外文会议主要来源于外文文献数据库，收录了 1985 年以来世界各主要学术协会、出版机构出版的学术会议论文。

专利资源来源于中外专利数据库，收录始于 1985 年，目前共收录中国专利 1500 万余条，国外专利 3700 万余条，年增 25 万条。收录范围涉及 11 国 2 组织，内容涵盖自然科学各个学科领域。

成果资源主要来源于中国科技成果数据库，涵盖了国内各省、市、自治区、部委鉴定后上报国家、科技部的科技成果及星火科技成果，涵盖新技术、新产品、新工艺、新材料、新设计等众多学科领域。

法规资源主要由国家信息中心提供，信息来源权威、专业，涵盖了国家法律、行政法规、部门规章、司法解释以及其他规范性文件。

地方志，简称“方志”，即按一定体例，全面记载某一时期某一地域的自然、社会、政治、经济、文化等方面情况或特定事项的书籍文献。地方志资源来源于中国地方志数据库，新方志收录始于 1949 年，共计 40000 余册；旧方志收录年代为新中国成立之前，预计近 80000 册。

万方视频是以科技、教育、文化为主要内容的学术视频知识服务系统，现已推出高校课程、会议报告、考试辅导、医学实践、管理讲座、科普视频、高清海外纪录片等适合各类人群使用的精品视频。截至目前，已收录视频 3 万余部，近 90 万分钟。

万方智搜致力于帮助用户精准发现、获取与沉淀学术精华。万方数据愿与合作伙伴共同打造知识服务的基石、共建学术生态。

下面将以万方医学网为例来探讨万方数据知识服务平台的检索方法及检索结果处理。

*2. 检索方法*

万方医学网（http://med.wanfangdata.com.cn / ）是万方数据知识服务平台的一个重要组成部分，提供期刊、学位论文、会议论文、科技成果等类型的医学信息及在线服务。它收录了 1998 年以来的 1000 多种中文医学期刊全文（论文近 360 万篇），其中包括 2008 年以后中华医学会系列期刊、中国医师协会等独家全文电子版版权 220 余种；收录了近 30 万条硕博学位论文题录，并含 13 万多篇全文，会议论文 16 万多篇，基金论文近 45 万篇；还收录了 4100 多种国外医学期刊文摘（全文部分可以以电子邮件原文传递方式获得）。此外，还有学术空间作者上传的 OA 期刊及医学专家及医学机构的相关资源。它实现了中外文期刊一站式及一体化网络服务。

该资源的特色是拥有中华医学会和中国医师协会系列期刊的独家全文电子版版权，提供多维度的导航功能和较为完善的中文主题词检索。

万方医学网提供了浏览和检索两种检索方式。导航浏览方式包括期刊导航、关键词导航、作者导航、机构导航以及基金导航。检索又分为快速检索、高级检索、跨库检索、论文检索、期刊检索、外文检索、学位检索、会议检索和主题词检索。它还提供了中华医学会和中国医师协会检索专区。

（1）快速检索是一框式检索，可以分别在论文、期刊、关键词、作者、机构、基金和 DOI（Digital Object Identifier 数字对象标志符）7 个范围检索。支持单词或检索式检索，使用算符是：* 或空格（表示 AND），+（表示 OR），^（表示 NOT），优先顺序从左至右，通过小括号改变优先级。

（2）高级检索又分为跨库检索和单库检索。可供选择的数据库包括中国生物医学期刊论文、中国生物医学学位论文、中国生物医学会议论文、NSTL（国家科技图书文献中心）外文生物医学论文、PubMed 生物医学论文、OA 期刊论文（PMC、BMCDoAJ）和图书馆馆藏论文 7 个子库。有多个检索框和检索字段供选择，同一检索框内的优先运算，检索框之间用“与、或、非”逻辑运算，运算顺序自上而下。检索过程放于检索历史中，可随时调出一条检索策略显示结果。（图 4–9）

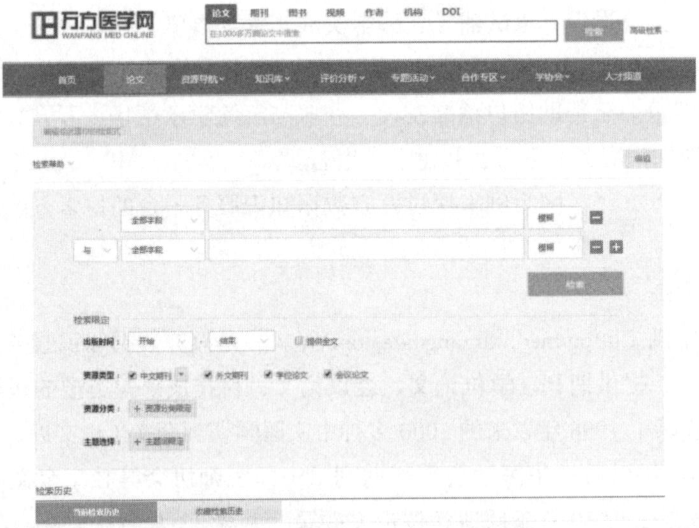


图 4-9　万方医学网论文检索页面

检索方法是先选择检索字段，再输入检索词。可供选择的字段有标题、关键词、作者、刊名、中文主题词、第一作者、作者机构、中图分类号、ISSN、CN 号、期、DOI 号、摘要、药品、疾病和病症 16 个字段。可限定时间及是否有全文。

（3）期刊检索。输入检索词，除可以选择上述检索字段外，还可对文献类型进行限定，如评论类、论著类、简报类、病例报告类、综述讲座类、会议纪要类和消息动态类。每一类又有多个子类提供选择，如论著类又分为论著、原著、实验研究、临床研究现场调查研究。

（4）主题词检索。采用人工翻译 2011 版医学主题词表（MeSH），通过对万方数据收录的医学期刊论文、学位论文、会议论文和外文期刊论文进行标引，提供 MeSH 主题词检索功能，见图 4–10。

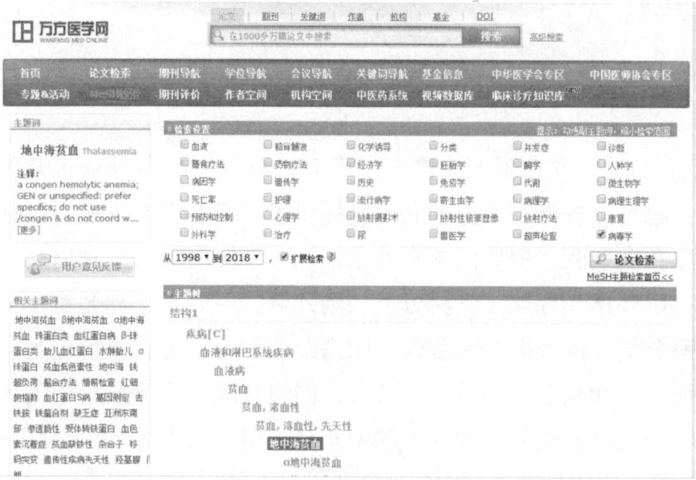


图 4-10　万方医学网主题词检索页面

（5）基金信息。可检索 8.5 万多项基金及其发表的论文。基金信息页面提供基金热点资助领域、基金政策与报告、中标项目负责人（或机构）排行榜 3 种检索方式，即快速检索、高级检索和基金类别导航。类别导航中包括国家自然科学基金、国家重点基础研究发展计划（973 计划）、国家重大科学研究计划、国家高技术研究发展计划（863 计划）、国家科技重大专项、国家科技支撑计划、霍英东教育基金和高等学校博士学科点专项科研基金。选择其中一类基金，显示按“批准年份、资助领域、资助类别、承担单位、负责人”分类的基金信息，点击某项基金，则显示该项目在万方医学网收录期刊中对应的基金论文，还可在子类内进行关键词检索。（图 4–11）

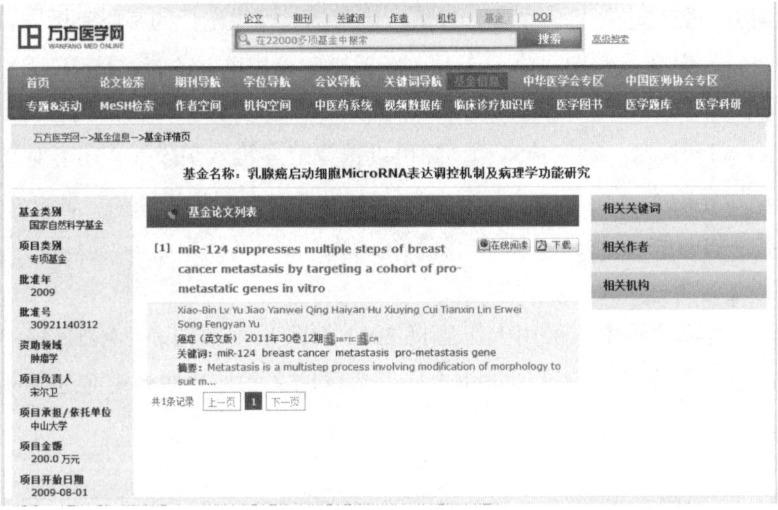


图 4-11 万方医学网基金信息检索结果

（6）期刊导航。在检索框中输入中英文刊名、ISSN、CN或主办单位名称可进行期刊搜索，也可以按类别浏览期刊。它提供了多维的期刊导航，包括特色期刊导航（万方数据独家期刊、中华医学会独家期刊、中国医师协会独家期刊、数字出版快车道等）、国外期刊导航（学科分类、国外数据库收录、刊名首字母）和中国期刊导航（学科分类、国外数据库收录、国内收录评价、主管单位分类、主办单位分类、编辑部所在地和刊名首字母）。其中，国内收录评价可显示中国科技核心期刊（中信所）、中文核心期刊（北大）和中国科学引文数据库（中科院，目前暂无）收录的核心期刊；中国期刊导航中的国外数据库收录分别列出SCl、SCIE、Medline、Embase、CA和BP等国外知名数据库，点击其中一项，显示被这些数据库收录的中国期刊。

（7）临床诊疗知识库。它是以疾病、症状、检查、药品、指南和病例报告为基础，通过整合关联知识点，帮助用户查找相关知识及病例报告。可辅助医生临床诊断。

（8）机构空间。可查询科研机构的基本信息，以及和国内兄弟单位的科研合作情况。

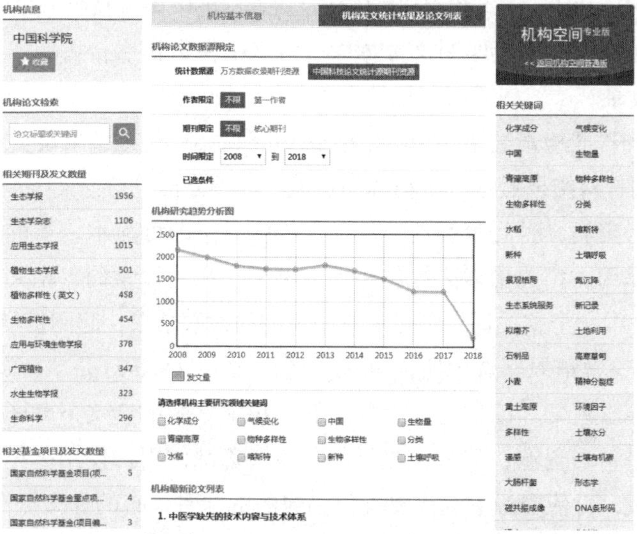


图 4-12　万方医学网机构发文统计

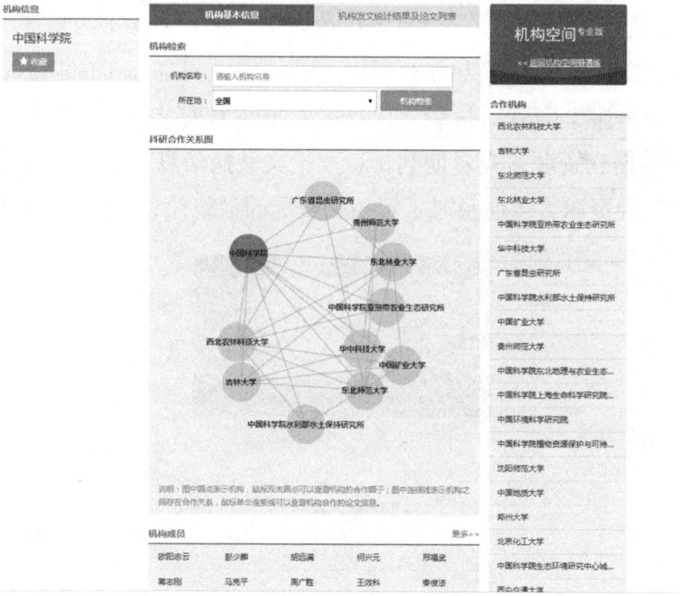


图 4-13　万方医学网机构空间

3. 检索结果处理

（1）显示结果。检索结果以文献题录列表形式显示，可选择按时间、相关度和被引次数 3 种方式排序。在刊名字段后面显示该期刊被国内外数据库收录情况，如

ISTIC、PKU、SCl、SCIE、CA 和 MEDLINE 分别表示被中国科技核心期刊（中信所）、中文核心期刊（北大）、科学引文数据库、科学引文数据库扩展版、化学文摘及美国医学文摘所收录。

（2）精练和扩展检索结果。在结果页面中分别提供“文献结果聚类分析区”和“相关检索区”供用户对结果做进一步精练和扩展。聚类分析包括论文类型、科室聚类、分类聚类、刊名聚类、时间聚类 5 项，点击相应类目即可显示该类的论文结果，起到精练结果的作用。相关检索区提供相关主题词、相关检索词、相关专家和相关机构 4 类。点击其中一个相关词，则显示该相关词的检索结果，起到扩展的作用。

（3）保存检索结果。选中所需题录，选择文本、NoteExpress、EndNote 和参考文献 4 种格式导出题录。每条记录的右上角有 PDF 格式的全文下载图标，万方医学网的资源主要是付费资源，同时也提供部分免费资源供用户使用。免费资源一般只需注册就可下载，付费资源下载需要支付相应的资源费。有的外文资源会显示 NSTL 全文字样，则要经文献传递获取付费的全文。

4. 移动应用

（1）已开通万方医学网官方微博 http://weibo.com / wfmed。

（2）万方数据已开发了万方医学网（http://med.wanfangdata.com.cn）iPhone 手机客户端产品万方医学网 iPhone 版。用户在 APP 下载安装该程序后，可以检索及浏览万方医学网的期刊资源，查看期刊信息及论文文摘信息。还可以查看其在万方医学网上订阅的各种资源，以便及时了解相关资源的最新信息。图 4-14 为万方医学网微博的界面。

图 4-14 万方医学网微博

## （二）中文科技期刊数据库

1. 概　述

中文科技期刊数据库（China Science and Technology Journal Database，CSTD）源于 1989 年由中国科技情报研究所重庆分所创建的中文科技期刊篇名数据库，是维普期刊资源整合平台的重要组成部分。它收录中国境内中文期刊 1.2 万余种，全文超过 3000 万篇，涵盖社会科学、自然科学、工程技术、农业科学、医药卫生、经济管理、教育科学和图书情报等学科。其中，生物类期刊约 110 种，医学类专业期刊约 1200 种。

本资源特色是数据库标引质量较高，标引时按《中国图书馆分类法》入类，并参照《汉语主题词表》（1980 年版本）、《机械工程叙词表》《化工汉语主题词表》等学科主题词表，依据《检索期刊条目著录规则》（GB/T3793—1983）等标引规则进行主题标引，并引入人工质检确保著录的真实性与准确性。在专业版的高级检索中替工同义词库，有助于提高查全率。与谷歌合作，提供维普—Google 学术搜索，检索简易方便。

2. 检索方法

在维普网站点击专业版（http://lib.cqvip.com/）进入 CSTD。系统提供基本检索、传统检索、高级检索、期刊导航、检索历史 5 种检索方式。

（1）基本检索（图 4–18）。选择检索字段，输入检索词，可通过＋（–）增加（减少）检索框，最多不超过 5 组。检索字段包括任意字段、题名或关键词、题名、关键词、文摘、作者、第一作者、机构、刊名、分类号、作者简介、基金资助、栏目信息 13 个检索入口；运算次序为由上至下的组配检索。同时，可选择对时间、期刊、学科范围的限制。

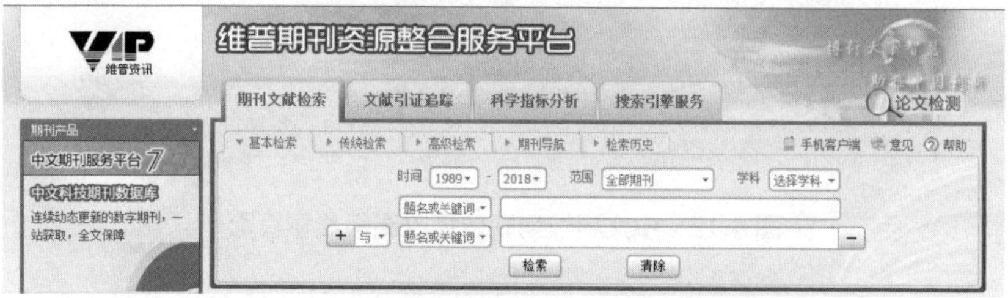


图 4-18　中文科技期刊数据库基本检索页面

（2）传统检索。在同一检索页面显示主要检索功能，如关键词检索、二次检索、同义词及同名作者库、题录文摘显示、全文下载等。

（3）高级检索。高级检索（图 4–19）提供向导式检索和直接在检索框输入复杂检索式检索两种方式。向导式检索也是先选择检索字段，输入检索词（可选择匹配度），同一检索框中一般输入同义词，用 + 联结，不同检索框选择“与、或、非”的逻辑组配检索，运算次序由上至下。向导式检索的特点是提供了 5 种扩展功能引导用户提高查准率：①查看同义词。提供同义词库，输入关键词时系统可提供若干近义词供选择。②同名 / 合著作者。当输入作者名字后，点击该按钮，则以列表形式显示不同单位的同名作者，可通过选择单位精确定位作者，单位最多选 5 个。③查看分类表。在用分类号检索时，点击该按钮，可显示分类表页面，选择所需分类号。④查看相关机构。进行机构字段检索时，输入机构名称后点击该按钮，显示相关机构页面供选择，最多选 5 个机构。⑤期刊导航。进行期刊字段检索时，输入刊名关键词，点击该按钮，显示含该关键词的期刊列表，可选择需要的期刊。此外，系统还提供时间、学科范围和期刊范围供进一步限制检索。

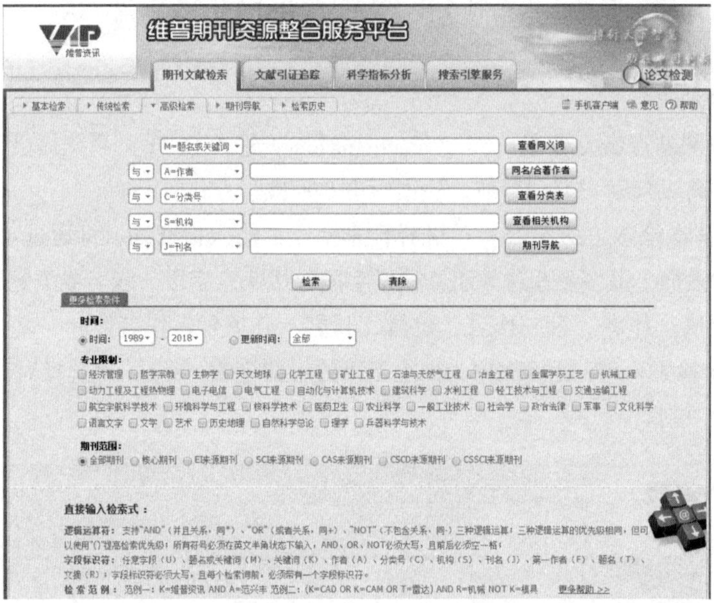


图 4-19　中文科技期刊数据库高级检索页面

（4）期刊导航。系统可多渠道多维度快速定位期刊，并且按年、卷期的内容浏览相关期刊或文献，按期刊名称、ISSN 或刊名字顺查找期刊。期刊导航包括学科导航、核心期刊导航、国内外数据库收录导航和期刊地区分布导航。其中，核心期刊导航包括北大核心期刊（2004 年版、2008 年版和 2011 年版）、中文社会科学引文索引（CSSCI）、中国科学引文数据库（CSCD）、中国科技论文统计源期刊（中国科技核心期刊，ZGKJHX）和中国人文科学核心期刊要览（RWSKHX，2008 年版）。点击其中某一类，先按学科分类，再显示期刊信息，进一步显示该刊收录的文献记录。

（5）检索历史。系统对用户检索历史做自动保存，最多保存 20 条检索式，可对检索式进行重新检索或逻辑组配检索。

3. 检索结果处理

系统按文献发表的时间排序，并以题录列表形式显示结果。可全选或勾选所需要的题录后，点击"导出"，可复制、打印和导出题录结果。导出时，可以根据需要选择导出格式，系统默认为"文本格式"，还有参考文献、XML、NoteExpress、RefWorks、EndNote、自定义等格式供选择。点击文献题名，进入文献信息细览页面，系统除显示完整文摘信息外，还提供该文献所在学科中最近 10 年的高影响力学者、机构、期刊、高被引论文的链接；可进行在线阅读、有权限下载 PDF 全文、收藏、导出和分享等；下方提供参考文献和相似文献列表及链接。

4. 移动应用

在移动应用方面，系统提供了"中文科技期刊 For iPhone"，其主要提供搜索期刊、浏览、下载、收藏和分享等功能。通过关键词搜索、学科分类检索和期刊分类检索来查找自己感兴趣的期刊或文章；通过文章页面的"下载全文"按钮，下载并阅读原文原貌的期刊文章；通过"收藏文章"，将感兴趣的文章收藏起来并可随时查阅已筛选出来的文章；还可通过文章页面的"分享文章"按钮，将文章分享到自己的新浪微博，让好友或同行获得有价值的信息。

### （三）中国知网

1. 概　述

知网是国家知识基础设施的概念。国家知识基础设施（National Knowledge Infrastructure，CNKI）的概念由世界银行于 1998 年提出。CNKI 工程是以实现全社会知识资源传播共享与增值利用为目标的信息化建设项目，由清华大学、清华同方发起，始建于 1999 年 6 月。在党和国家领导以及教育部、中宣部、科技部、新闻出版总署、国家版权局、国家计委的大力支持下，在全国学术界、教育界、出版界、图书情报界等社会各界的密切配合和清华大学的直接领导下，CNKI 工程集团经过多年努力，采用自主开发并具有国际领先水平的数字图书馆技术，建成了世界上全文信息量规模最大的"CNKI 数字图书馆"，并正式启动建设《中国知识资源总库》及 CNKI 网格资源共享平台，通过产业化运作，为全社会知识资源高效共享提供最丰富的知识信息资源和最有效的知识传播与数字化学习平台。

CNKI 工程的具体目标，一是大规模集成整合知识信息资源，整体提高资源的综合和增值利用价值；二是建设知识资源互联网传播扩散与增值服务平台，为全社会提供资源共享、数字化学习、知识创新信息化条件；三是建设知识资源的深度开发利用平台，为社会各方面提供知识管理与知识服务的信息化手段；四是为知识资源生产部门创造互联网出版发行的市场环境与商业机制，大力促进文化出版事业、产业的现代化建设与跨越式发展。

凭借优质的内容资源、领先的技术和专业的服务，中国知网在业界享有极高的声誉。在2007年，中国知网旗下的中国学术期刊网络出版总库获首届“中国出版政府奖”，中国博士学位论文全文数据库、中国年鉴网络出版总库获提名奖。这是中国出版领域的最高奖项。国家“十一五”重大网络出版工程——中国学术文献网络出版总库也于2006年通过新闻出版总署组织的鉴定验收。

通过与出版界、期刊界及各内容提供商达成合作，中国知网已经发展成为集期刊、博士论文、硕士论文、会议论文、报纸、工具书、年鉴、专利、标准、国学、海外文献资源为一体的、具有国际领先水平的网络出版平台。中心网站的日更新文献量达5万篇以上。

基于海量的内容资源的增值服务平台，任何人、任何机构都可以在中国知网建立自己的个人数字图书馆，定制自己需要的内容。越来越多的读者将中国知网作为日常工作和学习的平台。

中国知网的内容建设由中国学术期刊（光盘版）电子杂志社承担，技术与服务由同方知网技术有限公司承担。

中国知网提供以下服务内容：

（1）中国知识资源总库。

提供CNKI源数据库、外文类、工业类、农业类、医药卫生类、经济类和教育类多种数据库。其中，综合性数据库为中国期刊全文数据库、中国博士学位论文数据库、中国优秀硕士学位论文全文数据库、中国重要报纸全文数据库和中国重要会议文论全文数据库。每个数据库都提供初级检索、高级检索和专业检索3种检索功能。高级检索功能最常用。

（2）数字出版平台。

数字出版平台是国家“十一五”重点出版工程。数字出版平台提供学科专业数字图书馆和行业图书馆。个性化服务平台有个人数字图书馆、机构数字图书馆、数字化学习平台等。

（3）文献数据评。

2010年推出的《中国学术期刊影响因子年报》在全面研究学术期刊、博硕士学位论文、会议论文等各类文献对学术期刊文献的引证规律基础上，研制者首次提出了一套全新的期刊影响因子指标体系，并制定了我国第一个公开的期刊评价指标统计标准——《〈中国学术期刊影响因子年报〉数据统计规范》。一系列全新的影响因子指标体系,全方位提升了各类计量指标的客观性和准确性。研制单位还出版了“学术期刊各刊影响力统计分析数据库”和“期刊管理部门学术期刊影响力统计分析数据库”，统称为《中国学术期刊影响因子年报》系列数据库。该系列数据库的研制出版旨在客观、规范地评估学术期刊对科研创新的作用，为学术期刊提高办刊质量和水平提供决策参考。“学术期刊个刊影响力评价分析数据库”为各刊提供所发论文的学科分布、出版时滞分布与内容质量分析，并支持论文作者分析、审稿人工作绩效分析等功能，有助于编辑部科学地调整办刊方向与出版策略。“学术期刊评价指标分析数据库”为期刊出版管理部门和主办单位等分析评价学术期刊学科与研究层次类型布局、期刊内容特点与质量、各类期刊发展走势等管理工作提供决策参考。

自本系统运行之日起，逐月更新，为各期刊编辑部了解自身的社会影响力与学术影响力的变化提供了一个动态的观察窗口，也为各学科期刊之间的比较与评价提供了一组客观、公正的数据参考。希望本系统所提供的信息，有助于我国学术期刊整体的繁荣和发展。最后需要说明的是，鉴于信息的动态性，本系统的统计结果仅在 CNKI 统计当时的资源收录及用户范围内有效。

（4）知识检索。

中国知网提供以下检索服务：①文献搜索，精确完整的搜索结果、独具特色的文献排序与聚类；②数字搜索，“一切用数字说话”，CNKI 数字搜索让工作、生活、学习和研究变得简单而明白；③学术趋势，关注学术热点，展示学术发展历程，发现经典文献；④翻译助手，文献、术语中英互译，并涵盖词汇句子段落；⑤图形搜索，各专业珍贵的学术图片、研究成果和复杂流程的直观展现；⑥表格搜索，各专业珍贵的学术图表，便于汇总、对比各类信息数据；⑦专业主题，168 个专业主题数字图书馆，各领域学者均有属于自己的专业知识搜索引擎；⑧学术资源和学术统计分析，全面的学术资源网站导航，并对学术文献进行绩效评价及统计分析。

*2. 检索方法*

中国知网提供基本检索、高级检索、专业检索、作者发文检索、句子检索、一框式检索、出版物检索等。

（1）基本检索。

登录中国知网后，默认的检索方式就是基本检索。标准检索为用户提供了详细的导航、最大范围的选择空间，在搜索框里只能输入单个检索词，不能输入检索式。

该查询的特点是方便快捷、效率高，并且可以通过“结果中搜索”提高查准率。检索字段包括主题、关键词、篇名、全文、作者、单位、摘要、被引文献、中图分类号、文献来源等 10 个检索入口。

在同一检索页面显示主要检索功能和选项。跨库检索可供选择项目有学术期刊、博硕论文、会议、报纸、年鉴、专利、标准、成果；单库检索可供选择项目有图书、古籍、法律法规、政府文件、企业标准、科技报告、政府采购。在检索时，可通过调整不同选项来提高检索效率，从而提高查准率。

（2）高级检索。

中国知网文献高级检索（图 4–19），文献分类目录可选择所需要的学科领域，“＋”可以展开下一级，“—”可以合并上一级，默认是选择所有的学科领域。当需要限定学科范围，可只勾选所需要的学科。

输入搜索条件时，先选择检索字段，输入检索词，同一检索框中一般输入同义词，不同检索框选择“并含、或含、不含”的逻辑组配检索，运算次序由上至下。“＋”可以增加一个检索框，“—”可以减少一个检索框，最多可以增加 5 个，这样最多可以选择 6 个不同的检索字段进行搜索。搜索作者 / 第一作者时，当输入作者名字后，点击该按钮，则以列表形式显示不同单位的同名作者，或者可自行选择以摘要形式来显示，还可通过选择单位精确定位作者，单位最多选 5 个。当选择检索字段位关键词时，提供同义词库；输入关键词时，系统可提供若干近义词供选择。此外，系统还提供发表时间、文献来源和支持基金供进一步地限制检索。

（3）专业检索。

专业检索时，通过使用逻辑运算符和关键词构造检索式进行检索。中国知网详细介绍了检索表达式语法和注意事项，可点击进行查看。

（4）作者发文检索。

作者发文检索是可以查找学者发表的全部文献及被引用下载等情况。

（5）句子检索。

通过输入两个关键词，可查找同时包含这两个词语的句子。由于句子中包含了大量的事实信息，通过检索句子，可以为用户提供有关事实的问题的答案。

（6）一框式检索。

一框式检索具有以下特点：①计量可视化分析，用数学和统计学的方法，定量地分析文献特征，并以可视化的方式直观展示分析结果。②指数反映现象总体数量变动的相对数。指数作为一种对比性的统计指标具有相对数的形式，通常表现为百分数。③文献导出可以方便用户将收集好的文献资料按照特定的参考文献格式。④知网节，知识网络节点包括文献、期刊、作者、机构、关键词、会议基金、报纸、外文文献等。

此外，系统对用户检索历史、浏览历史、下载历史做自动保存，最多保存20条检索式，可对检索式进行重新检索或逻辑组配检索。

3. 检索结果处理

通过多种检索途径，找到了大量的内容后，需要对检索到的内容进行处理或者浏览、下载、摘录、取图、打印等。系统对检索结果通过分组浏览模式进行排列，分组浏览的选项有学科、发表年度、研究层次、作者、机构、基金；排序分析的选项有主题排序、发表时间、被引用次数排序、下载次数排序。检索结果进行分析和排序分析，筛选得到所需的文章。全选或勾选所需要的题录后，点击“导出”，在复制、打印和导出题录结果。导出时，可以根据需要选择导出格式，系统默认为“文本格式”，并可导入到Excel和word等中供选择。提供HTML在线阅读、CAJ下载和PDF下载。

4. 移动应用

在移动应用方面，系统提供了“手机知网”，其主要提供搜索期刊、浏览、下载、收藏和分享等功能。通过“关注推荐”，可选择感兴趣的期刊；通过文章页面的“下载全文”按钮，下载并阅读原文原貌的期刊文章；通过“收藏文章”，将感兴趣的文章收藏起来并可随时查阅已筛选出来的文章；通过文章页面的“分享文章”按钮，将文章分享到自己的新浪微博、微信好友、微信朋友圈、印象笔记等，让好友或同行获得有价值的信息。

## 六、外文全文数据库

外文全文数据库是科研人员获取科研成果和前沿动态的重要途径。它集检索与全文获取于一体，具有收录内容广泛、涵盖多个学科，学术性强、核心期刊比例高及出版社历史悠久、实力雄厚等特点，如荷兰的Elsevier（爱思唯尔）公司，德国的Springer Science公司，以及美国的Wiley-Blackwell公司、EBSCO公司和OVID公司等。

外文全文数据库一般通过两种方式提供服务：一种是出版社直接将其出版的全文文献放在网上发行，如Springer公司通过Springer-link平台提供检索服务，美国科学促进会提供Science Online；另一种是数据库集成商集合了多家出版社的文献，提供统一检索平台，如EBSCO、OVID、Proquest等。

外文全文数据库提供的全文一般使用PDF或文本（HTML或XML）格式，PDF格式的全文能再现印刷版全文的原貌，易于存盘和打印，阅读时要求下载安装PDF

浏览器；文本格式的全文字节数少，传输快捷，含有多种链接，如引文、图表和相关文献等，通过一般浏览器可阅读，但图表要另外处理，显示方式与印刷版有所不同。

全文数据库的期刊目次一般可免费获取，可通过 RSS 订阅或定制邮件推送等来获得。全文获取除少量免费期刊如 OA 期刊外，其他的都是有偿服务，即要通过个人或单位购买，取得使用权，并按合理使用电子资源的规定下载全文。

各个外文全文数据库的检索系统及检索界面各不相同，但检索方式基本相似，即关键词检索和浏览检索。关键词检索时，要注意查找同义词。了解各个数据库的收录情况、学科范围、检索方式、输出方式及个性化服务，这是更好地利用全文数据库的前提。下面介绍几个知名的外文全文数据库。

## （一）ScienceDirect（www.sciencedirect.com）

### 1. 概　况

荷兰 Elsevier 公司是全球最大的著名学术期刊出版商，ScienceDirect 是该公司于 1997 年推出的网络全文数据库，目前含有 2200 多种期刊和 2 万种图书，涉及物理学与工程、生命科学、健康科学、社会科学和人文科学四大领域，文章总数超过 1200 万篇。生物医学期刊约 1400 种，含许多高品质的医学期刊，如 The Lancet、Cell 等。

### 2. 检索方法

图 4-20 是 ScienceDirect 主页，提供浏览和关键词检索方式。

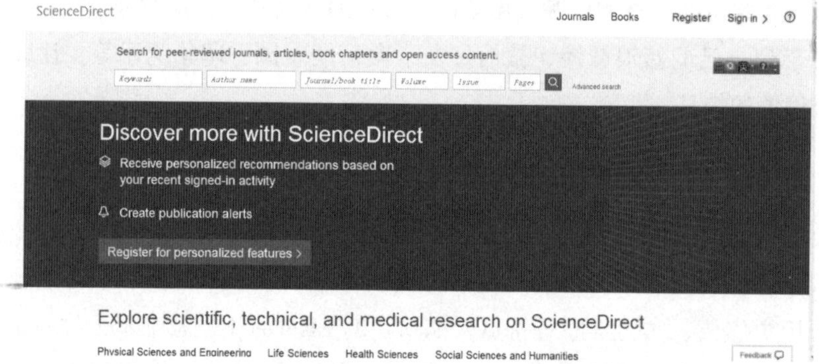


图 4-20　ScienceDirect 主页

（1）出版物浏览（Browse publications）。

①按学科主题浏览（Browse publications by subject）。将书刊按四大学科领域 24 个学科类目分类并罗列主页中。点击学科类目名称，显示按题名字顺排列的该类书刊列表。可进一步限制文献类型（所有期刊、所有图书、丛书、手册或参考工具书）和使用权限（能进入的所有类型和可以获得全文）。

②按书刊名称字顺浏览（Browse publications by title）。所有书刊按名称的首字母排列，再按书刊名的字顺排列。

③热点文章浏览（View the top downloaded articles）。输入检索词后，转到热点检索页面（top25.sciencedirect.com），可免费检索该平台，按学科每季下载全文次数最多的前 25 篇文章目录，还可注册订阅个性化 Top25 季刊，用于追踪某一学科的热点文章。

（2）检索。

①快速检索。几乎在该平台的所有页面都有这项检索方式。可输入检索词限制在所有字段或者作者、书刊名、卷、期、页码等字段来快速查找文章、图像或视频。

②高级检索（Advanced search）。检索词之间可通过“AND、OR、NOT”组配。检索规则与本书第四章第一节的 Scopus 相同。高级检索界面如图 4-21。

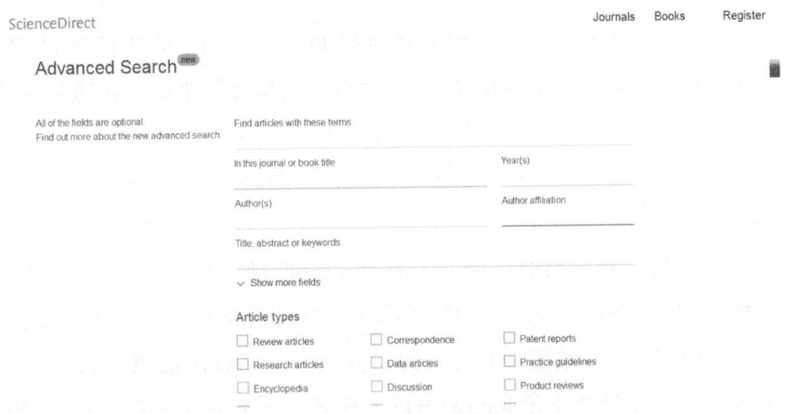


图 4-21 ScienceDirect 高级检索页面

可限制的选项包括：

选项一：检索范围。检索范围包括所有资源（ALL）、期刊、图书、参考工具书（Reference Works）和图像（Images）。

选项二：检索字段。检索字段包括文摘 / 题名 / 关键词、作者、特定作者（Specific Author）、书刊名、文章题名、关键词、文摘、参考文献、ISSN、ISBN、作者单位和全文字段。特定作者检索要求检索词出现在同一作者姓名中。

选项三：书刊来源。书刊来源包括全部、个人喜欢的书刊、已订购书刊和 OA 期刊。

选项四：学科分类。学科分类包括全部学科或 24 个学科中的一个或几个类目。

可通过 Ctrl 键选择多个学科。

图像检索通过提供文本词对图表、视频的检索，是适应全媒体时代用户的需求。

③专家检索（Expert search）。输入较为复杂的检索式进行检索，检索规则与 Scopus 相同，检索限制与高级检索类似。

④恢复检索（Recall search）。用于高级检索和专家检索。用户注册登录个人账号后，检索时先保存检索式（Save it search），必要的时候点击“Recall search”，可对已保存的检索式重新检索、检索新文章或修改或删除检索式。

3. 检索结果处理

（1）检索结果显示。结果以题录形式显示，默认按相关性排列，也可按时间排列。每条题录下提供预览摘要或大纲（Show preview）、PDF 全文链接、推荐文章（Recommended articles，即该文的相关文章）和相关参考工具书（Related reference work articles）。

（2）结果精练和输出。题录检索结果页面的左栏提供精练结果（Refine results）功能，可通过输入关键词进行二次检索，或从文献来源、出版物名称、学科分类和出版时间等方面做进一步的限制（Limit to）或排除（Exclude）。结果页面还提供购买、将文章发到邮箱、输出题录文摘及打开全部预览（Show preview，即显示全部文摘或大纲）等链接。

（3）全文下载、显示与引文服务。系统支持批量下载全文，最多 20 篇。在题录页面选择要下载的多篇题录，点击“Download multiple PDFs”批量下载。全文显示则要点击文章题目链接到文章细览页面，有全文访问权限的就可直接显示或通过 CrossRef 下载全文。直接显示全文的是 HTML 格式，图表列于左栏。右栏即显示推荐文章、引文服务（Citing articles）、相关工具书的文章的链接。引文服务是该文章在 Scopus 的被引次数和引证文献。

4. 个性化服务

个人用户在 ScienceDirect 平台免费注册后，可享受系统提供的个性化服务，如定制个人喜爱的书刊（Add to favorites）及其相关书目通报、保存检索式（Save this search）、自动推送的定题跟踪 Save as search alert/RSS Feed 服务。可修改个人注册资料（Change personal details&settings）、管理所设置的个人通报（Manage my alerts）、修改密码（Change password）和浏览馆藏报告（View electronic holdings repots，即机构订购 ScienceDirect 的资源报告）。

5. 移动应用

通过博客提供 Science Direct 产品及服务的最新进展，可分享到 Twitter、订阅

RSS 服务及 Emml 等。

Elsevier 公司目前通过 Scopus 提供移动服务。

## （二）OVIDSP Full Text

### 1. 概 况

OVID Technologies 隶属于荷兰威科（Wohers Kluwer）集团的健康出版分部，是世界著名的数据库提供商之一。OVIDSP 是其综合在线平台，提供包括科技、人文等多领域的数据库 300 多个，其中与生物医学相关的有循证医学 EBM、MEDLINE、Embase、Biosis Preview、国际药学文摘 IPA、临床方面的专著和教科书、医学期刊全文库等。

OVIDSP 在线全文数据库收录 50 余家出版商提供的 2000 多份生物医学期刊，包括 Lippincott Willianins & Wikins（LWW）公司出版的期刊，还有较多高品质的医学期刊，如 New England Journal of Medicine、BMJ、Nature、Circulation、Annals of Surgery、Hypertension、Neurology 等。在检索平台的页面提供“Journals@ Ovid Index&Abstract”和“Your Journal @OVID”两个与全文数据库相关的链接，前者是该平台 2000 余份期刊库，可显示题录、摘要及有全文访问权限的链接；后者是本机构订购的全文库，可获取全文。

### 2. 检索方法

（1）关键词检索（Keyword Search）。

①基本检索（Basic Search）。提供自然语言检索，可以是词、词组或句子。当勾选了“包含相关词”（Include Related Terms），系统会自动搜索检索词的派生词、同义词及各种变体，提高查全率。还可对期刊分类、出版物类型、星级（相关性）和出版时间进行限制。

②题录信息检索（Find Citation）。利用文章的题录信息，如题名、刊名、卷期、作者姓名、出版者、索取号（Unique Identifier）和数字文献识别符（DOI）等信息来查找文献的方法。

③字段检索（Search Fields）。列出 28 个可限制字段的标志符和字段名称供选择，字段可单选也可多选。还可通过＋/– 号将自己常用字段添加到“我的字段”（My Fields）中。

④高级检索（Advanced Search）。提供 4 个途径来检索文献，并且可以通过“限制”（Limits）按钮进一步精练结果。

途径一：关键词。输入单词或词组进行检索，支持截词检索，$ 代表 1 个字符，* 代表 1 个或 1 个以上的字符。

途径二：作者。按姓在前，名字首字母在后，中间用空格分开的格式输入。

途径三：题名。题名支持截词检索。

途径四：刊名。输入刊名的全称或刊名前面部分字母，不能用刊名缩写或刊名关键词检索。

⑤多字段限定检索（Multi–Field Search）。通过多个检索框输入检索词，并选择检索字段进行逻辑组配（AND、OR、NOT）检索。

（2）期刊检索（Journals）。通过刊名全称或全称起始部分的单词检索期刊，不能输入刊名缩写。还可以按刊名首字母浏览期刊。找到期刊后，可进行刊（卷）内关键词检索或具体的题录信息检索。

（3）MuItimedia。通过关键词或学科分类来检索多媒体信息，包括图像、表格和视频。

3. 检索结果处理

（1）显示检索结果。数据库提供显示题名、题录或文摘 3 种检索结果显示方式。以不同颜色的高亮方式显示检索词。检索结果默认以相关度（Score，评分）排序记录，也可以在结果页面的左栏通过 Sort By 来改变排序方式，如按数据库、题名、作者或刊名排列。相关度以星级标志，计算方法是以段落出现检索词的频率为基础：5 星表示所有搜索的概念都完整地出现在段落里；4 星表示大多数搜索概念都出现在段落里，但有些不完整；3 星表示缺少一个概念；2 星表示缺少两个概念；1 星则表示缺少两个以上的概念。

（2）精练检索结果。结果页面左栏显示检索式和相关检索词。下方过滤器（Filter By）提供按出版时间、期刊、资源来源和文献类型缩小检索范围，精练检索结果。

（3）输出检索结果。选择所需输出的题录，点击“Export”输出，可导入文献管理软件。题录的输出每次不能超过 200 条。全文链接显示“Full text”，就表示有访问权限，可显示、下载。

4. 个性化服务

点击主页面右上方的“My Account”，可以创建或者登录个人账号，建立个人工作空间（My Workspace），用于存贮检索式和感兴趣的检索结果（Add My Projects）、设置自动提醒定题结果（RSS/E–mail）、设置期刊目次通报（My eTOC, electronic tables of contents）和安装功能插件（Install Toolbar）。

5. 移动应用

荷兰科威公司开发了一些移动设备（Mobility），基于手机的移动应用 Mobile Appli.cations at Wolters Kluwer 目前在健康科学方面开发了 UpToDate Mobile Apps（循证医学库）和 LWWMobile Apps。

### （三）EBSCOhost

1. 概　况

EBSCOhost（http://search.ebscohost.corn / ）是美国 EBSCO 公司数据库检索系统之一，是著名的全文数据库整合平台。其涵盖范围广，包括人文科学、社会科学、自然科学及医学、护理、法律等学科。著名的全文数据库有 Academic Search Premier（ASP）和 Business Source Premier（BSP）。下面以学术期刊集成数据库 ASP 为例介绍 EBSCOhost 的检索方法。

ASP 是多学科学术数据库，提供近 4700 种学术出版物的全文，其中 3600 多种同行评审期刊，生物医学全文期刊约 600 种。数据每周更新，最早回溯至 1975 年。EBSCOhost 与出版社协定，其中部分期刊比纸质本的出版推迟 3~12 个月（Embargo）。

2. 检索方法

系统提供两种检索方式，即基本检索（Basic Search）和高级检索（Advance Search）。

基本检索只有一个检索框，可输入任意检索词，无直接显示检索字段（默认在全部字段检索）；高级检索有多个检索框，每个检索框都提供检索字段。两种检索方式都提供丰富的检索选项，可扩大或缩小检索范围。其中，检索模式的“智能文本检索”（Smart Text Searching ）是 EBSCOhost 独有的检索方式，可输入任何文本，如短语、句子或整页文本。“应用相关字词”（Apply related words）可起到检索同义词的作用。另外，两种方式均提供 6 种检索途径：关键词（Keyword）（默认）、出版物（Publications）、主题词（subject Terms）、参考文献（cited References）、图像（Images）和索引词表（Indexes）。

（1）关键词检索。基本检索的关键词检索可直接输入检索词，也可进行布尔逻辑、截词、字段限制、位置算符等检索。

（2）出版物检索。收录了数据库所有的刊物信息，可按出版物名称首字母进行浏览，查找所需的出版物名称；也可以在检索框中输入出版物名称的检索词，再选择与检索词匹配的方式（包括按字母顺序、按主题或说明和任意词匹配）。点击选定出版物名称的链接，可显示该出版物的详细介绍并可检索其中的文章。

（3）主题词检索。在浏览框输入检索词，并选择该检索词出现在 EBSCO 词表中的位置，包括前方一致（按字母顺序）、词语包含和相关度。若有完全匹配，就精确定位主题词；若无完全匹配，则定位到词表中匹配度最高的主题词。

（4）参考文献检索。输入被引用文章的相关信息，如被引作者、被引文献题名、被引出版物名称和被引年份等来检索文献引用与被引用情况。

（5）索引检索。包括多个字段的内容索引。先选择检索字段，输入相应的检索词，系统显示相关词汇列表帮助用户确定检索词，再放在“查找”框中进行检索。

（6）图像检索。可通过关键词或逻辑组配来检索图像。EBSCOhost 的图像收藏（Image Collection）提供 18 万多幅图片，可限制图像检索的类别，包括人物图片（Photo of People）、自然科学图片（Natural Science Photos）、地点图片（Photos of Places）、历史图片（Historical Photos）、地图（Maps）、国旗（Flags）6 类。图像快速查看收藏（Image Quick View Collection）是提供全文库中图像的缩略图，可从图片色彩、图、表等属性加以限制。

3. 检索结果处理

检索结果以题录方式呈现，默认按相关性排列，还可按出版日期、作者、来源出版物排序。对于图像文献或全文中带有图表的题录，会相应显示缩略图。有全文访问权限的则显示 PDF（HTML）或通过 CrossRef 链接到其他数据库的全文。点击“查询国内馆藏或全文链接”可了解纸质本在国内的馆藏信息。点击篇名可显示文摘页面的详细信息，可打印、保存、E-mail、引用和导出。选择题录右侧的“Add”按钮，可将选中记录加入 “我的文件夹”中，再集中存盘、打印、发送电子邮件或导出检索结果。

4. 个性化服务

My EBSCOhost 服务：免费注册后，系统为用户提供用于保存检索式、文章、检索结果、定题服务（Search Alerts）、期刊通告（Journal Alerts）、网页设计（Page Composer）等资料的个人文件夹。

5. 移动应用

EBSCOhost 支持移动设备检索。智能手机上的检索：在 EBSCOhost 平台中点击页面下方的“iPhone 和 Android 应用程序”，输入电子邮箱地址，可输入多个，须用分号将每个电子邮件地址分开。查看邮件，根据邮件提示的步骤安装、验证客户端程序。验证过的设备不受 IP 限制，在校外也可以访问本校订购的 EBSCO 的资源。

## 第二节　电子图书信息检索

电子图书（electronic book）又称数字图书或 ebook，是随着电子出版、互联网以及现代通信电子技术的发展应运而生的一种新的图书形式，是采用二进制的数字化形式将文字、图像、声音等信息存储在光、磁等介质上，在计算机软件的支持下阅读的一种新型图书。电子图书要具备三个要素：内容、数字存储设备（如 PC、PDA、掌上电脑或其他）和阅读软件（Acrobat Reader、SSReader、Apabi Reader 等）。常用的电子图书信息资源有以下 3 种：第一种是电子图书数据库，如超星电子图书等，电子数据库的图书阅读通常需要专用阅读器，机构团体购买或读者个人付费后才能使用；第二种是开放获取的电子图书，可以免费使用，如古腾堡项目等；第三种是便携式电子图书，可使用电子书阅读器、手机等方式进行阅读。本章主要介绍这三种电子图书信息资源的主要内容，并以部分数据库为例介绍电子图书的检索方法。

### 一、电子图书数据库

#### （一）超星数字图书馆（http://www.sslibrary.com）

1. 概　述

超星公司于 1993 年成立，一直坚持图书数字化的方针，目前已累计有 280 多万种中文电子图书，内容丰富，为高校、科研机构的教学和工作提供了大量宝贵的参考资料。超星电子图书数据库是全球最大的中文在线图书馆，图书涵盖中图法 22 个大类，每天以 10 万页的速度增加。如需下载整本超星电子图书，则首先要下载、安装超星阅读器。超星电子图书有两种阅读方式：可在主页下载、安装超星阅读器软件来阅读电子图书；也可安装超星 IE 阅读插件直接在 IE 浏览器中阅读。

2. 使用方法

（1）检索方法。

①分类检索。即根据检索内容的所属学科逐层进行浏览的方法。超星电子图书的图书分类依据《中国图书馆分类法》，分为 22 个大类，点击一级分类即进入二级分类，依此类推。末级分类的下一层是图书信息页面，点击书名超链接，可阅读图书。

②关键词检索。即用所需信息的主题词(关键词)进行查询的方法，也叫快速检索。

检索步骤如下：

步骤一：设置检索字段（书名、作者、目录、全文检索），默认为在书名中进行检索。

步骤二：在检索框内输入检索词，如“临床医学”“医学影像”，多个检索词之间要以一个空格隔开。

步骤三：按回车键或点击“搜索”按钮，检索结果即可罗列出来。为便于查阅，关键词以醒目的红色显示。针对检索结果，还可选择“在结果中搜索”再次输入检索词进行二次检索。

③高级检索，如需要更精确地搜索图书，可以进行高级搜索。点击主页上的“高级搜索”按钮，则进入高级搜索页面。根据高级检索的结果，还可以进行二次检索。

（2）检索结果的处理。

①结果显示。检索结果显示页面提供的信息有结果条数、检索用时以及图书封面、书名、作者、页数、出版日期、主题词等图书信息，检索结果还可按“书名”“出版日期”的升序或降序排列。针对每本图书，有网页阅读、阅读器阅读及下载全文等处理方法，还可以对每本图书进行收藏、纠错和评论。点击某一条结果的图书书名或封面，会显示该图书的分类号、图书简介及评论等内容。

②网页阅读。点击网页阅读即可进入网页阅读页面，系统提供“显示目录阅读”“隐藏目录阅读”和“全屏连页阅读模式”，可对文字进行放大或缩小，也可根据个人需要进行文字摘录，点击“阅读器阅读”进入超星阅读器阅读模式。

③阅读器阅读。超星阅读器（SSReader）是超星公司拥有自主知识产权的图书阅读器，是专门针对数字图书（*. pdg）的阅览、下载、打印、版权保护而研究开发的。

超星浏览器界面包括：

a. 主菜单。包括超星阅览器所有功能命令，其中“注册”菜单是提供给用户注册使用的，“设置”菜单是给用户提供相关功能的设置选项。

b. 功能部分。包括“资源”“历史”“交流”“搜索”“制作”。“资源”指资源列表，是提供给用户的数字图书及互联网资源；“历史”指历史记录，是用户通过阅览器访问资源的历史记录；“交流”指超星社区的读书交流、问题咨询、找书帮助；“搜索”指在线搜索书籍；“制作”指可以通过制作窗口来编辑制作超星PDG 格式 Ebook。

c. 工具栏。包括快捷功能按钮采集图标，用户可以拖动文字图片到采集图标，方便收集资源；翻页工具，阅读书籍时，可以快速翻页。

d. 阅读窗口。阅读超星 PDG 及其他格式图书的窗口。

④下载本书。在检索结果页面点击“下载本书”或在网页阅读模式点击“下载”，

页面会提示安装超星阅读器，安装后会显示下载选项。默认的存放路径为 C：\Program Files\ss—READER36\local，可重新选择保存位置，点击“下载”，即可将电子全文保存在当前计算机。如需帮助，可点击“帮助”获取帮助信息；如需将电子全文拷贝到其他机器上阅读，则需要进入注册中心，登录超星数字图书馆（没有注册过的用户需要注册后再登录），记录机器码。在另外一台可以上网的电脑上，访问站点 http://passport.ssreader.com / lixian.a，输入用户名、密码、机器码，点击“用户登录”，获取离线证书。下载离线证书后，读者在其他离线机器上登录，安装离线证书，即可阅读拷贝的电子图书全文（PDG 格式）。

### （二）书生之家数字图书馆（http://edu.21dmedia.com/index.action）

1. 概　述

书生之家数字图书馆是建立在中国信息资源平台基础之上，由北京书生科技有限公司开发制作推出的数字图书馆系统平台。书生之家图书网主要提供 1999 年以来中国大陆地区出版的新书的电子全文，包括社会科学、人文科学、自然科学和工程技术等类别，是基于互联网的中文书报刊开架交易平台。目前，书生之家有电子图书 100 多万种，主要包括文学艺术、经济金融与工商管理、计算机技术、社会科学、历史地理、科普知识、知识信息传媒、自然科学和电子、电信与自动化等 31 大类。书生之家的电子图书采用专有格式制作，因此在阅读全文前须下载安装书生数字信息阅读器。

2. 使用方法

（1）检索方法。

①分类检索。书生之家电子图书有“中图法”（22 大类）和“书生法”（31 大类）两种分类方法，可以点击“此处变换成中图法显示”来进行切换，每一大类下又划分子类，子类下又有子类的子类，共 4 级类目。用户可逐级检索查看相关学科的图书，也可选择某一子类后，在当前类目下选择“图书名称、作者、丛书名称、主题、提要”中的某一个检索字段，再输入检索词进行检索。

②简单检索。在首页直接可看到 4 种文献类型的选择切换及简单检索输入框，针对图书、信息、音频、期刊可以分别进行简单检索。图书检索的字段有“图书名称”“作者”“丛书名称”“主题”“提要”；信息检索的字段有“课件名称”“主讲教师”“课件语言”“课件类型”“课件时长”“课件字幕”“上传课件时间”“课件说明”，可同时进行 3 个字段的逻辑组配检索；音频检索可选择的字段有“名称”“演唱者”“主题词”“负责人”“出版日期”，同时可以进行 3 个字段的逻辑“与”的检索；期刊检索的字段有“篇名”“关键词”“作者”“机构”“中文摘要”“中

文刊名”“英文刊名”“年”“期”，可进行 2 个字段的逻辑组配检索。

③图书全文检索。在首页导航栏选择“图书”，可以看到电子图书的 3 种检索方式，即图书全文检索、组合检索及高级全文检索。图书全文检索方式具体分为“按图书内容进行查找”和“按图书目录进行查找”，默认为在“书生法”的“所有分类”中进行检索，可根据个人需求输入检索词，选择相应字段和分类类目，分别在图书内容和图书目录中进行查找。

④组合检索。如果同时已知图书名称、作者等多个检索信息，可使用“组合检索”以提高检索效率。“组合检索”提供“图书名称”“作者”“丛书名称”“主题”“提要”共 5 个检索项，并根据已知检索条件选择适当的逻辑关系。选择 5 个检索项中的一种，在检索项后面的文本框内输入检索词，在后面的下拉列表中选择上下框之间的逻辑关系，便可实现图书的组合检索。

⑤高级全文检索。用户可以对书生之家电子图书进行高级全文检索。高级全文检索具有强大的功能：支持主题词（上位词、下位词、等同词、同义词、反义词、替代词、外文等同词）检索，对主题词自身的检索可以选择是否进行分词处理；支持多个检索条件逻辑运算（与、或、非、抑或）功能；支持两检索词之间的位置限定检索（如在“中国”之后是“人民”）；支持数字和数字范围检索（如增长率 >50%），支持对输入主题词中的字母、数字做全 / 半角转换，支持在检索结果中进行二次检索。

（2）书生阅读器的使用。

要阅览书生之家的图书，首先要下载书生专用阅读器。在首页的上部，单击“软件下载”链接即可下载和安装阅览器。书生阅读器提供全文检索、树形目录、拾取文本、建立读书卡片等功能。

### （三）方正阿帕比数字图书馆（http://www.apabi.cn）

1. 概　述

阿帕比是 Apabi 的中文名称，Apabi 分别代表着 Author（作者）、Publisher（出版者）、Artery（流通渠道）、Buyer（读者，即购买者）以及 Internet（网络），意思就是通过互联网，将作者、出版社、中间商、读者联系起来，提供一整套解决方案，实现完全数字化的出版。北京方正阿帕比技术有限公司（以下简称“方正阿帕比公司”）是方正集团旗下专业的数字出版技术及产品提供商。方正阿帕比公司自 2001 年起进入数字出版领域，在继承发扬传统出版印刷技术优势的基础上，自主研发了数字出版技术及整体解决方案，发展成为全球领先的数字出版技术提供商。

阿帕比电子图书是方正阿帕比数字资源的核心部分。截至 2013 年末，在销电子图书达 70 多万种，涵盖社科、人文、经管、文学、科技等分类，已经形成最大的文本电子图书资源库。目前，方正阿帕比为国内 80% 以上的新闻出版单位提供技术支持和服务，并将数字图书馆应用推广到北美、欧洲、大洋洲及东南亚等海外市场，帮助中国的新闻出版单位推出正版中文电子图书，总量超过 75 万种、数字报纸 800 余份，并建立了多种专业数据库。从 2009 年起，方正阿帕比公司提供的专业知识服务平台“中华数字书苑”，9 次作为国礼送给外国政府和学术机构，在全球范围内推动了中国传统文化的传播和发展。

2. 检索使用

方正 Apabi 采用了先进的数字加密技术，因此，用户首次阅读方正 Apabi 电子图书，须先下载、安装 Apabi Reader 阅读器并进行注册。下载到本地的电子图书均有有效期限（本单位设置，一般为 4 周），有效期满后，电子图书自动失效，需要续借或到方正 Apabi 数字图书馆中重新下载借阅。方正 Apabi 数字图书馆提供的检索方式有分类浏览、快速检索（可从书名、责任者、出版社、全文等字段进行单一条件检索）、高级检索（可进行字段内和字段间的逻辑组配检索）、二次检索（使用“结果中检索”进行二次检索）。检索结果有图文显示、列表显示和缩略图显示 3 种方式，选择所需图书，可在线浏览、借阅、拷贝与打印。

### （四）中文在线（http://www.chineseall.com）

中文在线于 2000 年成立于清华大学，是中国数字出版的开创者之一。中文在线与国内 500 多家版权机构合作，签约知名作家、畅销书作者 2000 余位，拥有驻站网络作者超过 30 万名。其数字内容类型覆盖全面，已经成为国内最大的正版数字内容提供商之一。中文在线从成立伊始，就对版权的保护问题极其关注和重视，采取“先授权，后传播”的方式，严格遵照授权权限，合理合法使用数字版权。在国内率先提出全媒体出版的概念，满足任何人在任何时间、任何地点，以任何方式获得任何内容的需求，实现“一种内容、多种媒体、同步出版”。扩大出版范畴，寻找更为广泛的盈利渠道，从根本上改变了传统版权的盈利模式，创造了新的增值空间，最大限度地挖掘了内容的版权价值。中文在线旗下网站有 17k 小说网（www.17k.com）和书香中国（www.chineseall.cn）。图 4–22 为书香中国页面。

图 4-22　书香中国首页

（五）SpringerLink 电子图书（http://link.springer.com/）

德国施普林格（Springer.Verlag）是全球最大的在线科学、技术和医学（STM）领域学术资源平台，自 1996 年推出以来，已为全世界 600 家企业客户、超过 35000 个机构提供服务。Springer 的电子图书数据库包括各种的 Springer 图书产品，如专著、教科书、手册、地图集、参考工具书、丛书等。SpringerLink 在 2009 年已经出版超过 30000 种在线电子图书，每年将增加 3500 种电子图书和电子参考书，其工具书、电子期刊和电子参考工具书内容互相链接，提供 12 个分学科子库，凡是在题名前有全文图标的，便可以访问全文。PDF 格式全文需要使用 Acrobat Reader 软件。图 4–23 为 SpringerLink 首页。

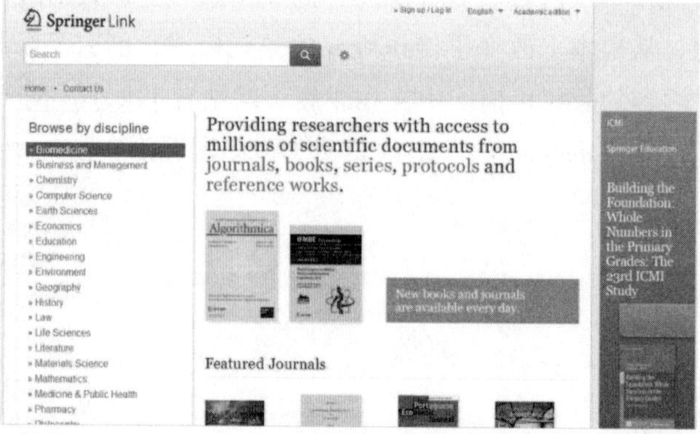


图 4-23　SpringerLink 数据库首页

### （六）EBSCO 电子图书（原 NetLibrary 电子图书）

NetLibrary 是全球最大的在线计算机图书馆中心（OCLC）的下属部门，它整合了来自 800 多家出版机构的超过 19 万种电子图书，这些电子图书的 90% 是 1990 年后出版的。每月均增加 2000 多种，涉及自然科学和人文科学各个领域，其中大部分内容是面向大学及以上读者层的。目前，NetLibrary 由 OCLC 转入 EBSCO Publishing 集团，NetLibrary 电子书的访问正式迁移至 EBSCOhost 平台。EBSCOhost 电子书提供 30 多万种电子图书，涉及各个主题并涵盖多学科领域。除英文电子书外，还收录法文、德文、日文和西班牙文。除提供全文的电子书外，还提供 16000 多种有声电子图书。EBSCO eBooks 电子书可以直接进行检索，不需要安装任何阅读软件即可阅读、保存和打印，每次可保存、打印 15 页或更多。图 4–24 为 EBSCOhost 平台首页。

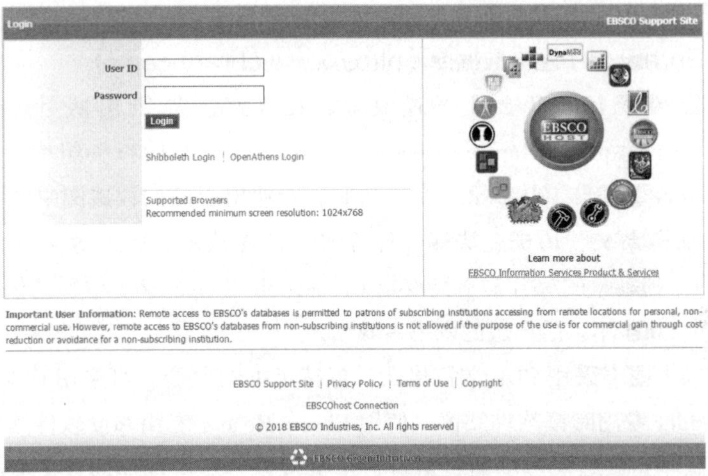


图 4-24　EBSCO 平台首页

### （七）Myilibrary（http://www.myilibrary.com/）

Myilibrary 来自英格拉姆数字集团，是与世界出版商和学术出版社紧密结合的电子书平台，目前收录了世界上 400 多个学术和专业出版商出版的内容，涵盖理、工、农、医、文、史、哲等领域。自 2009 年开始，内地 CASHL 成员共 10 个高校与香港 5 个高校组织了 Myilibrary 电子书集团采购，到 2012 年底共购进 15000 余种电子图书，以后每年还要不断增加。平台上所有的电子书都可进行全文检索；还可按关键词、作者、ISBN、出版年、学科、语种等对检索结果进行限定。可以将文本和图片拷贝至 Word、Excel 和 PowerPoint 中（个别出版商对格式有一定限制），电子书不能全文下载，但允许下载或打印不超过 10 页的内容，格式为 PDF 文档。图 4–25 为其主页。

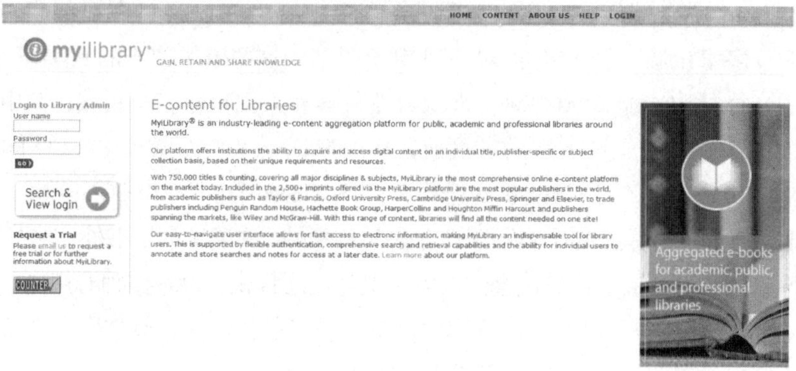


图 4-25　Myilibrary 主页

### （八）Ebrary 电子图书数据库（http://www.ebrary.com/）

Ebrary 公司于 1999 年 2 月正式成立，由 3 家世界级出版社（Mcgraw–Hill Companies，Pearson plc 和 Random House Ventures LLC）共同投资组成。Ebrary 电子图书数据库整合了来自 500 多家学术、商业和专业出版商的权威图书和文献，覆盖商业经济、社科人文、历史、法律、计算机、工程技术、医学等多个领域。截至 2013 年 12 月，Ebrary 的综合学术类收藏（Academic Collection）中，已包含了 7 万多册图书，其中 2004 年以后出版的图书占 60%。

Ebrary 电子图书采用 PDF 文档格式，保持了书的原貌，可采用 QuickView 模式或 Ebrary Reader 专用阅读软件阅读，使用 Ebrary Reader 专用阅读软件阅读需要安装 Java 的最新版本。安装阅读器后，可进行全文检索，还可选择部分文本进行粘贴。登录个人账号之后，才可按章节下载，或按页码（一般最多 40 页）下载；还可下载全文，所下载的全文需要使用 Adobe Digital Editions 工具阅读，有效期为 14 天（注：部分电子书不支持全文下载）。可以建立网上个人书架以保存对已阅读文章的链接，具有书签和评注功能。提供了学术出版工具 DASHTM，利用 Ebrary 的成熟技术，制作数字化文献，上载并集成到 Ebrary 的阅读平台，可以分享 Ebrary 的所有检索功能。图 4–26 为其首页。

图 4-26　Ebrary 电子图书首页

## 二、开放存取电子图书

开放存取（Open Access，OA）也叫开放获取，是国际科技界、学术界、出版界、信息传播界为推动科研成果利用网络自由传播而发起的运动。通过网络技术，任何人都可以免费获得各类文献，旨在利用网络自由传播和推动科研成果。从 1999 年 Nupedia 百科全书开放内容开始，开放存取的电子图书资源更加丰富，除了电子文本之外（电子文本通常为任何计算机都能识别的简单文本，或是更为友好的 HTML 格式），还有一些需要专门阅读器的电子图书开放资源。本节主要对国内外常用的开放存取电子图书资源作简要介绍。

### （一）古腾堡项目（http://www.gutenberg.org/）

古腾堡项目也叫古腾堡工程（Project Gutenberg，PG），由迈克尔·斯特恩·哈特于 1971 年发起，志愿者参与，致力于文本著作的电子化、归档以及发布，为用户提供权威著作的电子文本，是互联网上历史最悠久的免费电子图书项目，可以说是“电子图书之父”，对电子图书的发展有着深远的影响。其收藏的作品 99% 属于公共知识范畴，只有极少部分是受著作权法限制的作品，古腾堡工程确保这些原本自由流通，格式开放，有利于长期保存，并可在计算机上阅读。古腾堡项目在全球有很多镜像站点，在这些站点可以找到超过 2 万部的书籍，其中主要是西方传统文化中的文学作品，如小说、诗歌、戏剧等；除此之外，也收录食谱、书目及期刊。另外，还包括一些非文本内容，如音频文件、乐谱文件等。收录的主要是英文作品，但也有相当数量的德语、法语、意大利语、西班牙语、荷兰语及中文等不同语言的著作，中国的四大名著和诸子百家作品都可在这里找到。在古腾堡项目主页上查找电子文本很容易，提供的检索选项有作者检索、题名检索、高级检索等。图 4-27 为其主页。

图 4-27　古腾堡项目主页

（二）美国国家学术出版社（http://www.nap.edu/）

美国国家学术出版社（National Academies Press，NAP）负责美国国家科学院、美国国家工程院、美国国家医学院和美国国家研究委员会相关研究成果的出版，其目标是在维持收支平衡的同时尽可能广泛地传播这些研究机构的研究成果。为实现这一目标，NAP 从 1994 年开始提供免费的在线内容，并于 2011 年 6 月 2 日宣布，在先期开放部分图书的基础上，进一步将其出版的所有 PDF 版图书对读者免费开放下载，并且将这些图书去除 DRM 保护。这其中不仅包括超过 4000 种最新出版的图书，还包括已经提交报告将于未来一段时间出版的图书。图 4-28 为其主页。

图 4-28　美国国家学术出版社（NAP）主页

### （三）Bartleby 免费电子图书（http://www.bartleby.com）

Bartleby.corn 的总部设在纽约，于 1993 年 1 月创建，自称为“新一代互联网出版者，旨在帮助学生、教育人士和渴望获取知识的人不受限制地获得网上的免费图书和信息”。Bartleby 参考网是美国一个以收藏经典参考书、诗歌、小说为主的网站，提供大量免费的电子图书。用户可整库检索，也可分为参考、诗歌、小说、非小说 4 个部分检索，还可选定某一特定工具书检索。其图书收藏量已达 20 多万页，其中包括 4765 首诗词、37 部散文和 15 部小说，其余的都是工具书和参考书，如《哥伦比亚百科全书》（Columbia Encyclopedia）、《美国传统英语词典》（American Heritage Dictionary of the Engish Language）等。

Bartleby 提供多种途径访问其收藏。既可从简单检索入手搜索整个 Bartleby 站点，也可从特定的书名或作者出发进行搜索。除了提供检索功能之外，还提供导航功能，可利用作者、主题或题名索引进行检索。Bartleby 网站不需注册，也无须提交个人信息，特别关注文本的格式，注重提供增值服务，与其他一些网站不同，Bartleby 的文档不能下载，不能离线保存以备日后参考。图 4–29 为其主页。

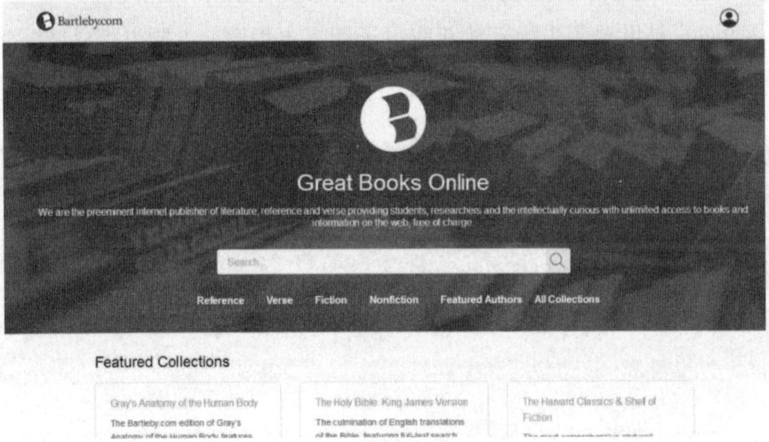


图 4-29　Bartleby 免费电子图书主页

### （四）DOAB（http://www.doabooks.org/doab）

DOAB 是 OAPEN 的另一项成果。截至 2014 年初，DOAB 涵盖了 62 家出版社 1900 多种各学科图书。图 4–30 为其主页。

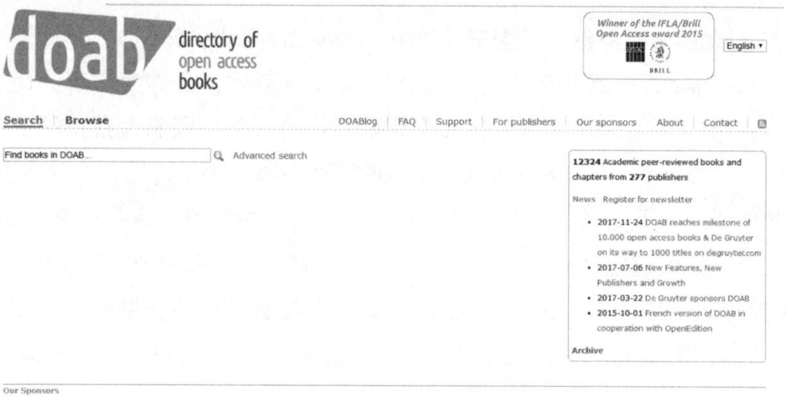


图 4-30 DOAB 主页

（五）Intech Books（http://www.intechopen.com/books/）

Intech Books 是世界领先的开放获取电子图书出版商，主要出版科技医学类图书。图 4–31 所示为其主页。

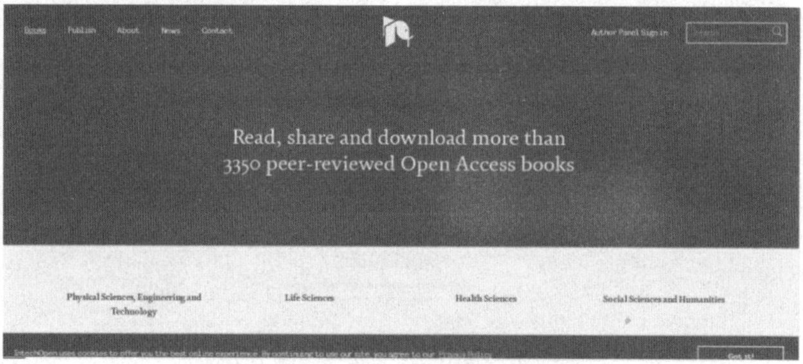


图 4-31 Intech Books 主页

（六）NCBI Bookshelf（http://www.ncbi.nlm.nih.gov/books/）

除了 Pubmed Center 外，NCBl Bookshelf 创建了开放获取电子书数据库，内容包括有关生物和健康科学的电子图书、大学教科书、临床指南、科学报告等。这些文献都达到了特定内容和制作质量标准。点击“browse”，可以浏览所有图书等的主题、分类等信息。图 4–32 为其主页。

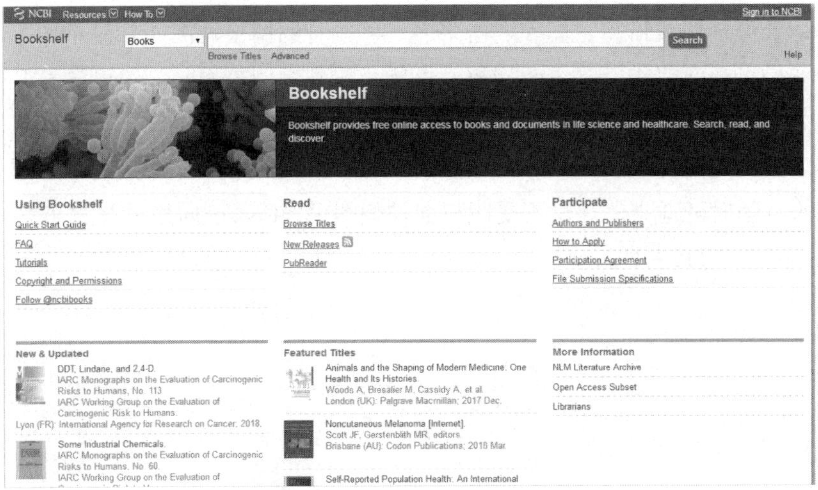


图 4-32　NCBI Bookshelf 主页

## （七）Free Medical Books（http://www.freebooks4doctors.com/）

Free Medical Books 为免费网站，收录了 359 种医学图书。图 4–33 为其主页。

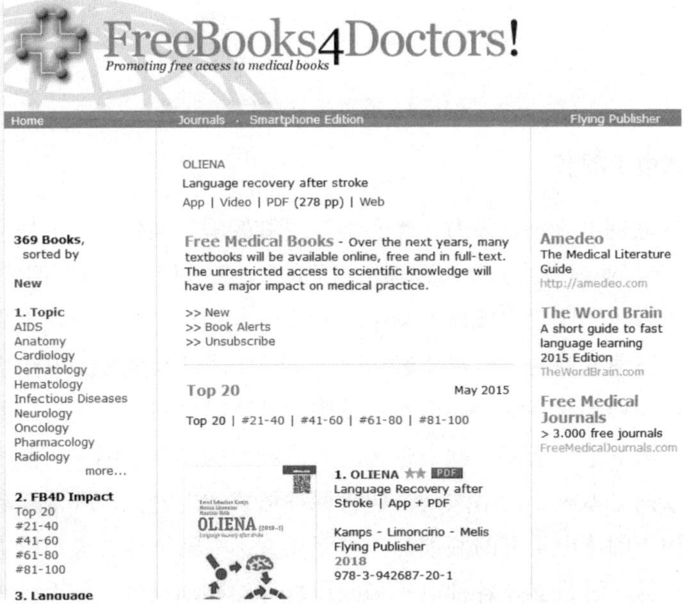


图 4-33　Free Books 4 Doctors 主页

### （八）谷歌图书（http://books.Google.com ／）

谷歌图书是搜索全球图书的最新索引，有数百万本好书可供预览或免费阅读，或了解何处可选购或借阅它们。点击书名，可以看到摘录视图，并显示图书的相关信息。如果出版商或作者已给予授权，可能会看到示例页面，一般可浏览几页到几十页；如果图书已不受版权保护，就会看到整本书的视图，而且还会显示直接链接在线书店的"购买此书"链接，可以进行购买。Google 用户可以把搜索的图书分类保存起来，随时随地查阅。对不受版权保护的图书，Google 向用户开放了 PDF 下载功能。图 4–34 为其主页。

图 4-34　谷歌图书主页

## 三、便携式电子图书

随着移动互联网的发展，没有一个行业不受其影响，如广播、电视、报纸、杂志、书籍和唱片等行业就被认为是被逐渐边缘化的行业。人们通过互联网来阅读新闻、搜索定制和倾听音乐、阅读多媒体的图书和杂志，方式更快捷，内容更丰富，互动更随意，在这样飞速发展的"全媒体时代"，移动阅读已经成为大家热衷和喜爱的新的阅读方式。在移动状态下，如出差的途中、等待的时间、会议的间隙、坐车的期间，移动电子图书渐成潮流，越来越多的人依赖便携式电子图书。便携式电子图书介于封装型及网络型电子图书之间，包含两种形式和内容：一种是存贮了电子图书内容，专门用于阅读电子书的阅读器，可以在电子书阅读器的显示屏上阅读存放在其中的图书；另一种是支持各种电子书阅读软件的移动设备，如手机等。本节主要从电子书阅读器、手机阅读软件、移动图书馆电子图书、有声电子书四个方面来介绍便携式电子图书。

### （一）电子书阅读器

在这个瞬息万变的资讯时代，作为新兴媒体的电子书阅读器，使电子版的内容有了更好的载体提供给用户，充分体现了传统媒体与时俱进的更新换代，极大地刺激了读者的阅读欲望。伴随着3G时代的到来，电子阅读迎来了新的发展契机，电子图书阅读终端呈现多样化发展趋势。比较有代表性的电子书阅读器有以下几种：

1. iReader

在Kindle之前，很多厂家就已经推出了电子书阅读器，其中最著名的当属索尼公司推出的iReader。iReader拥有最出色的拟物化翻页效果，有最真实的读书体验，支持TXT、UMD、PDB、CHM、HTML、EBK2等多种格式，但不支持epub。经历过长时间发展的iReader，自定义功能相当丰富，可以设置外挂字体、背景图等。在网上下载的TXT电子书，普遍没有经过排版，而且编码混乱，老式的电子阅读器会出现乱码，大大损害了阅读乐趣；而iReader则能支持智能识别TXT的编码，并对文本进行智能排版，供给良好的阅读体验。除了TXT外，UMD、CHM、HTML都是网上常见的电子书格式，iReader均能支持。在Kindle推出之前，iReader在市场上销量较好，但是，在亚马逊的Kindle推出之后，iReader便迅速失色，销量骤减。其中的核心差异在于，Kindle是专门为移动互联网时代而设计的，它充分地考虑了人们在移动状态下对内容的可获得性和移动状态下设备的续航性等关键属性。

2. Kindle

Kindle是美国亚马逊公司在2007年11月推出的电子书阅读器，随后，该公司又推出了Kindle 2和Kindle 3。Kindle的出现受到人们的热烈欢迎，2008—2009年成为IT业界最关注的产品。专门为移动互联网设计的Kindle，把内容的可获得性放在了最主要的研究地位，它的Whisper-net，利用基于EVDO的无线宽带服务技术，让用户随时随地都可以从亚马逊的书城平台上自由而快速地浏览书籍，并购买书籍和下载正版电子书，而且浏览和下载内容都是免费的。此外，Kindle轻便便携、省电节能、随时随地上网、功能明确、用户体验绝佳、价格低廉，更有丰富的内容商城作为支持。借助亚马逊强大的图书与客户资源，无论在口碑或创造的利润上，Kindle已经在这一领域将同行远远甩在了后面，可以将其看作移动互联网终端的早期代表作，也是诞生iPad的最重要的启发者。亚马逊Kindle的出现，在业界掀起了一片惊呼，并因此改变了阅读的未来。

3. iPad

iPad于2010年1月27日由美国苹果公司发布，定位介于苹果的智能手机

iPhone 和笔记本电脑产品 MacBook 系列之间，提供浏览互联网、收发电子邮件、观看电子书、播放音频或视频等功能。后来又发布了 iPad 2、第三代 iPad、iPad 4、iPad Mini、iPad Mini with Retina Display、iPad Air、iPad Pro 等。读电子书是 iPad 2 的主要功能之一，iBooks 是一个用来阅读和购买电子书的全新程序，在程序的右上角，可以找到“书店”按钮，点一下，书架就会自动移开，显示出 iBookstore 的内容，在这里可以按照不同方式寻找书籍，还能看到读者评价，下载完成后即可阅读。在阅读格式上，目前可供 iPad 2 阅读的电子书格式有 3 种：ePub、PDF 和 ipa。ePub 格式是流行的开放电子书格式，其整合式结构可以让作者轻松制作出自己喜欢的书籍，ePub 和 PDF 格式是 iPad 2 上占主流的图书格式，其特点是可使用 iBooks 进行管理。iBooks 类似一个书库，这样即使再多的书也不会占用屏幕空间，而且阅读时操作方便。ipa 形象地说是可在 iPad 2 上运行的一种应用程序文件，其阅读时的操作方式由制作者确定，而且基本上每本书（或每套书，一个 ipa 文件里包含的所有书）会以图标的形式显示在屏幕上。由于采用 ARM 架构，它不能兼容普通 PC 台式机和笔记本的程序，但可以通过安装由 Apple 官方提供的 iWork 套件进行办公，可以通过 IOS 第三方软件预览和编辑 Office 和 PDF 文件。

4. 汉王电纸书

汉王电纸书是汉王科技推出的一款类纸阅读器。汉王电纸书专业 3G 电纸书，采用基于电子墨水最新显示技术，方便阅读，就像阅读纸书一样，舒适环保、不伤眼睛，同时有大容量和便携的特性。汉王作为全球领先的手写识别、OCR 识别及生物特征识别技术供应商，已成功树立起电纸书自主品牌，并一跃成为全球第二大电纸书阅读器生产厂商。汉王首推出的面向欧洲市场的首款应用 3G 网络技术的汉王 3G 电纸书阅读器，针对不同用户需求，已开发出包括 5 英寸（1 英寸 =2.54 厘米）、6 英寸、8 英寸及 9.7 英寸等在内的多个产品系列。由于应用了汉王的电磁触摸平板技术，因此，用户在使用电纸书时可以直接将注释清晰地书写在页面上。汉王新推出的汉王电纸书 N618 使用了 6 英寸显示屏并集成 3G 技术，用户可以充分利用覆盖整个欧洲的 3G 电纸书网络来下载自己喜爱的图书与报刊，从而彻底免去连接电脑传输数据的麻烦。

5. 方正 WeFound 文房电纸书

方正 WeFound 文房 F630 电纸书上市时间为 2010 年 10 月，采用 E-Ink“电子墨水技术”的 F630 电纸书凭借良好的阅读效果逐渐成为阅读爱好者关注的一种电子阅读设备。它在阳光照射下也不反光，是环保型的类纸阅读，阅读视角可接近 180 度，并带有记事本、中英词典等需要用户输入互动的功能，也具备有声读物、图像的显示功能。它时尚、轻便、待机时间长，是人性化设计的专业阅读终端，可比手机提供更好的阅读体验，而且面对集团用户，可以定制不同的行业内容。

6. 盛大锦书 Bambook

Bambook是由盛大公司推出的一款电子阅读器产品，名称源于“bamboo”和“book”，在英文中分别是“竹”和“书”的意思。它采用先进的6英寸电子墨水屏，环保不伤眼，配合盛大专利的页面快速刷新技术，每次翻页几乎无延迟，超长24天待机时间。与全球领先的中文正版数字书城——云中书城无缝对接，数百万部正版书籍随时下载，阅读领域无限扩大。它支持Wi-Fi、3G、4G等多种上网方式，随时随地随心与网络握手，获取喜欢的书籍。2013年7月24日，盛大Bambook电子书BBQ正式发布销售。2013年12月26日，Bambook在北京正式发布首款触摸屏+前光电子书Bambook Bright，它支持多种文件格式，如PDF、EPUB、TXT、SNB、CHM、UMD、HTM、HTML、PPT、PPTX、DOC、DOCX、WPS等，支持PC客户端，支持自有文档导入阅读。Bambook还内置了TTS语音引擎，自动识别文字真人朗读效果，听书更添乐趣。

## （二）手机阅读软件

手机阅读电子图书有众多优势，读者可以更个性化地进行阅读，因此备受年轻人青睐。常用的手机阅读软件有以下几种：

1. 熊猫看书

熊猫看书是百度91无线开发的一款深受好评的手机看书软件，基于iPhone、Android、Windows Mobile、Symbian、M8、Kjava等多手机平台上的全能免费阅读软件。全面支持TXT、ZIP、HTML、UMD、NDB等多种格式，同时还支持JPG、BMP、PNG、GIF等多种格式图像查看，拥有多项专利技术。这款集移动端阅读、PC端全球互联网站于一体的“国宝级”阅读软件，拥有摇摇分享、云书架、语音朗读、WiFi传书、眼保健操、护眼夜间模式、智能断章、仿真3D翻页、多格式阅读、批量订阅等多个功能。截至2013年10月，熊猫看书已为超过1.2亿的注册用户提供了高品质的小说、散文、杂文、漫画等多类精彩读物，具备丰富的阅读资源，成为多家出版社、文学网、原创小说网指定的手机发行唯一合作伙伴。通过WiFi、GPRS等多种方式，可以联网搜索和下载海量书籍，也可以通过熊猫看书阅读本地书籍。软件本身还提供流量上限的控制以及已用流量查看功能，让用户随时跟踪网络使用情况。

2.GGBook

GGBook是3G门户推出的集搜书、看书、藏书等多功能于一体的手机免费读书软件。它提供15个分类，支持全GPRS网络（移动、联通和电信），可以在线搜索、阅读互联网上数十万本精品小说，也可以通过本地书籍扫描和手动添加书籍，直接阅读手机上的txt、umd和3G text格式书籍。它以3G书城（手机互联网第一大书城）

为依托，拥有丰富、独特的内容资源。在线书籍可以存入书包，方便用户跟踪阅读；本地书籍可以分类放入书库，清晰管理。它有强大的搜索功能，可快捷添加书签，根据用户阅读习惯，灵活切换横屏阅读、竖屏阅读。用户还可以根据自己的喜好，设置软件的外观、皮肤、亮度等参数。GGBook 独有的预览下载功能，让网上阅读流畅快捷，会让用户忘记了是在线阅读。

3. 掌上书院

掌上书院是中国第一款移动互联网阅读软件，是 UMD 阅读格式专利的发明者及拥有者，运行于 Android 手机环境下。作为一款功能强大的电子书阅读工具，它包括手机端的阅读软件、服务端的网上书库（WAP 书城）和 UMD 电子书的制作转换工具。掌上书院阅读器不仅可以阅读传统的文字图书、杂志，还可以阅读动漫图书和连环画，支持书签、目录管理，可旋转页面，自动滚屏，可设置字体大小、颜色、字体、自定义背景。它支持全文检索、在线书籍预读和文字复制分享。用户的手机在安装掌上书院之后，可以阅读保存在手机里的各类资料。经过不断升级和更新产品，其阅读体验更简洁体贴，个性化设置更加简单，可无停顿地在线预加载阅读书籍，实时提交使用意见或建议，是一款同时支持在线阅读和离线阅读的 Java 软件。它支持触屏手机，通过书评与万千书友一起分享交流，随心所欲地添加书签和收藏。

4. 百阅（Byread）

百阅手机阅读软件，简称百阅（Byread），是由南京掌门科技有限公司开发的手机阅读与多媒体互动服务软件。其拥有“百阅手机多媒体阅读”等多项国际领先专利技术，为用户提供基于移动互联网的手机阅读和互动社区服务。通过百阅，用户可以很方便地浏览和下载各种手机电子书、杂志、漫画、写真，甚至可以听有声书籍、看视频杂志。不仅如此，百阅还提供强大的手机社区服务，用户可以写博客、泡论坛、建圈子，上传个人相册，下载各种手机资源。目前，它支持包括 Android、iPhone、Symbian、Java、Windows mobile 和 MTK 等主流手机平台，并和多家网络文学网站、出版社深度合作，为用户打造了一座拥有数十万本图书、杂志，每日更新的连载系统的海量在线书城。通过百阅圈子、博客、论坛等社区服务，用户可以把所看的书，所做的书摘、批注、评论等及时分享给他的好友，为手机用户打造了一个基于阅读的移动社交网络。

5. iBooks

iBooks 是应用在各种苹果设备中的阅读和购买书籍的工具，于 2010 年 4 月发行。从 App Store 下载免费 iBooks 应用程序，之后用户便可以从内置 iBook store 获得所有经典和畅销书籍，可以直接下载或使用 iTunes 把 ePub 和 PDF 书籍添加到书架进行阅读。iBooks 程序最早为 iPad 设计，在 IOS4 发布后，iBooks 登陆了 iPhone 平台，在 App Store 下载的 iBooks 程序可以兼容 iPad 与 iPhone。支持 EPUB 格式、PDF 格式文件，从内建的 iBook store 下载各种图书，除了标准的读本以外，iBook store 还提供有完整的插画图书，以及增强了音频、视频和动画效果的图书。通过内建搜索功能，可查找图书中的任意字词、字符或短语。通过新的自动书签同步功能，可以使书签、备注以及当前页面以无线方式在 iPhone、iPad 和 iPod touch 之间保持同步。若要添加 iBook store 以外的图书，则必须是无数字版权管理保护的图书，并使用 iTunes 9.2 或更高版本进行同步。若要同步使用 iBooks Author 制作的图书，必须通过 iTunes 10.5.3 或更高版本进行同步。iBook store 提供了数以万计的图书，且数量还在继续增加。

6. Anyview

Anyview 是一款运行在手机上的免费的阅读器，它采用 Java 编写，只要手机支持 Java，并且支持 JSR-75 标准，就可以使用 Anyview。支持浏览器扩展、Java 版本、Android 版本、iPhone 版本、Windows Phone 版本、Symbian S60 V3 版本、Symbian S60 V5 版本、Symbian 3 版本、BlackBerry 版本。只需把小说放到手机中，就可以在手机上阅读。Anyview 支持的格式有 TXT、HTML、PDB*、UMD、PNG、JPEG、GIF，并且还在不断扩充和完善。另外，还支持从 ZIP* 文件中阅读，节省手机存储空间。Anyview 提供了强大且灵活的定制能力，提供了超过 50 项用户设置，而且支持触屏手机。

7. 手机 QQ 阅读器

手机 QQ 阅读器是由腾讯公司于 2010 年 6 月 7 日正式推出的免费手机阅读软件，支持 Java、Symbian S40、Symbian S60-V3、Android 版系统平台，方便读者找书，舒适看书，能随时随地满足读者看书的需求。手机 QQ 阅读器既可阅读本地书，又能在线阅读联网内容，能自动记录上次阅读的最后位置，支持全屏、夜间、屏幕旋转等多种阅读方式，具有智能断章功能，自动生成目录索引，提供文字、背景自定义功能。QQ 书城资源丰富、更新快，书城资源可下载，站外资源可在线浏览。它支持 TXT、EPUB、PDF、OFFICE、CHM、UMD、ZIP、RAR 文件格式阅读，支持 QQ 账号登录、用户评论、图书收藏等个人操作，拥有海量 QQ 书城图书、原创图书、出版图书等高质量的热门图书。

### （三）移动图书馆

这里的移动图书馆指的是利用移动终端设备获取电子图书资源的一种服务方式，它是图书馆阅读服务的延伸和补充模式，是移动通信技术和数字图书馆相结合的产物。依托目前比较成熟的无线移动网络、国际互联网以及多媒体技术，人们不受时间、地点和空间的限制，通过使用各种移动设备（如手机、掌上计算机、E-book、平板电脑等）可方便、灵活地进行电子图书阅读等类型的新兴信息服务模式。主要的移动图书馆电子图书有以下几种：

1. 超星移动图书馆电子图书

超星移动图书馆依托集成的海量信息资源与云服务共享体系，为移动终端用户提供资源搜索与获取、自助借阅管理和信息服务定制的一站式解决方案。用户除可在手机、iPad 等移动设备上自助完成个人借阅查询、馆藏查阅等功能外，还同时拥有超过百万册电子图书、海量报纸文章以及中外文献元数据供用户自由选择，为用户提供方便快捷的移动阅读服务。用户在安装超星移动图书馆客户端软件后，在联网条件下，即进入超星移动图书馆。针对机构用户服务，首先要选择所在机构，输入所在机构的用户名及密码，即可进入移动图书馆。左上角即可看到“书架”，点击“书架”进入，在右上角点击“添加”则进入电子书库，电子书库下设“爱看书苑”“书库”“书仓”3 个栏目，根据自己的喜好选择相应图书进行添加，可以直接下载或加入书签，进行阅读。

2. 中华数字书苑电子图书

中华数字书苑是方正阿帕比推出的专业优质华文数字内容整合服务平台，收录了新中国成立以来大部分的图书全文资源、全国各级各类报纸及年鉴、工具书等特色资源产品，旨在为读者提供在线阅读、全文检索、离线借阅、移动阅读、下载、打印等数字内容和知识服务。通过 Apabi Reader 进行阅读，其格式适用于多种终端设备，如 PC、iPad、手机、触摸屏等。首先，须进入“App Store”，按关键词查找“Apabi”“Reader”，单击“Free”，就会“下载”到手机移动终端上。启动 Reader 时，机构用户须输入“机构名称”“用户名”“密码”登录到“中华数字书苑”，浏览、搜索图书，将图书借阅到“我的书架”的“下载图书”中，进行阅读。

3. 书生移动图书馆电子图书

2010 年 6 月，北京书生公司结合 10 余年专业数字图书馆服务经验，率先推出了移动图书馆综合服务解决方案——书生移动图书馆。读者通过接入网络的手机、平板电脑等移动终端即可享受移动数字图书馆的便捷体验。所有功能完全免费，只收取移动设备的流量通信费。通过书生移动图书馆可以查询馆藏书目，检索图书馆的文献信息资源等，极大地拓展了图书馆原有的服务范围，为图书馆重新定义出一种全新的服务方式。读者须用借书证号及 OPAC 系统密码认证登录，才可访问移动图书馆。只要网络联通，认证后的移动设备就可以随时访问移动图书馆，不论是否在校内。这也标志着图书馆由数字图书馆时代进入移动图书馆时代。

4. 国家数字图书馆移动平台

国家图书馆紧跟新媒体技术的发展，本着为读者提供更便利的服务及提供更多的资源的主旨，联合全国各级公共图书馆共同建设数字图书馆移动阅读平台。现已有多个手机应用程序在投入使用，包括苹果平台的“中国国家图书馆读者服务”“国图选粹”“年画撷英”“艰难与辉煌”“四大谴责小说”“三言两拍”等，安卓平台的“中国国家图书馆读者服务”“国图选粹”等。苹果的程序可以在苹果的 APP Store 下载，安卓的程序可以在安卓市场、安智市场、机锋市场、历趣等安卓平台市场下载，也可以在国家图书馆的手机门户网站的“掌上国图”栏目下载。平台定位于移动阅读，集合 4 万余册电子图书资源、上千种电子期刊以及各地图书馆分站的优质特色数字资源，读者只需通过手机等移动设备浏览器输入平台网址（http://m.ndlib.cn.）或通过二维码链接访问，即可轻松实现新闻浏览、馆藏查询、海量电子图书免费阅读等功能。

5. 爱看书网

中文在线移动阅读终端业务整合移动阅读终端产业链上下游企业，根据厂商需求，量身定制正版数字内容资源、互联网及移动互联网下载平台开发、在线服务平台、客户端定制、行业销售、运营商合作、读书卡产品合作等整体解决方案。目前合作的用户有汉王、联想、E 人 E 本等多家国内外知名厂商。2011 年 4 月，中文在线推出了专业的中文电子书门户网站——爱看书网（http://www.ikanshu.cn/），专门为移动终端的阅读用户提供在线付费下载。图 4-35 为其主页。

图 4-35　中文在线移动阅读——爱看书网主页

### （四）有声电子书

有声电子书就是有声音的书，即人们常说的可发音的“电子书”。现代人的生活节奏越来越快，有些人可能没有时间坐下来看书，于是就有人把书朗读出来，录音，给想读书的人“听”书，这就成了有声书。有声书即是音频文件，它在播放器里面播放的时候可以调节播放速度，可以自动记住播放的停止时间，以方便“阅读”。有声书的内容可以通过朗读、广播剧或专题报道来呈现。目前的有声电子书，有一部分的目标客户群是学龄前儿童，通过真人发音或电子发声阅读童话或寓言故事，达到了早期育儿的目的，甚至有的产品可以双语阅读（中文和英文之间选择），更是锻炼了儿童的英语水平。而针对成年人的有声电子书的种类也逐渐增多，如都市悬疑、言情类小说、文学经典作品等种类。“阅读”有声书成了我们这个时代的阅读变革，同时也是在信息大爆炸社会背景下所衍生出的一种阅读现象。有声书阅读的群体正迅速增多，被时尚一族所喜爱。常用的有声电子书资源有以下几个：

1. 酷听（http://www.kting.cn/）

酷听是北京东方视角影视文化传媒有限公司运营的中国最大的有声数字内容创作交流分享出版发行平台，包括酷听网和酷听有声书两个部分。酷听网是中国最早正规化运作的有声书专业网站，是集有声小说、儿童教辅、艺术语言培训为一体的有声读物输出平台，可以为 MP3、MP4、PDA、手机、电子书等声音载体提供有声书下载服务。其内容囊括故事小说、经典名著、儿童教育、健康养生、培训指导、会员播客、盲人听书 7 大板块，采用独家版权购买方式、独创小说剧播讲模式、独特 Dolby 音效合成技术，致力于打造中国语言艺术爱好者的金光大道。酷听有声书是由酷听有声小说网倾力打造的在线听书机。酷听有声书中有上千部热门小说可以在线收听精品小说、儿童成长、经典书斋、大众听书，以满足读者各种听书需求。图 4–36 为酷听首页。

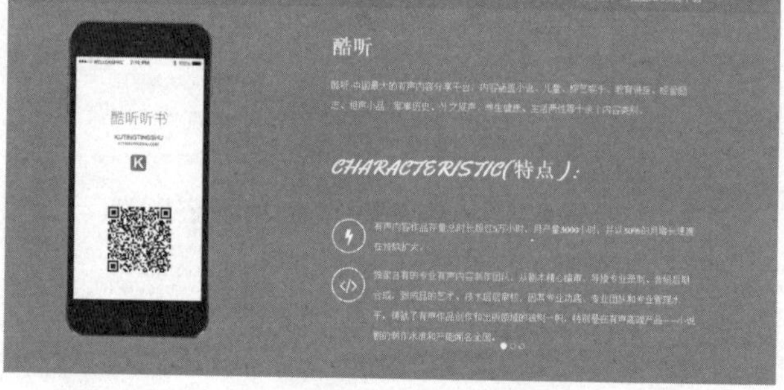


图 4-36　酷听首页

2. 一路听书网（http://www.tl678.com/）

一路听书网创立于 2005 年，是北京龙杰网大文化传媒有限公司独立运营的国内最大有声书传媒品牌。多年来，以“为时间创造价值”为企业使命，为武侠读书的人群提供听书服务，丰富精彩的有声内容和灵活多样的产品体验形式让其成为众多听书爱好者的最佳选择。一路听书网将国内外的畅销书通过四度创作精心制作成多角色有声书，由国内一流团队制作，通过图书遴选、原著编导、专业配音、后期音效、听审成品等严谨的制作流程，打造国内最具时效性、趣味性、知识性的情景有声书精品。目前已拥有畅销、悬疑、推理、管理、职场、文艺、情感、人文、社科、国学、养生、历史、穿越、纪实、传记、武侠、玄幻、少儿、教育等各类有声书达 5 万集，成为全国 300 家电台的内容提供商，覆盖全国 3 亿听众。

3. 天方听书网（http://www.tingbook.com/）

天方听书网是在中国最早正规化运作的听书网站，是国内唯一拥有信息网络视听节目传播许可证的听书网站，也是目前国内规模最大的有声读物研发平台，是为 MP3、MP4、PDA、手机、电子书等提供有声小说下载服务的专业网站，也是一座汇集古今中外文学的“有声数字图书馆”。其内容囊括玄幻、武侠、都市、校园、穿越、古典、生活、理财、历史、职场、两性等近 60 种类别，现有总篇目接近 10 万篇，其中所有作品都是播音员原声播音，真正实现中外文学用耳听。并且内容每天都在增加，由官方和网民创作的作品不断推出，精彩作品层出不穷。图 4–37 为其主页。

图 4-37　天方听书网主页

4. 听书网（http://www.ting56.com/）

听书网是致力于推广有声读物和听书，为广大用户提供有声服务的平台。用户可自己录制上传作品，是较为专业的为MP3、MP4、PDA、手机、电子书等提供有声小说下载服务的专业网站，也是一座汇集古今中外文学的“有声数字图书馆”。其内容囊括玄幻、武侠、都市、校园、穿越、古典、生活、理财、历史、职场、恐怖、评书、儿童读物、军事、刑侦、反恐、两性等近60种类别，其中所有作品都是播音员原声播音，真正实现中外文学用耳听。其内容每天都增加，由官方和网民创作的作品不断推出，精彩作品层出不穷。图4–38为其主页。

图 4-38　听书网主页

此外，有声电子书还有520听书网（http://www.520tingshu.com/）、听书吧（http://www.d123456789.com /）、好看听书网（http://www.haokan5.com/）等可供读者收听、利用。

## 第三节　数据知识服务平台利用

### 一、开放获取资源

现代信息技术的发展为我们提供了一种先进的信息传播手段和信息交流平台，并广泛涉及人类社会的方方面面。互联网使人们可以方便快捷地接收和传送信息，对 20 世纪的历史发展产生了重大影响，促使人类社会生活方式、交流方式、工作方式和发展状态的改变。

任何一项科学技术的研究与发明，都是社会成员的个体劳动或局部承担的科研活动的结晶。对于全人类来说，很有必要将少数人的成果变成全人类的共同财富，这就需要相互交流。学术交流正是传播科研信息的重要方式，这种传播方式可以不受时空的限制，在这个迅猛发展的信息技术时代，传统的基于学术出版模式的学术交流体系已经不能完全适应科研活动的要求，在一定程度上阻碍了知识的交流与共享。因此，一种基于资源免费共享的开放理念的学术交流途径——开放获取，应运而生。开放获取究竟为何物？又有什么魅力让《自然》《科学》这样的世界学术期刊出版领域的大腕你追我赶、趋之若鹜？

### （一）开放获取的定义及产生背景

开放获取，其英文原意为“图书馆的开架阅览”，中国大陆学者多翻译为开放获取、开放存取、公开获取、开放使用、开放式出版，也有中国台湾学者译为“公开取用”。Open Access 的实质强调的是信息资源的获取，而不是拥有。从这一角度来说，本书采用“开放获取”的译法。

#### 1. 开放获取的定义

布达佩斯开放获取先导计划（Budapest Open Access Initiative，BOAI）给出的定义是：文献的“开放获取”，意味着它可以在公共网络上被免费获取，允许任何用户对该文献的全文信息进行阅读、下载、复制、分发、打印、检索、超链接，支持爬行器收割并建立本地索引、用作软件的输入数据、用于其他任何法律允许的用途。在使用这些文献时用户不存在财力、法律或技术上的障碍，只需在获取文献时保持其完整性，而对文献复制和发布的唯一限制，或者说版权在该领域的唯一作用，就是给予作者控制其作品完整性及作品被正确理解和引用的权利。简言之，就是在线链接、免费使用、版权豁免。

从以上定义可以看出开放获取的特点：一是只提供学术交流的技术平台，对文献内容和形式都没有严格的限制，可以是图书、期刊、会议论文，也可以是文本、多媒体资料；二是向整个互联网范围内开放，可通过多种途径免费（或少收费）对同一文献进行检索、阅览；三是扩大了用户对文献的使用权限，只要注明相应的著作权信息，可以为教学、研究、学习等目的而公开复制、打印、利用、扩散、传递和演示；四是交流的直接性、交互性和时效性更强。作者、编辑、用户之间直接沟通，加快了文献处理速度，缩短了出版周期。

2. 开放获取的产生背景

开放获取在20世纪90年代末发起，与开放获取活动（Open Access Movements，原为Free Online Scholarship Movements）的兴起有直接关系。1998年的自由扩散科学成果运动（也称“自由科学运动”）是较早提出的具有开放获取意向的倡议，它要求对科学文献要减少版权条约中的限制条款，反对将作品复制权从作者转移给出版商。2001年12月1日、2日，开放社会研究所（Open Society Institute，OSI）在匈牙利的布达佩斯召开了一次有关开放获取的国际研讨会，并起草和发表了“布达佩斯开放获取先导计划”。2002年2月14日，在“布达佩斯开放使用创始行动”会议上发起成立了开放社会组织（the Open Society Institute）。2003年10月22日，德国、法国、意大利等国的科研机构在德国柏林联合签署了由德国马普学会发起的《柏林宣言》。在这些关于开放获取意向的运动背后，隐藏着三个根本原因。

（1）学术信息的获取危机。自从1665年世界上第一本科学期刊——《科学家杂志》在法国问世以来，学术期刊就是学术传播领域中最为重要的学术交流途径。研究人员一方面通过学术期刊了解相关的历史、现状和尚待解决的问题，在此基础上确定自己的研究方向；另一方面通过学术期刊发布自己的研究成果以供同行参考、讨论，同时确立自己的学术地位，提升职业影响力。学术期刊已经成为学术研究系统中不可缺少的要素。但是在过去20年里，学术期刊的平均价格比通货膨胀的增长速度快4倍，造成了科学信息的获取危机，即便是顶级学术研究机构也不可能买得起所有的期刊，发展中国家由于经费紧张，形势更加艰难。为了应对这种获取危机，图书馆等信息服务机构不得不削减某些期刊、图书的订购，这种情况已严重影响了学术信息的交流与传播。同时，传统的学术交流体制越来越难以满足人们进行学术交流与传播的需求，明显存在能力不足的问题，如学术内容单一，不能满足人们的多样需求；容量有限，难以保存越来越多的数字化成果；出版时间滞后，人们很难获得最新的学术信息。

（2）网络的运用使学术期刊出版和传播的成本大大降低。20世纪90年代，网络环境日益发达，通过互联网快捷的信息交流更能满足人们进行学术传播与交流的需要。开放获取作为一种新型的出版机制和学术信息共享的自由理念应运而生，从某种意义上来说，这也是一种新的学术交流运动。电子预印本和网络期刊开始成为学术交流的重要媒介。相对于传统的印本期刊需要编辑、印刷和发行等复杂程序，这种利用计算机和网络进行运作的模式使学术期刊出版和传播的成本大大降低。

（3）学术界的需求。作者方面，科研成果数量急剧增加，科研成果的数字化程度越来越高、形式越来越多样；资助者及所属机构方面，想借以扩大影响力及显示度；用户方面，想要获取最新的科研进展、成果与思想，并且要求信息的全面、准确、及时和价格在可承受的范围内。

开放获取的目的是推进利用互联网进行科学交流与出版，促进科学及人文信息的广泛交流，保障科学信息的长期保存和高效利用。开放获取主要针对学术期刊文章，但也在提供越来越多的论文、书籍章节和学术专著。

### （二）开放获取的途径

一般来说，实现开放获取主要有两种途径：一种是通过开放获取期刊（OA Journals），被称为“金色道路”（Gold Road）；另一种是通过作者自存档（Author Self-archiving），被称为“绿色道路”（Green Road）。

#### 1. 开放获取期刊

开放获取期刊采用作者付费、读者免费的方式，作者向杂志投稿的同时要缴纳800~1500 美元的费用，出版社可建立供读者免费获取的在线版本。著名的开放获取出版商有 BMC（BioMed Central）和科学公共图书馆（PLoS）等。作者付费并不意味着在开放获取期刊上发表的学术论文水平会下降，根据 ISI 的研究，开放获取期刊与非开放获取期刊上发表的论文在影响力方面并无本质区别。而 PLoS Biology 的影响因子更是高达 13.9，成为生物学领域很有影响力的期刊之一。

版权方面，开放获取期刊一般采取知识共享组织的 Attribution 协议，如 PLoS 和 BMC 期刊都使用 CC Attribution 协议。这意味着我们只要保留作者署名，即可对这些论文进行复制、传播、演绎，甚至做商业利用等。

#### 2. 作者自存档

作者自存档是实现开放获取的另一种途径，作者仍然向传统期刊投稿，但与此同时（之前或之后），也将自己的论文以电子格式存放在专门的开放获取知识库（Open Access Repositories）中供同行及公众阅读。最著名的开放获取知识库是 arXiv.org，这是一个存放物理学、数学、计算机科学和定量生物学领域内学术论文的电子文库。

有调查表明，目前采纳作者自存档方式公开自己的论文主要集中于物理学、数学和计算机科学领域。作者之所以对作者自存档存在疑虑，其主要原因可归纳为：

（1）担心自己的论文放到网络上后，会被不适当地利用，如被其他人剽窃、被人用于商业目的等。

（2）作者论文是在传统期刊发表（或即将发表）的，因此作者必然还受制于作者与出版商签订的版权转移协议。通常的限制措施有：只允许预印本的作者自存档，而不允许以论文发表后的格式存档；只允许在作者个人主页或学院主页上存档，而不允许在开放获取知识库中存档；只允许在论文发表半年到一年后存档；等等。

以下将针对两种途径分别介绍相应的资源。

### （三）开放获取期刊及资源简介

开放获取期刊（OA 期刊）是一种经同行评审、免费获取的网络型电子期刊。它与传统期刊的区别不在于期刊的载体是纸张还是数字媒体，而在于对期刊的访问方式和访问权限。开放获取期刊提倡的是用户利用互联网就可以不受限制地访问期刊论文全文。从读者访问权限的角度来看，OA 期刊可以分为完全 OA 期刊、部分 OA 期刊和延时 OA 期刊。如果期刊论文一发表就为读者提供免费访问全文服务，那么这种类型的期刊就是完全OA期刊。最为严格意义上的OA期刊就是指这种完全OA期刊，而将部分OA期刊和延时OA期刊看成是0A期刊与传统期刊的折中形式或过渡形式。

其出版模式较其他类型期刊有很大不同，编辑评审出版以及资源维护的费用不是由读者而是由作者本人或主办机构承担。开放获取期刊有两种形式：一种是传统期刊的开放存取法；另一种是新创办的电子版期刊。

据 ISI 发布的相关报告显示，开放获取期刊的种数按学科领域，最多的为医学、生命科学，其次是物理、工程技术与数学、化学，而社会科学和人文科学较少，增长也比较缓慢。下面介绍一些主要的开放获取期刊。

1. DOAJ（http://www.doaj.org）

DOAJ 是由瑞典隆德大学图书馆（Lurid University Libraries）主办、OSl 和 SPARC 协办的一个开放获取期刊目录检索系统。DOAJ 目前一共有 128 个国家和地区的 9456 种期刊被收录到了该目录中，其中 6653 种可以进行全文检索，是 OA 资源中很有影响的热点网站之一。DOAJ 资源覆盖 17 个一级学科，包括农业与食品科学、生物与生命科学、商业与经济学、化学、健康科学、语言与文学、数学与统计学、物理与天文学、技术与工程学、一般工程、艺术与建筑学、地球与环境科学、历史与考古学、法律与政治学、综合类目、哲学与宗教学、社会科学，语种不限。其提供刊名浏览（Browse by Title）和主题浏览（Browse by Subject）两种浏览方式，以及期刊名检索（Search Journals）、论文检索（Search Articles）两种检索方式。

2. HighWire Press（http://home.Highwire.org）

HighWire Press 是全球较大的学术文献出版商之一，于 1995 年由美国斯坦福大学图书馆创立，自称拥有全球最大的免费全文学术文献库。数据库目前已收录电子期刊超过 2089 种，以收录生物医学专业的重要核心期刊为主，学科范围覆盖生命科学、医学、物理学、社会科学等，免费注册后即可使用。

3. BioMed Central（BMC，http://www.biomedcentral.com）

BMC 是英国伦敦生物医学中心很重要的开放获取杂志出版商之一，目前出版

279 种生物学和医学方面的开放获取期刊，范围涵盖生物学和医学的所有主要领域的 57 个分支学科。BMC 大多数期刊发表的研究文章都即时在 PubMed Central 存档并进入 PubMed 的书目数据库，方便读者检索与浏览全文。BMC 系统提供简单检索和高级检索两种检索方式，简单检索提供主题词、作者、期刊名称等检索字段。

4. Open J–Gate（http://openj–gate.org）

Open J–Gate 是 2006 年印度 Informatics 公司资助的 OA 领域的电子门户网站，已经搜集了 6000 余种学术、研究和工业期刊，其中 3800 余种是同行评审期刊。Open J–Gate 提供基于开放获取期刊的免费检索和全文链接。Open J–Gate 系统地搜集了全球 3000 多种学术期刊，包含学校、研究机构和行业期刊。这些期刊是综合类的，也包含生物医学类期刊，其中超过 1500 种学术期刊经过同行评议。

5. PLoS（http://www.plos.org）

美国科学公共图书馆（Public Library of Science，PLoS）创立于 2000 年 10 月，是一个由众多诺贝尔奖得主和慈善机构支持的非营利性学术组织，旨在为世界各地的科学和医学领域的研究人员提供可免费获取的公共资源。PLoS 目前出版了 8 种生命科学与医学领域的开放获取期刊，均被 SCl 收录，可以免费获取全文，具有较高的影响力。

6. J–STAGE（https://www.jstage.jst.g0.jp/browse）

日本电子科技信息服务（Japan Science and Technology Information Aggregator Electronic，简称 J–STAGE）由日本科学技术振兴机构（Japan Science and TechnologyAgency，JST）开发，于 1999 年 10 月开始运作。其系统收录了日本各科技学会出版的文献，包括电子期刊、会议录及研究报告等。收录文献以学术研究为主，涉及科学技术的各个领域。大部分期刊、会议录及研究报告可以免费浏览全文。学科范围包括数学、通信与信息科学、物理、自动化、化学与化工、地质、农业、地理、环境科学、电子、生物等。

7. SciELO（http://www.scielo.br）

SciELO 提供了 230 多种巴西网络版科技期刊，可通过刊名、学科主题和期刊名称查找期刊，可按作者或主题浏览论文，也支持高级检索功能。论文全文为葡萄牙语或者英语。

8. COAJ（http://www.coaj.cas.cn）

中国科技期刊开放获取平台（China Open Access Journals，COAJ）由中国科学院主管，中国科技出版传媒股份有限公司主办，北京中科期刊出版有限公司承办。作为一站式的中国科技期刊 OA 集成平台和门户，它集中展示、导航中国开放获取科技期刊，强化科技期刊的学术交流功能，提升中国科技期刊的学术影响力，引领中国科技信息的开放获取。目前 COAJ 收录 654 种期刊，可检索 339 种期刊。

9. OALib（http://www.oalib.com）

开放获取图书馆（OpenAccess Library，OALib）致力于为学术研究者提供全面、及时、优质的免费阅读科技论文。论文涵盖数学、物理、化学、人文、工程、生物、材料、医学和人文科学等。目前已经存有 200 多万篇免注册、免费使用下载的英文期刊论文，这些论文大部分来自国际知名的出版机构，其中包括 Hindawi、PLoS One、MDPl、Scientific Research Publishin9 和部分来自 Biomed 的高质量文章。

10. 开放阅读期刊联盟（http://www.cujs.com/oajs）

开放阅读期刊联盟由中国高校自然科学学报研究会发起，加入该联盟的中国高校自然科学学报会员承诺，期刊出版后，在网站上提供全文免费供读者阅读，或者应读者要求，在 3 个工作日之内免费提供各自期刊发表过的论文全文（一般为 PDF 格式）。读者可以登录各会员期刊的网站，免费阅读或索取论文全文。

11. SPARC（http://www.arl.org/sparc）

学术出版和学术资源联盟（the Scholarly Publishing and Academic ResourcesCoalition，SPARC）创建于 1998 年 6 月，是由大学图书馆和相关教学、研究机构组成的联合体，本身不是出版机构。目前成员已经超过 300 家，旨在致力于推动和创建一种基于网络环境的真正为科学研究服务的学术交流体系。

12. cnplinker（http://cnplinker.cnpeak.com）

cnplinker（中图链接服务）是由中国图书进出口（集团）总公司开发并提供的国外期刊网络检索系统。目前共收录了国外 50 多家出版社的 12000 余种商业期刊、14000 多种 Open Access 期刊、900 万篇目次文摘数据和全文链接服务、400 家国内馆藏 OPAC 信息，并保持时时更新。

### （四）开放获取仓储及资源简介

开放获取仓储（Open Access Repositories，简称 OA 仓储）是一种基于网络的免费在线资源库，库中的内容是作者通过“自存档”形式存入的。它一般由一个机构（特别是大学）或者一个学科组织建立，用户可以免费在库中检索和下载文章，也可以对文章发表自己的看法。OA 仓储可以存放学术论文（包括预印本、后印本及 E 印本等），也可以存放实验数据和技术报告等各种学术研究资源，还包括课件材料、学习资料、数据文件、音频和视频文件、机构记录或者其他任何类型的数字文件。OA 仓储主要有两种类型：一种是由机构创建的机构知识库（Institutional Repositories，IR）；另一种是按学科创建的学科知识库（Disciplinary Repositories，DR）。下面介绍一些主要的 OA 仓储资源。

1. DSpace 联盟工程

DSpace（数字空间）系统由美国麻省理工学院图书馆（MIT Libraries）和美国惠普公司实验室（Hewlett-Packard Labs）合作开发，经过两年多的努力，于 2002 年 10 月开始投入使用。该系统是以内容管理发布为设计目标，遵循 BSD 协议的开放源代码数字存储系统，可以搜集、存储、索引、保存和重新发布任何数字格式、层次结构的永久标志符研究数据。

DSpace 可以接受的数字化材料包括论文与预印稿、技术报告、雇用证书、会议论文、电子论题、数据集（包括统计数据、地理信息数据、数学等）、图像（包括可视化图像、科学图表等）、声频文件、视频文件、学习对象、重定格式后的数字图书馆馆藏。DSpace 可以存储、管理和发布任何已经出版和未经出版的本地馆藏，保证印刷和数字文献的统一索引和定位。例如：

（1）剑桥大学机构知识库（http://www.dspace.cam.ac.uk），提供剑桥大学相关的期刊、学术论文、学位论文等电子资源。

（2）MIT Dspace（http://dspace.mit.edu），收录麻省理工学院教学科研人员和研究生提交的论文（包括已发表和待发表）、会议论文、预印本、学位论文、研究与技术报告、工作论文和演示稿全文等。

（3）香港科技大学图书馆 Dspace（http://repository.ust.hk/dspace），包括香港科技大学的学术论文、学位论文、研究报告等内容，均可免费获取全文。

（4）厦门大学学术典藏库（http://dspace.xmu.edu.cn/dspace），主要用来存储厦门大学教学和科研人员的具有较高学术价值的学术著作、期刊论文、工作文稿、会议论文、科研数据资料以及重要学术活动的演示文稿等。

2. 电子印本系统（e-Print Archive）

电子印本（e-Print）指以电子方式复制学术文献，一般包括预印本（Pre-prints）和后印本（Post-prints）。预印本指科研人员在其研究成果在正式出版物上发表之前，出于和同行交流的目的，自愿先在学术会议上或通过互联网发布的科研论文、科技报告等文献。后印本指内容已经经过出版部门审核，达到出版要求的文献。下面介绍几个影响力较大的预印本平台。

（1）arXiv（http://arxiv.org）是美国国家科学基金会和美国能源部资助，于 1991 年 8 月由美国洛斯阿拉莫斯国家实验室建立的一个电子预印本文献库。其建设目的在于促进科研成果的交流与共享，帮助科研人员追踪本学科最新研究进展，避免研究工作重复。2001 年后，arXiv 转由美国康奈尔大学进行维护和管理。arXiv 是世界上最大的电子预印本库，数据库内容涵盖物理、数学、非线性科学、计算机科学、数量生物学、数量金融学、统计学 7 个学科。我国在中科院理论物理研究所设有镜像站点，网址为 http://cn.arxiv.org。

（2）中国预印本服务系统（http://prep.istic.ac.cn）是中国科学技术信息研究所与国家科技图书文献中心联合建设的以提供预印本文献资源服务为主要目的的实时学术交流系统，于 2004 年 3 月 18 日正式开通服务，学科范围涵盖自然科学、农业科学、医药科学、工程与技术科学、图书馆、情报与文献学等。该系统由国内预印本服务子系统和国外预印本门户（SINDAP）子系统构成。国内预印本服务子系统主要收藏国内科技工作者自由提交的预印本文章，可以实现二次检索、浏览全文、发表评论等功能。国外预印本门户子系统由中国科学技术信息研究所与丹麦技术知识中心合作开发完成，实现全球预印本文献资源的一站式检索，用户只需输入检索式，即可一次对全球知名的 16 个预印本系统进行检索，并可获得相应系统提供的预印本全文。

（3）中国科技论文在线（http://www.paper.edu.cn）是教育部科技发展中心建立的一个电子印本系统，旨在为科研人员提供一个方便、快捷的交流平台，提供及时发表成果和新观点的有效渠道，从而使新成果得到及时推广，科研创新思想得到及时交流。论文的专业领域涉及数学、物理学、天体物理与空间科学、化学与化学工程、地球科学、农业与生物学、生命科学、健康与医学、药物与毒理学、工程、能源与技术、环境科学与工程、力学、材料科学、计算机科学与信息技术、经济学与商务管理、其他学科及交叉学科等。它除提供在线论文发表及本站论文检索功能外，还提供诸如名家精品、获奖论著、科技期刊、期刊预印论文及国内外著名信息资源库的介绍和链接。

（4）其他预印本平台。如电子和计算机科学预印本数据库（http://eprims.ecs.soton.ac.uk/）、有机农业预印本数据库（http://www.orgprints.org/）、化学预印本服务器（CPS）（http://www.chemweb.com/CPS/）、E-print Network（电子印本网络）（http://www.0sti.gov/eprints/）。

3.D-Scholarship（http://diginole.lib.fsu.edu）

佛罗里达州立大学机构收藏库（the Florida State University D-Scholarship Repository）为佛罗里达州立大学的各个院系及其研究人员提供对自己的研究成果和教学资料实施自我存档和自我管理的全面服务。从存储对象来看，D-Scholarship 仓储不仅存储论文的预印本，还涉及其他绝大部分基于电子格式的学术内容，包括工作文档、技术报告、会议录、实验数据、电子演示文稿、多媒体文件和简单的网络文献。

4. eScholarship（http://escholarshlp.org）

加利福尼亚大学机构收藏库（eScholarship Repository of California University）是由加利福尼亚数字图书馆创立的，包括已发表的论文专著、本校学术期刊、连续出版物、研究生研讨课资料等。eScholarship 提供免费全文浏览和下载，目前已有近 7000 种、140 万篇文献可提供下载。

5. OpenDOAR（http://www.opendoar. org）

OpenDOAR（Directory of Open Access Repositories）是由英国的诺丁汉大学和瑞典的伦德大学图书馆在 OSl、JISC、CURL、SPARC 欧洲部等机构的资助下于 2005 年 2 月共同创建的开放获取机构资源库、学科资源库目录检索系统。用户可以通过机构名称、国别、学科主题、资料类型等途径检索和使用这些知识库，它和开放获取期刊目录（DOAJ）一道构成当前网络免费全文学术资源（期刊论文、会议论文、学位论文、技术报告、专利、学习对象、多媒体、数据集、工作论文、预印本等）检索的主要平台。截至 2016 年 3 月，网站已经注册各类机构库 3048 个。

6. 中国科学院机构知识库（http://www.irgrid.ac.cn）

中国科学院机构知识库是以发展机构知识能力和知识管理能力为目标，快速实现对本机构知识资产的搜集、长期保存、合理传播利用，积极建设对知识内容进行捕获、转化、传播、利用和审计的能力，逐步建设包括知识内容分析、关系分析和能力审计在内的知识服务能力，开展综合知识管理。

7. 香港大学学术库（http://Hhub.hku.hk）

香港大学学术库共有 16 万多篇的资源，其中有学位论文 2400 多篇，都可免费下载全文。另外，还包括图书、图书章节、期刊文章、专利等。

8. 台湾学术机构典藏库（TAIR）（http://tair.org.tw）

台湾学术机构典藏库（Taiwan Academic Institutional Repository，TAIR）是中国台湾大学图书馆接受“台湾教育部”委托而建立的台湾学术成果入口网站，综合了中国台湾绝大部分大学的典藏库资源。典藏库中现在有 99 所各类学术机构，可以进行综合查询，也可以进入每所大学的典藏机构进行单独查询。

9. 香港八校机构仓储（http://hkir.ust.hk/hkir）

香港八校机构仓储整合了香港中文大学、香港城市大学、香港浸会大学、香港科技大学、香港教育学院、香港理工大学、岭南大学、香港大学 8 所政府资助大学的机构知识库，由香港科技大学利用开源软件 Dspace 开发并维护。截至目前，该库收录学术资源近 30 万条，资源类型包括期刊论文、会议论文、学位论文、图书、专利、工作论文、PPT、视频等，具有按学科浏览、按作者浏览、一般检索、快速检索等功能。

10. 中国高校机构知识库（http://ir.calis.edu.ca）

中国高校机构知识库 CALIS 中心系统是“CALIS 三期机构知识库建设及推广”项目成果之一。该项目由北京大学图书馆、北京理工大学图书馆、重庆大学图书馆、清华大学图书馆和厦门大学图书馆 5 个示范馆联合建设。项目组与各高校协同工作，根据各高校的通用及特定需求，开发完成 3 套机构知识库系统：CALIS 机构知识库中心系统（CHAIR CENTRAL 版本）、CALIS 机构知识库本地系统开源版（CHAIR LOCAL 版本）、CALIS 机构知识库本地系统自主开发版（CHAIRRISE 版本）。CALIS 机构知识库中心系统提供机构知识库注册、元数据收割与检索浏览服务。CALIS 机构知识库本地系统提供机构知识库建设平台，具有登录注册、提交审核、权限管理、用户管理、数据管理和检索浏览等功能。CHAIR 本地系统作为项目成果，免费提供给 CALIS 成员使用，并提供技术支持与服务。

11. Socolar（http://www.socolar.com）

Socolar 是 OA 资源的一站式检索服务平台、中文网页，整合了世界上重要的 OA 资源，并提供 OA 资源的全文链接。平台收录了 6000 多种来自互联网的 Open Access 期刊、仓储等学术资源信息，收录目录可以用中图法分类和其他分类方式查找，提供一站式检索和链接服务。

12. GoOA（http://gooa.las.ac.cn/external/jndex.jsp）

GoOA 开放获取论文一站式发现平台由中国科学院立项启动，由中国科学院文献情报中心负责实施建设。GoOA 收录了经严格遴选的来自 120 多家知名出版社的 1900 多种 OA 期刊，均为即时 OA 期刊（包括原生 OA 期刊、由商业期刊转型的 OA 期刊）。GoOA 收录 OA 论文 27 万多篇，学科领域涉及自然科学领域及部分社会科学领域。资源特色包括：提供 OA 期刊和论文集成发现、免费下载，关联检索、知识图谱分析，OA 期刊投稿推荐，用户参与分享，提供 OAI 数据批量下载接口等。

这些年来，开放获取作为一种新型的学术交流理念和机制，得到了长足的发展。开放获取的信息资源类型已经不仅仅限于最开始的学术期刊，还包括电子印本、电子图书、学位论文、会议论文、研究报告、专利、标准、多媒体、数据集、工作论文、课程与学习资料等。此外，还包括一些带 Web2.0 特征的微内容，如论坛、博客（Blog）、维基（Wiki）、RSS 种子（RSS Feed）以及 P2P 的文档共享网络（File Sharing Networks）等内容，在此不一一展开介绍。开放的信息获取途径为科研成果的交流打开了一条快速通道，从而使得学术的交流跨越了出版周期长的壁垒，同时也使得部分学术资源不再因高昂的图书资料购置经费可望而不可即。

## 二、网络公开课和慕课

近年来，随着信息技术的迅猛发展，特别是从互联网到移动互联网，创造了跨时空的生活、工作和学习方式，使知识获取的方式也发生了根本变化。“教”与“学”不受时间、空间和地点条件的限制，可以通过灵活多样化的渠道获取。网络公开课和慕课就是其中最典型的两个代表。

### （一）网络公开课

1. 概　念

网络公开课是以网络为主要媒介进行传播和共享的公开课，它来源于常态课，是在公共环境下展示的公开课堂，目的是使更多的人能够通过网络平台共享全球优质的公开教育课程。最初的网络公开课是指美国麻省理工学院公布到网上的课堂实录录像。

网络公开课的含义涉及两方面的内容：第一，它是高校课堂教学实录，即在自然课堂状态下的课堂实际录像；第二，它是直接公布到网上的课堂实录，仅供学习和传播。因此，网络公开课通过计算机网络操作来实现管理，这也是其与传统授课模式的本质区别。

2. 兴起和发展

网络公开课的理念起源于美国麻省理工学院，2001 年该校校长提出网络课件开放工程，并率先将其学院的全部课程资源通过网络公之于众，让全球的任何网络使用者都可以免费下载。随后，剑桥、耶鲁、牛津、哈佛等世界各大名校纷纷效仿，在网上公布本校的课程资源，供学习者下载学习，有力地推动了开放教育资源运动的发展。2006 年，美国科技巨头苹果公司利用其自身的技术优势创建了 iTunes U 学习频道，集中了美国多所知名高校的公开课资源，受到了大批学习者的追捧和喜爱。

我国网络公开课起步较晚，发展也相对落后。2003 年，教育部推出“新世纪网络课程建设工程”，但由于教学视频质量参差不齐，产生的反响并不是很大。直到 2011 年 4 月，复旦大学与网易联手建立网络公开课，以共享优质课程资源。随后，国内其他知名高校也纷纷加入网络公开课的行列，由此我国进入了网络公开课的快速发展期。近几年，人们对知识的渴求以及教育资源全球共享理念的提升，极大促进了国外优质课程资源翻译工作的开展，使得人们能够更顺利地观看到国外高校的优质教学视频，学习国外的先进知识理念和教学模式。

### （二）慕 课

1. 教学方式

慕课课程是定期开课，与学校的学期相似，错过开课时间就需要等下次再开课。课程视频通常很短，几分钟到十几分钟不等，更符合网络时代碎片化学习的特点。在慕课的课堂进行当中，教师还会提若干小问题，必须答对问题才能继续跟随上课。慕课有作业、上交作业截止期限，期末考试，通过考试会获得一张结课证书。如果在学习中有问题，则可以在课程论坛发帖求解，可能会得到来自世界各地的学霸的解答。

2. 慕课与网络公开课的区别

从整体功能来看，慕课和公开课都是以网络学习为目的而设计的，课程的参与者遍布全球，参与课程的人数众多，课程的内容可以自由传播，并允许师生、生生共同思考，合作解决问题，让学生在与他人的互动中自然地建立起概念意识。它们既能适用于完全的在线课程，也可作为传统课程的补充。两者都具有支持网络学习的共性特点，但同时也有许多差异，见表 4–5 所示。

表 4-5 慕课与网络公开课的异同

| | 慕课 | 网络公开课 |
|---|---|---|
| 共同点 | 提供免费的网络在线学习资源 | |
| 不同点 | 不仅提供免费的优质资源，还提供完整的学习体验。在该平台上，学习者可以进行学习、分享观点、做作业、参加考试、得到分数、拿到证书，其平台囊括学习的全过程 | 知名大学在网上提供的课堂实录，课程提供者不组织教学，也不会给学习者以评价 |

从表 4–5 可以看出，慕课与公开课的主要不同在于慕课提供了一个完整的学习空间社区，而公开课只是课堂实录，没有体现远程学习的强烈互动性。此外，它们的上课模式也有不同之处。

### （三）优秀的网络公开课和慕课资源推介

突破自身资源的局限，利用互联网资源进行学习，是一种方便、快捷、低成本的方式，值得大力提倡和推荐。

1. Coursera（https://www.coursera.org）

Coursera 是由斯坦福大学两位计算机教授创办的在线教育平台，其中一位是美籍华人。该平台与全球 29 个国家和地区的 147 所高等院校和科研机构合作，提供免费公开的在线课程。平台截至目前共有 1905 门课程、2200 万名学习者，课程涵盖计算机科学、经济和金融、生命科学、人文、社会科学、医学、工程和教育等多个学科，其中有 29 门课程以中文授课，约 200 门课程有中文字幕。目前，Coursera 已经成为提供开放课程数量最多、规模最大、覆盖面最广的免费课程在线学习平台，在国内的多个平台可以观看 Coursera 的课程。

2. Udacity（https://cn.udacity.com）

Udacity 是由斯坦福大学的 3 位教授最早创建的一个 MOOC 平台，它是一个自学编程网站，2016 年 4 月正式进军中国，中文名字叫优达学城。我们可以在该网站上面学习 HTML、CSS、JavaScript、Python、Java 和其他编程语言，其课程大都是由硅谷著名公司（Google、Facebook 等）的技术专家来教学，而且很多课程都有翻译字幕。目前优达学城平台上的课程分为两类：纳米学位及免费课程。一个纳米学位一般每月需要支付 980 元人民币。

3. edX（https://www.edx.org）

edX 是麻省理工和哈佛大学联手创建的大规模开放在线课堂平台，旨在为全球提供来自哈佛大学、麻省理工学院、加州大学伯克利分校、清华大学、北京大学、香港大学、香港科技大学等全球顶尖高校及组织的慕课（大规模在线公开课）。课程主题涵盖生物、数学、统计、物理、化学、电子、工程、计算机、经济、金融、文学、历史、音乐、哲学、法学、人类学、商业、医学、营养学等多个学科。国内顶尖高校北京大学、清华大学等有联合上线课程。目前平台开设了 1276 门课程，其中中文课程 43 门。希望获得课程的认证资格证书的用户需要交纳费用，其他用户均免费。edX 的课程教学视频依托于 YouTube。

4. 学堂在线（https://www.xuetangx.com）

清华大学自主研发的 MOOC 平台相对于国内其他慕课平台起步都要早一些。目前，学堂在线运行了包括清华大学、北京大学、复旦大学、斯坦福大学、麻省理工学院、加州大学伯克利分校等国内外几十所顶尖高校的优质课程，涵盖计算机、经管创业、理学、工程、文学、历史、艺术等多个领域。截至 2016 年 10 月，学堂在线注册用户数达到 500 万，选课数 690 万人次，运行的课程数量已经超过 1000 门。

5. 中国大学 MOOC（http://www.icourse163.org）

中国大学 MOOC 是中文慕课界的 Coursera，是网易和高教社合办的网站，主要引进 985、211 高校课程。国家精品课程“爱课程网”是其课程提供方之一，也有中国台湾新竹清华大学这类名校。目前运行课程达 2269 门，有 1970 多万名学员在该平台学习。该网站免费、访问速度快。

6. 好大学在线（http://www.cnmooc.org/home/index.mooc）

好大学在线是上海交通大学出品的慕课课程，课程包括北大、交大、香港科技大学、中国台湾新竹大学等71所合作高校的377门课程，内容涵盖工学、理学、文学、法学、经济学、管理学、教育学等多个学科，课程学习全免费。

7. MOOC 学院（http://mooc.guokr.com）

MOOC 学院是北京果壳互动科技传媒有限公司创立的 MOOC 学习社区，号称中文互联网内最大的 MOOC 学习社区。MOOC 学院是 Coursera 的全球翻译合作伙伴，与 edX、Udacity、Futurelearn、iversity、清华大学“学堂在线”、台湾大学 MOOC 项目组、复旦大学等教育组织建有长期合作关系，探索华语 MOOC 的发展。在 MOOC 学院，可以获得多个 MOOC 平台的最新课程资料和课程推荐，还可以进行课程、讨论 & 笔记、演讲等几种不同类型的学习资料的搜索。可以说，MOOC 学院是一个慕课平台聚合网站。

8. 爱课程网（http://www.icoumes.cn）

爱课程网是教育部、财政部“十二五”期间启动实施的“高等学校本科教学质量与教学改革工程”支持建设的高等教育课程资源共享平台，集中展示“中国大学视频公开课”和“中国大学视频共享课”，并对课程资源进行运行、更新、维护和管理。爱课程网的课程都可以通过中国大学MOOC网进行学习，即在爱课程网单击“课程学习”，可以使用中国大学 MOOC 网的账号进行。可以说，爱课程网是一个精品公开课程共享系统。

9. 慕课网（http://www.imooc.com）

慕课网（IMOOC）的标签是“国内最大的 IT 技能学习平台”，由北京慕课科技中心创立。以独家视频教程、在线编程工具、学习计划、问答社区为核心特色，课程涵盖前端开发、PHP、HTML5、Android、iOSt 等 IT 前沿技术语言，从基础到进阶到高级，从实用案例到高级分享，为 IT 学习者提供了一个迅速提升技能、共同分享进步的互联网在线学习平台。

10. MOOC 中国（http://www.mooc.cn）

MOOC 中国致力于向国内学习者分享最好的慕课，从网络海量的教育资源中挑出和推荐最有价值的 MOOC 课程，报道最新的在线教育资讯。

11. 华文慕课（http://www.chinesemooc.org）

华文慕课是由北京大学和阿里巴巴主办、服务于全球华人的慕课平台，以华语课程为主。目前北京大学老师录制的课程有 58 门，中国台湾大学 1 门，未来更多课程将会涉及中国香港，以及新加坡等。

12. Khan Academy（https://www.khanacademy.org）

Khan Academy，即可汗学院，是由孟加拉裔美国人萨尔曼·可汗创立的一家非营利性教育组织。可汗学院的课程由 10 多分钟的小视频组成，大部分内容相对基础，涉及数学、历史、金融、物理、化学、生物、天文学等科目。可汗学院的教学模式更接近于公开课的模式，讲课人从不出现在屏幕前，只有电子黑板系统出镜。

可汗学院仅提供了英语教学课程，一部分课程提供中文字幕服务，官方也在继续招募志愿翻译。另外，可汗学院在中国同网易展开合作。在网易公开课的网站上，可以看到一部分经由网易提供字幕的课程。

13. TED（http://www.ted.com）

TED（Technology、Entertainment、Design 在英语中的缩写，即技术、娱乐、设计）是美国的一家私有非营利性机构，该机构以它组织的 TED 大会著称，这个会议的宗旨是“值得传播的创意”。TED 演讲涉及各个领域的各种见解，从 2006 年起，TED 演讲的视频被上传到网上。中文版在网易公开课平台可看到。

14. Alison（https://alison.com）

Alison 网站的课程种类十分丰富，从商业到语言应有尽有，每门课程的介绍都十分详细，可以很快地筛选出这门课程是否适合自己，还可以通过下方评论对课程有更准确的了解。

15. 网易云课堂

网易云课堂是网易公司倾力打造的在线实用技能学习平台，相当于国内版 Udacity。课程涵盖实用软件、IT 与互联网、外语学习、生活家居、兴趣爱好、职场技能、金融管理、考试认证、中小学、亲子教育等 10 余大门类。它通过实践性强的 IT 类收费课程学习，帮助用户掌握岗位技能，也提供企业的就业推荐。

16. 网易公开课（http://open.163.com）

网易公开课是网易推出的全球名校视频公开课项目，使用户可以在线免费观看来自哈佛大学等世界级名校的公开课课程，以及可汗学院、TED 等教育性组织的精彩视频，致力于为爱学习的网友创造一个公开的免费课程平台。

17. 百度传课（http://www.chuanke.com）

百度传课是百度旗下的在校教育平台，致力于用互联网的方式来打破中国教育资源地域分布的不平衡，精心打造在线课程发布网站、直播互动教室，提供在线直播互动的一站式、全方位的专业教育服务。百度传课采取网络互动直播和点播的授课模式，突破地域和时间的限制，为广大学生群体提供高效便捷的网络学习渠道，推出高质量的线上精品课程。

18. 腾讯课堂

腾讯课堂是腾讯推出的专业在线教育平台，聚合优质教育机构和教师的海量课程资源。

19. 腾讯精品课

腾讯精品课是腾讯推出的集点播和直播于一体的在线课程学习平台，包括考试、培训、社会公开课和高校公开课四大类。

20. YY 教育（http://Hedu.YY.com）

YY 教育是 2011 年 6 月基于全球最大的团队语音工具“YY”而推出的互动网络教学平台。

21. 多贝（http://www.duobei.com）

多贝是目前中国总量最大、时长最多、生产速度最快的网络公开课平台，是一个教育 C2C 网站。

22. 好知网（http://www.howzhi.com）

好知网致力于打造一个终身学习平台，是基于兴趣爱好的在线学习平台，可以分享或学习摄影、乐器、健身、手工、情感等各种有趣的课程。

23. 我要自学网（http://www.51zxw.net）

我要自学网是由来自电脑培训学校和职业高校的老师联手创立的一个视频教学网站，是一个技能学习平台。

24. Doyoudo（http://doyoudo.com）

Doyoudo 主要是一个创意设计软件学习平台。

## 三、网盘与网盘搜索引擎

网盘是目前非常流行的在线文件共享方式。很多人会把自己搜集的软件、游戏、资料、视频、动漫、电影、音乐、PDF 电子书等放在网盘上，这些由千千万万网民上传的内容组成了一个巨大的资源宝库，并且其中的优秀资源越来越多，特别是一些论坛、博客推荐的资源，大多保存在网盘中。但是，网盘服务网站通常不提供检索功能，通用网络搜索引擎 Google、百度也没有对网盘资源进行专门的索引，检索效果不理想，往往出现信息纷杂、良莠不齐、陈旧过时等问题。为此，专门针对网盘进行搜索的工具——网盘搜索引擎应运而生。本节将对网盘和网盘搜索引擎加以介绍，让大家学会在网盘中挖掘“宝藏”。

### （一）网盘和云盘

网盘又称网络磁盘、网络空间、网络U盘、网络硬盘等，是一些网络公司推出的在线存储服务，向用户提供文件的存储、访问、备份、共享等文件管理功能。拥有网盘的用户，只要连接到互联网，就可以把重要的资料上传到网盘永久保存，也可以管理、编辑网盘中的文件，不用担心因电脑硬盘、U盘等储存器问题而导致资料丢失，还可以随时随地、方便地提取使用。免费网盘的可用空间较少，一般对文件大小、下载速度、存放时间等进行限制；收费网盘具有速度快、安全性能好、容量高、允许大文件存储等优点，适合有较高要求的用户。网盘的盈利模式主要是广告以及收取高要求用户的存储费。同时，网盘通常以每千次下载给上传文件用户一定报酬的方式吸纳优秀资源。

云盘是伴随互联网云技术的产物，是一种基于云端的存储服务，它通过互联网为企业和个人提供信息的储存、读取、下载等服务，具有快速、稳定、海量存储的特点。它除了具备网盘的功能外，还附加了上层应用功能，更注重资源的同步和分享，以及跨平台的运用，如电脑和手机的同步等，功能更加强大、便捷。

近年来，国内云存储网盘遍地开花，人们也开始慢慢适应使用网络硬盘来代替过去的存储介质。但是，网盘存储给用户带来巨大便利的同时，也会遭遇盗版侵权、管理复杂、盈利困难、监管成本过高等困境。2016年以来，115网盘、UC、新浪、迅雷、华为、乐视、360云盘等相继宣布关停（部分）个人云盘服务，国内目前仍提供免费空间的只有百度网盘、微信微云、中国电信天翼云盘、中国移动彩云等运营商品牌。

### （二）网盘搜索引擎

搜索达人们都知道网盘中存放着大量的优秀资源，但由于网盘相对封闭，想搜索这类资源并不容易。用户要从网盘找到某一个文件一般有4种途径：①有该文件的提取码（每一个上传成功的文件有唯一一个提取码）或具体链接地址，缺点是在文件上传者没有公布该提取码或链接地址的情况下，他人不可能通过此途径找到该文件。②直接通过搜索引擎搜索，缺点是须采用关键词匹配、“site：”限制检索等较专业的搜索方法，用起来有点麻烦，检索效果不理想，并且不是每个人都知道这些方法。③通过资源分享论坛查找资源（如百度云网盘论坛、360云盘论坛等），缺点是一次只能在一个论坛中查找资源，往往不能保证找到有效资源。④通过专用网盘搜索引擎查找，可解决上述3种途径的缺点，其特点是方便快捷，一次可以搜索多个网盘，有丰富的功能选项，大大节约了用户查找特定文件的时间。

网盘搜索引擎的类型非常多，国内目前比较活跃的网盘搜索引擎如表4-6所示。

表 4-6 常用的网盘搜索引擎

| 网盘名称 | 网盘地址 | 网盘名称 | 网盘地址 |
| --- | --- | --- | --- |
| 网盘 007 | http://wangpan007.com | 网盘搜 | http://www.wangpansou.cn |
| 5P44 网盘 | http://www.5p44.com | 网盘搜索王 | http://www.shoujikz.com |
| 我乐盘 | http://www.56pan.com | 胖次网盘 | http://www.panc.cc |
| MEN77 | http://www.men77.com | 西林街 | http://www.xilinjie.com |
| 盘找找 | http://www.panzz.com | 去转盘网 | http://www.quzhuanpan.com |
| 网盘搜搜 | http://wpsoso.com | 搜盘盘 | http://www.sopanpan.com |
| 盘搜 | http://www.pansou.com | 360 搜网盘 | http://www.360swp.com |
| 我的盘 | http://www.wodepan.com | 盘多多 | http://www.panduoduo.net |
| 盘易搜 | http://panyisou.com | 麦库搜索 | http://www.baidul0.net |
| 云搜 | http://www.daysou.com | 99 搜盘网 | http://www.suting123.com |
| 搜盘网 | http://www.soupan.info | 找文件 | http://www.zhaofile.com |
| 壹搜 | http://www.yiso.me | 西边云网盘 | http://www.xibianyun.com |
| 爱挖盘 | http://www.iwapan.com | Rapidshare | http://rapid-search-engine.com |

网盘搜索引擎的实现原理大体有两种：爬虫程序爬取数据供搜索，或者调用 Google、百度等三方接口供搜索。第一种自定义爬虫程序类网盘搜索引擎的优点是搜索速度快、资源较新，缺点是死链多、资源少；第二种 Google 自定义搜索类网盘搜索引擎，优点是死链少、资源多，缺点是用起来略卡、新资源少。认清楚技术差别，辨别出孰优孰劣，才能帮助你更高效地挖掘出信息“宝藏”。

去转盘网属于第一种，支持百度网盘、360 网盘、电驴、旋风等主流下载方式，界面方块化，简洁有力，提供用户分享功能。该引擎的数据是通过爬虫程序爬取网盘，然后将数据存储到数据库中，索引后供用户搜索。此类搜索引擎还有胖次网盘、盘找找、网盘 007 等。

西林街属于第二种，界面清新，专注于网盘（百度网盘）、影视（新老电影、纪录片、动漫）、图书［文学、古籍、专业书籍、电子书（PDF、ePub、Mobi 等格式）］、学术（各种期刊、论文、学报等）和 MOOC（在线课程、学习、视频教程）等资源的检索。该引擎的技术比较简单，原理是展示网站先去 Google 申请搜索引擎接口，当用户将搜索内容提交给展示网站后，展示网站又将搜索内容提交给 Google 引擎，Google 引擎搜索之后把数据返回给展示网站。因为要调用 Google 接口，受制于 Google，所以通过 Google 自定义搜索出来的资源有效性差（随着百度云的升级，Google 不能有效地去除失效链接），同时搜索速度下降，影响用户体验。网盘搜、盘搜、盘搜搜、百度云之家等绝大多数网盘搜索引擎都属于此类。

## 四、微博、微信搜索

近几年，随着移动互联网的崛起和智能手机的普及，大家获取信息以及交流的方式发生了很大的变化。智能手机已经成为人们日常生活不可缺少的必需品，越来越多的人变成了“手机低头族”，在大街上、地铁上、公交车上，人们无时无刻不在玩手机。玩手机游戏、看韩剧、刷微博和微信已经成为一种习惯，微博和微信已经渗透到我们生活的方方面面，成为最火爆的手机 APP，尤其是微信，已经成为生活中不可或缺的一部分。确实，微博和微信这两个产品占据了我们目前生活中大量的“碎片化时间”，而且微博和微信中也积累了越来越海量的资源和信息。那么，如何在这两种火爆的移动互联产品中搜寻你想要的信息呢？

### （一）微博及微博搜索

#### 1. 微　博

微博，微型博客，它采用不到 140 个字符发布文本消息的方式，页面就是短小的博客，用户可以选择转载他人的微博，也可以对任何微博发表评论，这些对于所有用户都是开放的。用户可以通过 PC 端和手机客户端发布微博。

在我国，从 2007 年第一家微博网站“饭否”出现，到 2009 年 8 月新浪微博兴起，中国的微博网站如雨后春笋般出现，如腾讯微博、搜狐微博、网易微博、凤凰微博、嘀咕、新华微博、人民微博、百度说吧等相继出现，标志着中国微博热潮的到来。但到了 2014 年，腾讯放弃了微博，2014 年 3 月新浪微博更名为微博，同年 4 月新浪微博成功上市，至今成为保持着旺盛生命力的唯一微博网站。

#### 2. 微博搜索

微博是大数据时代最有影响力的社交媒体开放平台之一，汇聚了大量第一时间发布和传播的信息，同时也积累了数以千亿的海量历史数据。微博搜索是微博用户信息消费的一个重要途径。2015 年 12 月 14 日，新浪微博搜索事业部发布了《2015 年微博搜索白皮书》，文中指出，截至 2015 年 11 月底，微博每日用户主动搜索量突破 2 亿次。许多热点新闻事件的第一时间发布和舆论发酵都来自微博搜索，它的影响力日渐扩大，给百度、谷歌、搜狗、360 等传统的搜索引擎带来前所未有的挑战。

如何高效地获取微博最新资讯，如何让微博海量数据的价值最大化，以下将简要介绍微博搜索的一般方法。

PC 端用户可以直接进入微博主页（http://weibo.com），如图 4–39 所示，顶部左侧即为搜索框；安装了微博手机客户端的朋友可以通过顶部搜索框进入移动搜索。

图 4-39　微博主页

如果没有明确的搜索目标，那么可以通过搜索首页的热门、榜单、头条等来浏览微博的搜索结果。这些结果通常反映了最新的社会热点、娱乐八卦、时事新闻、网络热点、明星动态等。

用户在微博搜索页面的检索框中输入关键词，在微博数据库进行搜索，会得到一系列按时间先后顺序排列的信息，如图 4–40 所示。这些信息包括用户、精选微博、文章、印象、图片、视频、实时信息等。同时，受众可以根据需求进行自主分类检索，包括综合、找人、图片和兴趣主页四个方面。检索框简单明了，处于微博搜索页面的中央位置，分类检索的条目比较清晰易懂，易于定位检索。微博搜索还有高级搜索的项目类别，用户可以根据自身需求找到个性化的信息。微博用户的搜索数量促使热门微博和热门话题等产品出现，同时增设了微博印象，实现了受众的反馈。

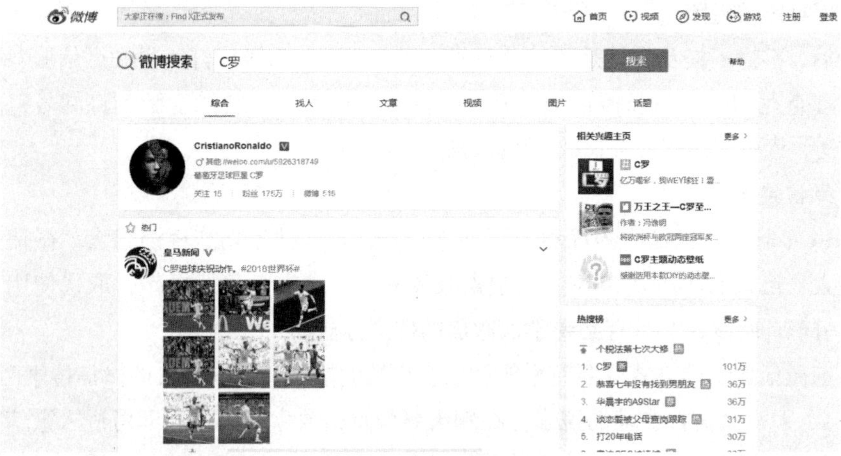


图 4-40　微博搜索结果页面

微博搜索白皮书显示，微博搜索的内容种类繁多，以新闻资讯、名人明星、普通找人、影视综艺、商品购物等为主。微博搜索结合新形式和新内容，既能搜索到实时资讯，又能搜索到观点言论，一方面可以获取纯粹的新闻信息，通过热门话题了解信息热度；另一方面可以察觉舆论态势和受众活跃指数，这正是微博搜索区别于其他传统搜索引擎的一大特色。因此，微博用户要第一时间了解“发生了什么”时，可首选微博搜索。

### （二）微信及微信搜索

1. 微　信

微信是腾讯公司于 2011 年 1 月 21 日推出的一个为智能终端提供即时通信服务的免费应用程序。微信支持跨通信运营商、跨操作系统平台发送免费（须消耗少量网络流量）语音、视频、图片和文字消息，同时，也可以使用共享流媒体内容的资料和基于位置的社交插件“公众平台”“朋友圈”“漂流瓶”等。

微信主要有哪些功能？现在的微信主要是基于即时通信 & 好友关系设计的。它的主要功能是微信聊天、微信朋友圈和微信公众号。微信聊天，可以形成一对一的聊天和多对多的聊天（群聊）。目前微信聊天时，可以发布图片、语音、语音识别、大众点评、地图等一系列相关辅助功能。微信最为火爆的朋友圈，则是基于好友相对封闭的空间，用户通过编辑文字配图片或者纯文字的形式发布自己想要发布的内容，好友可以使用“点赞”和“评论”两个基本功能对其朋友圈发布的内容发表自己的看法。不同于微博，微信更多的是提供好友之间信息的分享，相当于微博的好友圈，相对比较封闭。

最后，不得不提及的就是微信公众号，现在主要分为微信订阅号和微信服务号，可以实现企业和个人做新闻传播、营销、信息传递等多个功能。微信订阅号每天都可以推送，微信服务号则是一个月可以推送 4 次。

2. 微信搜索

2014 年起，微信的主界面就有了搜索功能，现在搜索功能逐渐强大。微信用户黏度很大，已经有不少用户在使用搜索服务时，直接在微信上操作，取代使用百度等搜索引擎。所以，非常有必要学习微信的搜索方法。

目前微信搜索的方式主要有手机微信客户端的搜索和搜狗开发的微信搜索两种。

（1）手机微信客户端的搜索。在聊天界面点击放大镜图标，即可进入微信搜索页面，会显示搜索指定内容，共分六项，此时可分类搜索指定内容，如图 4–41 所示。

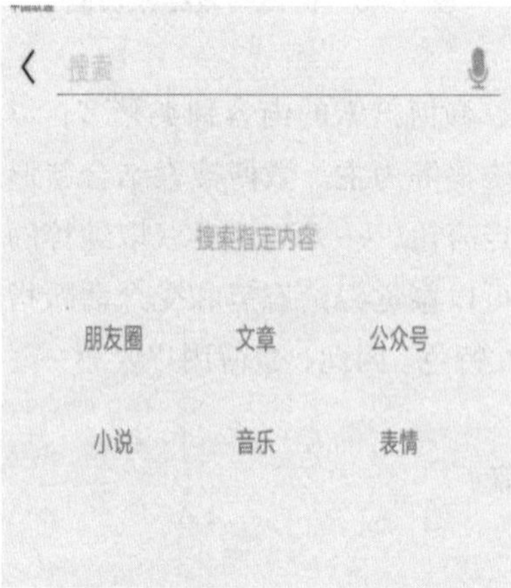


图 4-41　手机微信客户端的搜索

（2）搜狗开发的微信搜索。腾讯与搜狗搜索的合作展开后，搜狗推出了针对微信公众平台的微信搜索功能，支持通过关键词搜索微信公众号推送的相关文章，或者是相关的微信公众号，如图 4–42 所示。

图 4-42　搜狗开发的微信搜索

## 第四节　搜索引擎的综合利用

互联网是一个广阔的信息海洋，包含大量零散的、无序的信息资源，相当于一个大型的信息宝库、一个超大规模的图书馆。搜索引擎是一种互联网信息检索工具，在浩瀚的网络资源中，它能帮助用户漫游其间而不迷失方向，迅速而全面地找到所需要的信息。正确使用搜索引擎，可以让我们"大海捞针"不再难。

### 一、搜索引擎概述

#### （一）搜索引擎的概念

搜索引擎（Search Engine）是指根据一定的策略、运用特定的计算机程序搜索互联网上的信息，在对信息进行组织和处理后，为用户提供检索服务的系统。从使用者的角度看，搜索引擎提供一个包含搜索框的页面，在搜索框中输入词语，通过浏览器提交给搜索引擎后，搜索引擎就会返回与用户输入的内容相关的信息列表。这个列表中的每一条目代表一个网页，每个网页包含的元素有标题、网址（URL）、关键词、摘要。有的搜索引擎提供的信息更为丰富，如时间、文件类型、文件大小、网页快照等。

#### （二）搜索引擎的工作原理

现代大规模、高质量搜索引擎一般采用三段式的工作流程，分别是网页搜集阶段、预处理阶段和查询服务阶段。在实践中，这三部分是相对独立的。

1. 网页搜集

网站拥有者主动向搜索引擎提交网址。系统在一定时间内定向向那些网站派出"蜘蛛"（Spider）程序，扫描网站的所有网页并将相关信息存入数据库。大型商业搜索引擎一般都提供该功能。

2. 预处理

预处理主要包括四个方面：关键词的提取；重复网页（或称镜像网页，即内容相同、未进行任何修改的网页）或转载网页（Near-replicas，又称为近似复本网页，即主题内容基本相同但有一些额外的编辑信息的网页）的消除；链接分析和网页重要程度的计算；通过预处理建立索引数据库，保存搜集到的信息，将它们按照一定的规则进行编排。

3. 查询服务

搜索引擎接受用户提交的查询请求后，按照用户的要求检索索引数据库，找到用户所需要的资源，并返回给用户，列表显示摘要结果。目前，搜索引擎返回主要是以网页链接的形式提供的，通过这些链接指向用户所需网页。

## （三）搜索引擎的类型

1. 按收录资源的范围划分

按收录资源的范围可划分为综合性搜索引擎和专业性搜索引擎。

（1）综合性搜索引擎，资源涵盖各个学科、各种类型、各种语言和生产生活的各个领域，适用对象广泛，如 Google、百度、Bing、搜狗等。

（2）专业性搜索引擎是针对某一特定领域、特定人群或特定需求提供的有一定价值的信息和相关服务，也可称为专题搜索引擎、垂直搜索引擎或行业搜索引擎。其特点是“专、精、深”，且具有行业色彩，包括收录某一地域范围资源的搜索引擎；收录某一个或几个特定学科领域资源的搜索引擎，如法律专业搜索引擎 Lawcrawler、临床医学英文资源的搜索引擎 Medical matrix、化学搜索引擎 ChemGuide 等；具有特定搜索功能的搜索引擎，如专门检索专利信息的中国 SooPAT 搜索、专门的视频搜索引擎 Blinkx；面向特定用户的搜索引擎，如 Google 推出的儿童专用的搜索引擎 Kiddle。

2. 按检索功能划分

按检索功能可划分为独立搜索引擎和元搜索引擎。

（1）独立搜索引擎，又称为单一搜索引擎或常规搜索引擎，它有自己的数据库，搜索时通常只检索自己的数据库，并返回查询结果。百度、Google、Bing、搜狗等均属此类。

（2）元搜索引擎，又称多元搜索引擎或集成式搜索引擎（Meta Search Engine，Multiple Search Engine），是多个独立搜索引擎的集合，通过一个统一的用户界面，可同时对多个搜索引擎进行检索操作，即用户只需一次输入检索式，便可检索一个或多个独立搜索引擎。部分元搜索引擎支持检索结果去重功能。元搜索引擎具有扩大检索范围、避免多次访问不同搜索引擎、提高检索效率等优点。

独立搜索引擎与元搜索引擎的主要区别在于：前者拥有独立的网络资源采集标引机制和相应的数据库；后者一般没有独立数据库，多提供统一链接界面（或进一步提供统一检索方式和结果整理功能），形成一个由多个具备独立功能的分布式搜索引擎构成的虚拟平台。用户通过元搜索引擎实现对多个独立搜索引擎的数据查询、结果显示等操作。此外，还可以按信息采集的方式划分为机器人搜索引擎和人工采集搜索引擎；按内容的组织方式，可划分为关键词搜索引擎和目录式搜索引擎。

## 二、综合性搜索引擎选介

据中国互联网络信息中心（CNNIC）在京发布的第 39 次《中国互联网络发展状况统计报告》调查显示，截至 2016 年 12 月，中国网民规模达 7.31 亿，相当于欧洲人口总量。其中，约有 6.02 亿（82.4%）网民使用过搜索引擎，年增长率达 6.4%。据 CNNIC 发布的《2015 年中国网民搜索行为调查报告》显示，中国 PC 端网民首选的搜索引擎依次是：百度（92.4%）、360 搜索（37.1%）、搜狗搜索（含腾讯搜搜）（32.5%）、Google（18.4%）。在全球范围内，根据市场研究公司 Net Applications 调查显示，2016 年 4 月 Google-Global（市场份额 71.44%）、Bing（市场份额 12.36%）、百度（市场份额 7.29%）、Yahoo-Global（市场份额 7.18%）成为搜索次数最多的搜索引擎。下面重点介绍百度、Google 和 Bing 等综合性搜索引擎。

### （一）百度（http://www.baidu.com）

1. 简　介

百度是目前全球最优秀、最大的中文信息检索与传递技术供应商。百度的起名，源于辛弃疾《青玉案・元夕》中的“众里寻她千百度”，象征着百度对中文信息检索技术的执着追求。百度公司（baidu.com，Inc）由资深信息检索技术专家、超链分析专利的唯一持有人李彦宏及其好友徐勇博士于 2000 年 1 月在北京中关村正式创立。百度收藏超过百亿中文网页资源，成为世界上最大的中文信息库，提供网页、图片、视频、音乐、地图、新闻、词典等 18 种搜索服务，现为我国网民最常用的搜索引擎。

2. 检索方式和常用语法

百度提供基本检索和高级检索两种检索方式。基本检索简单方便，只需要在检索框中输入检索词，单击“百度一下”或按回车键，符合要求的结果就会被查询出来。同时，用户可根据需要在不同的功能模块（新闻、网页、贴吧、知道、音乐、图片、视频、地图等）进行切换。高级检索是一个多条件的组合搜索，通过各种条件限制（包括搜索结果、时间、文档格式、关键词位置、站内搜索等）可以满足用户的一些特殊需要，从而提高检索的查准率。百度同时支持布尔逻辑检索、字段限制检索、短语检索、相关搜索等，详细检索算符和规则如表 4-7 所示。

表 4-7 百度常用语法一览表

| 名称 | 符号 | 说明 |
|---|---|---|
| 逻辑运算符 | 空格 | 逻辑与，各词之间用空格分开 |
| | 分隔符“\|” | 逻辑或 |
| | 英文状态下的“-” | 逻辑非 |
| 词组检索 | 双引号“” | 双引号不出现在检索结果中，双引号中的内容在结果中完整出现，不被拆分 |
| | 书名号《》 | 书名号会出现在检索结果中，同时书名号中的内容在结果中不拆分 |
| 限制检索范围 | site： | 限定在特定的站点内检索 |
| | inurl： | 限定在网页的 URL（统一资源定位器）中检索 |
| | intitle： | 限定在网页标题中检索 |
| | filetype： | 限定检索文件类型，包括：DOC、XLS、PPT、PDF、RTF、ALL |
| 备注 | 系统不区分大小写，所有字母和符号为英文半角字符 | |

3. 检索结果

检索结果依据相关度进行排序，通过超链接分析技术、词频统计和竞价排名相结合的方式对网页进行相关度评价。每一条检索结果显示标题、摘要、网址、百度快照、评价等。标题或摘要中会显示检索词出现的上下文，并以红色字体着重显示检索词。评价汇集了来自真实网友、行业专家、法律顾问、媒体的商家口碑内容，也有来自商家的反馈。在结果页的底端还提供相关搜索词的提示。

### （二）Google（http://www.google.com.hk）

1. 简　介

Google 于 1998 年 9 月由斯坦福大学博士生拉里·佩奇（LarryPage）和谢尔盖·布林（Sergey Brin）创立，目前被公认为全球规模最大的搜索引擎，能提供数百亿网页的搜索服务。其中文名为“谷歌”，2010 年初退出中国内地。Google 一词来自“Googol”，是一个数学名词，表示一个“1”后面跟着 100 个“0”。Google 公司对这个词做了微小改变，借以反映公司的使命，意在组织网上无边无际的信息资源。Google 拥有 100 多种语言界面和 35 种语言搜索结果，提供网页、图片、学术文献、图书、专利等 27 种搜索服务。

2. 检索方式和常用语法

Google 提供关键词检索方式。除了支持简单检索外，还提供性能优良的高级检索。

在高级搜索菜单中，用户通过检索文本框和下拉列表来确定检索条件，可从搜索结果、语言、文件格式、日期、字词位置、网域等几个方面限定检索范围。这些高级检索的功能也可以利用命令来实现，常用的检索命令组配和功能介绍见表 4–8 所示。

表 4-8　Google 常用语法一览表

| 名称 | 符号 | 说明 | 示例 |
| --- | --- | --- | --- |
| 逻辑运算符 | 空格 | 逻辑与，各词之间用空格分开 | “计算机网络”（搜索所有关于“计算机”和“网络”的网页） |
| | OR | 逻辑或 | “广东 OR 中山”（搜索有关“广东”或者“中山”的信息） |
| | – | 逻辑非 | “恒大 – 足球”（搜索所有包含“恒大”但不包含“足球”的网页） |
| 词组检索 | 双引号“” | 严格按照引号中内容检索 | “申请书范文” |
| 限定检索范围 | site： | 限定在特定的站点内检索<br>关键词 [ 空格 ]site：网址 | “专升本 site：gdut. edu. cn”（表示在广东工业大学网站内搜索包含“专升本”一词的网页信息） |
| | inanchor： | 限定在网页的 anchor（锚，即超链接标记）中检索 | “inanchor：人工智能”（返回的结果是导入链接锚文字中包含“人工智能”的网页） |
| | inurl： | 限定在网页的 URL（统一资源定位器）中检索 | “inurl：midi 沧海一声笑”（返回结果的网页链接中含有 midi，“沧海一声笑”出现在链接中或网页文档中） |
| | intitle： | 限定在网页标题中检索 | intitle：智慧城市 |
| | filetype： | 限定检索文件类型，支持的文件格式有 XLS、PPT、DOC、RTF、WPS、WKS、WDB、WRI、PDF、PS、SWF 等<br>句法：关键词 [ 空格 ] filetype：文件扩展名 | “网页制作 filetype：ppt”（搜索关于网页制作方面的幻灯片文件） |
| | link： | 检索指向某网页的网页（在 Google 的网页库中检索） | “link：www.gdut.edu.cn”（搜索所有含指向广东工业大学 www.gdut.edu.cn 链接的网页） |
| 备注 | 系统不区分大小写，所有字母和符号为英文半角字符 | | |

3. 检索结果

Google 的检索结果按相关性排序，相关性的评判以网页评级为基础，在全面考查检索词的频率、位置、网页内容（以及该网页所链接的内容）的基础上，评定该网页与用户需求的匹配程度，并确定排序优先级，将其独创的网页评级系统（PageRank）作为网络搜索的基础。每条检索结果显示标题、网址、内容片段，有的还提供“cached”（网页快照）及网页翻译等链接。同时，系统自动对关键词的相关词进行分析并给出相关链接，便于用户查看相关词语的搜索结果。此外，搜索工具还提供将检索结果按语言、时间、检索词匹配程度进行筛选的功能。

（三）Bing（http://cn.bing.com）

必应（Bing）是一款微软公司推出的用以取代 Live Search 的搜索引擎，于 2009 年 6 月 3 日正式在世界范围内发布。为符合中国用户使用习惯，Bing 中文品牌名为“必应”。必应的一大特色是每日提供首页美图，将来自世界各地的高质量图片设置为首页背景，并加上与图片紧密相关的热点搜索提示，使用户在访问必应搜索的同时获得愉悦体验和丰富资讯。必应目前提供网页、图片、资讯、视频、地图、词典、在线翻译、网典等 10 种搜索服务。

## 三、学术搜索引擎选介

学术搜索是搜索引擎运营商针对学术资源检索而推出的特色搜索引擎，其目的是将互联网上的各种免费资源与可获得的学术资源结合起来，更好地为学术研究者提供服务。为什么要单独推出学术搜索引擎？可引用前 Google 全球副总裁兼中国区总裁李开复的话来解释，这是因为“过去，在互联网上搜索学术资料是比较困难的一件事情，即使找到了，排序也不尽如人意”，以及“我们认为学术搜索是搜索中很特别的一部分，应当分开来单独处理”。目前推出学术搜索引擎的运营商较多，影响较大的有谷歌学术搜索、百度学术搜索、微软学术、比菲尔德学术搜索、Scirus、360 学术搜索等。

（一）谷歌学术搜索（http://scholar.google.com/）

2004 年，谷歌推出学术搜索引擎，旨在“站在巨人的肩膀上”，为全球用户提供可广泛获取学术文献的简便方法。谷歌学术搜索（Google Scholar）收录期刊论文、学位论文、专业图书、预印本、文摘和技术报告等学术文献，搜索范围涉及医药、物理、经济以及计算机科学等诸多学科领域，覆盖面广、权威性强，已成为科技人员和教师、学生查找专业文献资料的重要工具。谷歌学术搜索的信息主要来源于机构网站（特别是大学网站）、开放存取的期刊网站、电子资源提供商（如 Google、ACM、

Nature、IEEE、OCLC、万方、维普等）。此外，还可与图书馆进行资源的链接和查询。

谷歌学术搜索的特色有：可显示被引用信息（揭示文献之间的引用与被引用关系）；显示图书馆链接（用户可以搜索参加这一计划的图书馆馆藏资源目录，查看可供访问的资源链接，国家图书馆等多家图书馆参与了该项计划）；使用偏好设置（用户可以对界面语言、搜索语言、图书馆链接、结果显示数量和方式以及文献管理软件等项目进行个性化定制）。谷歌学术搜索的高级检索支持按主题、作者、出版物、日期等进行搜索。检索规则同 Google。

检索结果按照相关度排序，最有价值的信息优先显示。相关度排序综合考虑每篇文章的内容、作者、出版物以及被引用情况等因素。检索结果页面提供“最新文章”和热点作者的链接等。每条期刊论文记录显示标题、作者、期刊名、出版社、出版年份、来源数据库商、简要文摘信息，以及“被引次数”“相关文章”“网页搜索”、图书馆链接等。

### （二）百度学术搜索（http://xueshu.baidu.com/）

2014 年 6 月 13 日，百度学术搜索上线，旨在“保持学习的态度”，为用户提供海量中英文检索的学术搜索平台。百度学术搜索涵盖多个学科的学术期刊、会议论文、学位论文、图书、专利等，产品现集学术检索、学者主页、文献互助、论文助手、查重等特色服务为一体，旨在为海内外学者提供最全面的学术资源检索和最好的科研服务体验。百度学术搜索收录国内外学术站点超过 70 万家，包含大量商业学术数据库，如中国知网、万方、维普、Science Direct、Wiley、ACM、IEEE、EBSCO、Springer 等，以及百度文库、道客巴巴、豆丁网、开放获取资源、杂志社和高校的机构仓储等大量提供全文链接的网站，目前共计收录中外文学术资源总量逾 7 亿份，并处于持续增长中。

百度学术搜索提供基本检索和高级检索两种检索方式，与百度搜索的检索方式基本一致，高级检索可查找指定作者、出版物、时间、语种的文献。

百度学术搜索对检索结果进行了结构化提取处理，用户在结果页中间可以查看题名、作者、文献来源、发表时间、文献摘要、关键词等信息，并提供文献下载、引用、收藏功能；结果页左侧对检索结果进行筛选 / 组织，可以按论文发表时间、领域、核心期刊、文献类型、关键词、作者、机构等聚类显示；结果页右侧给出检索词的百科词条解释和研究点分析。百度学术搜索目前对结果可按相关度、被引量、时间降序进行排序。单击“研究点分析”，可看到关键词的核心研究点分析，从研究走势、关联研究、学科渗透、相关学者、相关机构等方面，来满足论文写作过程中对学术文献的需求。

### （三）微软学术（https://academic.microsoft.com）

电脑软件巨商微软在2016年5月公开发布了自己的人工智能学术搜索工具——微软学术（Microsoft Academic），取代了它的“前辈”微软学术搜索（Microsoft Academic Search，该服务在2012年被公司停止）。微软学术可帮助用户全面、准确地查找学术论文、国际会议、权威期刊、研究专家及领域的专业学术资源，在查找英文文献特别是会议文献方面优势明显。微软学术与包括Elsevier、Springer Nature、Wiley在内的主流出版商合作，以确保检索结果覆盖自然科学、科技及医学（STM）各领域的19个大类超过200个子类的最优内容。为了方便用户使用，微软学术已嵌入必应搜索引擎，在必应首页就能找到。

微软学术检索页面提供19个学科领域的分类列表，学术机构、作者、学术会议和学术期刊的排行榜，近期的学术会议时间等栏目。当在搜索框输入检索词后，在结果页右侧可看到该词的学术解释，结果页左侧提供按时间筛选检索结果的功能，同时给出了作者、机构、学科、出版物、会议论文等的聚类浏览。检索出的文章列表给出了每篇文章的基本信息、来源信息（Source）、引用情况、研究领域（Field of Study）。单击某篇文章进入后，可以查看到这篇文章的参考文献及引证文献的链接，单击Field of Study后的条目，可以看到关于该条目的相关知识介绍及该领域有影响力的文章。

### （四）比菲尔德学术搜索（http://www.base-search.net/）

比菲尔德学术搜索（BASE）是世界级海量内容的搜索引擎之一，专注于学术开放获取网络资源。比菲尔德大学图书馆负责BASE营运。BASE提供超过4000个信息源的8000万份文献，读者能获取70%经过索引后的文件全文。

BASE的不同之处在于，它可以智能化地选取资源，而且只有符合学术质量和相关性等特殊要求的文件服务才被收录，也就意味着它收录的论文质量都很高。BASE还能够以DDC（杜威十进分类法）和文件类型进行浏览。

### （五）Scirus（http://xueshu.baidu.com/）

Scirus由荷兰爱思唯尔公司（Elsevier Science）于2001年4月推出，专为搜索科学信息而设计。其信息源广泛，除包括大学网站、科学工作者的个人站点、学术会议等学术性网页外，还包括最新研究报告、同行评审期刊论文、专利文献、预印本等，覆盖农业、天文、生物、化学、计算机、经济、工程、数学、医学、社会学等众多学科领域。

Scirus支持布尔逻辑检索、精确检索和字段限制检索，检索途径有篇名、作者、期刊名称，其高级检索部分可设置信息发布时间、信息类型、文件格式、信息来源、学科领域等多个选项。Scirus 与图书馆、科研院所等机构合作，推出图书馆链接服务。

检索结果依据相关度（Relevance）排序，相关度主要与关键词和链接两个基本因素相关，前者主要考虑检索词的位置和出现频率；而一个网页被其他网页参考或链接得越频繁，其排序就越靠前。Scirus 在综合考虑这两个因素的基础上对结果的相关度进行评价。每条检索结果显示题名、文件大小、发布时间、文摘、网址、相关结果以及图书馆链接等。

### （六）360 学术搜索（http://xueshu.so.com/）

2014 年 8 月 16 日，360 学术搜索上线，旨在"博观而约取，厚积而薄发"，为用户提供海量中英文期刊论文搜索。目前 360 学术搜索已经收录国内外学术站点超过 2 万家，如中文学术站点知网、万方、维普，外文学术站点 AIM、IEEE、Springer 等。

360 学术检索页面简单，仅提供基本检索，支持关键词、人名、刊名检索，支持布尔逻辑（空格、+、-）检索。检索可限定时间筛选，检索结果可按相关度、时间、被引频次排序。

360 学术检索结果以列表形式将文献按默认相关度排序。每条记录含文献标题、作者、出处、来源数据库、摘要、被引频次等提示，支持标题、作者、引证文献、相关文章、搜索全网、更多版本链接某一条检索结果。单击"搜索全网"，即可得到收录与该检索结果标题相似的网页信息，实现学术信息与非学术信息联合搜索。

# 第五章　大学生信息素养理念与创新意识的探索方向

## 第一节　新媒体时代信息素养的创新模式与方法探究

### 一、大数据时代的信息素养创新模式架构

在大数据时代背景下，随着信息技术的迅速发展以及网络环境的急剧变化，图书馆信息素养教育也应该与时俱进，寻求更加符合时代发展的新的信息素养教育模式和方法。“准备、先学、探学、助学、拓展”多元一体的教学模式，就是为适应大数据时代的发展而建立起来的教学模式。该模式主要针对信息素养教育中综合素养的培养，在大数据技术的支持下，融合“慕课”和“翻转课堂”的理念优势，借鉴了建构主义和关联主义学习理论，理论性和实践性较强，易于操作和实施。

不仅如此，该模式还结合传统的信息素养课堂教学，并经过反思和吸取其精髓之后，根据学习资源、学习者的具体情况，把现有的网络资源和大数据整合进来，构成了多元、立体的信息素养教育教学模式，如图 5-1 所示。

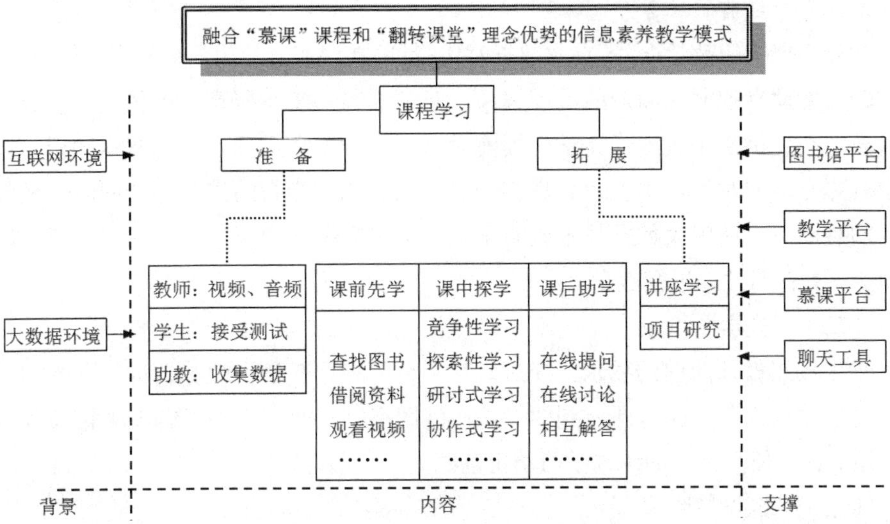


图 5-1　信息素养教育教学新模式

无论是“先学”，还是“探学”，都蕴含着学生个体对信息知识的自主构建，有助于引发思考，产生问题，进而通过对问题的探索、新知的应用，实现知识建构及创造。“先学”和“探学”借鉴了“翻转课堂”的“课前和课中”两种形式，有其优势，但无法满足不同学习能力及发展的需求。因此，在“先学”与“探学”之外，融入了“准备”“助学”和“拓展学习”，组成了多元一体的信息检索课程教学模式。这种课程教学模式围绕学生的可持续发展，不仅关注信息知识的学习，更重视检索能力的培养，同时有利于学生的信息意识、信息表达能力、信息管理分析与利用能力以及协作能力、知识创新能力等综合素养的提升。

## 二、新的信息素养教育模式的内容

网络和大数据环境促进了“慕课”和“翻转课堂”的实施，使得教师进行充分的课前准备以及学生的课前先行学习有了良好的基础和保障。

### （一）“准备”阶段

“准备”阶段分为课程学习前的准备和课堂学习前的准备。

1. 课程学习前的准备

课程学习前的准备主要是通过教学平台上相关的信息素养调查或信息素养测试模块来实施。具体是让学生在选课后接受调查或测试，学生自己和教师都可以在平台上看到结果，以便做好预判及相应的心理准备和教学调整。

2. 课堂学习前的准备

相较于传统的教学准备，在大数据时代，教师在课前能使用网络和多媒体等技术，制作较为生动有趣而又简短的课前视频、音频或者 PPT 等资源，上传到“慕课”平台或教学平台供学生观看，让学生提前学习一些必须掌握或了解的基本知识，以便课中有更充裕的时间使学生得到思维的启发和训练、能力的提升等。同时，教师在助教的协助下，利用大数据技术收集学生的学习数据，知晓学生的学习情况，以便课中能更有针对性地进行教学。

### （二）“先学”阶段

学生按照教师课前的要求，通过教学平台，观看教学视频等，进行课堂知识点的预先学习；或者是通过课前到图书馆借阅图书、查阅资料，了解图书馆及其资源的使用等，以便为课堂的深入学习奠定基础。

### （三）“探学”阶段

“探学”在课中进行，实质上是课前学习的延伸和深化，主要包括竞争性学习、探索式学习、研讨式学习、协作性学习等方面。

1. 竞争性学习

竞争性学习是指通过游戏竞赛的方式进行图书馆及其资源的基础性学习。比如，通过教师课前制作的“课堂抽题”游戏，让学生在课堂上分小组展开竞赛。其具体实施过程如下：每个小组须根据 PPT 上的表格，轮流自由挑选表格内不同的分值（如 1~5 分），每一个分值代表的是难易程度不同的问题，分值越高，难度越大。小组选择分值后，需要教师点击分值，小组成员自行叫“停”（教师自己点“停”也可以），才能看到相应的问题，然后加以思考、讨论和回答。小组成员回答正确，才能获得相应的分值；如果回答错误，还要被扣去一定的分值。对于大多数问题，若该小组回答错误，其他小组还有一次抢答的机会。助教裁判记录每次小组得分，最后得出总分。小组得分按一定比例计入期末成绩中。通过这种学习模式，学生学习的兴趣和积极性都得到提高，教学效果明显。

2. 探索式学习

探索式学习是主要针对图书馆数字资源的检索等方面的学习。学生仍然分成小组，就某个检索课题，讨论检索词的选取和检索策略的构建，形成检索式之后上网实施具体的检索；检索结果出来后反思检索词、检索策略是否得当。如果不能满足需求或结果不理想，那么小组需要根据检索结果调整检索词和检索式，构建新的检索策略，并再次检索，在教师引导之下，直到得到令人满意的结果为止。经过类似的检索课题的训练以后，学生自行总结检索词的选取方法、检索策略构建的规律等。

此外，也可以在进行练习之后小组交叉检查，思考、探究彼此在检索中出现的问题，相互借鉴。若在此过程中，教师或助教发现学生仍然存在一定的问题，无须急于点明问题及症结所在，而应当通过启发、诱导，帮助学生分析现有检索方法的优劣，让学生通过比较、思考以及探讨，挖掘出最佳的检索思路、检索策略等，自行解决问题。最后，各个小组就构建检索策略的方法、所寻找到的检索规律等，进行总结性发言；教师对学生的发言进行点评，助教记录并评价各小组的学习效果。如此，让学生通过探索和反思性学习，构建知识，了解学习的真谛，学会学习。

3. 研讨式学习

研讨式学习主要是针对信息检索知识的应用和信息道德伦理方面的学习，实质上是在课前学习基础上的引申讨论。信息检索知识应用方面的学习，主要采用以下方法：课堂上让学生分小组进行开放式讨论，讨论内容来自上一个学期或学年学生完成的典型检索案例。各个小组需要自行确定组长，负责主导讨论、分配任务，以便讨论有序进行；如果可能的话，还需安排副组长，作为记录和实际检索操作人，并和其他组员一道，作为意见和建议的补充者，以便从不同的方面加深对问题的探讨，进行深入的检索学习。教师和助教作为引导者和辅助人员，分别巡视各自负责的小组，及时发现问题，并给予相应的指导。各组在教师的指导下，形成各自的学习结果，并以 PPT 的形式予以展示。此外，各组需要现场相互点评，提出修改意见和建议。课后，各组根据意见和建议改进之前的研讨结果，从中找出检索词、检索方法、检索策略等方面存在的问题，并在课堂上进行陈述。其他小组给予点评和建议，共同探索、总结出检索的规律。以此激活知识，让学生学会反思性学习，并训练学生科学的思维方式，提升其信息思考力。信息道德伦理方面的学习，可以在课前充分准备的基础上，采用如下研讨方法：一是由学生自愿或者教师随机指定一位学生作为主持人，就“如何合理规范地利用信息”等内容，引领讨论，随时抛出新的问题，避免冷场，最后还要做总结性发言。二是采用辩论的方式，分为正反两方进行辩论。首先是每个小组轮流进行一对一辩论，分成小组赛、淘汰赛、半决赛和决赛，根据具体评分细节，由不参赛的所有同学和教师共同评分，最后根据平均分数高低，决定晋级的队伍。在此阶段，教师以学生在辩论赛结束后形成的检索思路以及“辩论陈词”“辩题文档”等成果作为其平时的形成性评价依据。三是读完一段材料之后，在课堂上请学生发表读后观点，并就某个观点邀请大家共同讨论，鼓励学生勇于在课堂上提问、讨论、“接招”，助教记录下这些情况，作为加分的依据。以此营造一定的氛围，让学生磨砺自己的沟通能力，提高自己的思维能力。

4. 协作性学习

协作性学习主要是针对科学方法的训练性学习，通常以项目研究的形式开展。它通常包括几方面的内容：首先，根据专业或兴趣，学习小组选取一个想要研究的题目或课题，提出自己的问题或假设。研究题目的选取或问题的提出，都可以使用一定的检索工具如 CNKI 或其“学术研究热点”来获得。其次，根据题目、课题或提出的问题，小组组长组织有关检索词和检索工具的选取、检索策略的构建等讨论，并分配检索任务，组员利用图书馆及其网络等资源，分别去查找文献资料、收集数据。再次，共同整理、汇总、分析文献资料和数据，得出结论。如果可能的话，针对问题的对与错或者假设的真伪，在逻辑上或者事实上、数据上做出解释，即为什么问题或假设是对的或是错的。然后完成一份检索作业报告或者撰写文章。最后，学习小组以 PPT 的形式向全班同学展示检索研究成果。通过这种形式，能让学生掌握科学方法的实质，今后不管是在学习还是研究中，都能用科学的方法，对书本上的知识或教师提出的问题进行审视，提出疑问，进而利用各种资源，去寻找证据来验证这些知识或者问题的真伪。这种习惯对于培养综合检索利用资源的能力、独立的思辨能力以及创新能力，都是极有帮助的。

5. 评价性学习

评价性学习主要是针对信息资源评价能力的培养和批判性思维的锻炼的学习。学生课前通过相关评价视频的学习，了解信息评价的基本内容和方法。课堂上，针对平时生活、学习、研究或就业等方面，个人选取一个最新或者有代表性的虚假或问题信息案例，应用初步标准来对信息及其来源进行评估，如从信息资源的真实性、客观性、相关性和新颖性等方面入手，进行严格推断、质疑辨析。教师可引导学生进一步深入，如在真实性、可靠性方面，按照完整性和平衡性两个指标以及相应的考查内容（如背景、结构、内容和观点的完整，信息来源、选题或观点等的平衡）进行判别，甚至通过与他人包括学科领域的专家的对话来验证对信息的评价。同时，教会学生在评价学术文献的质量方面，根据是否被核心期刊收录，或是被著名的检索工具如 SCI、EI（COMPENDEX）或 CSCD 等收录及其被引频次等进行判断。之后，小组交流，选出一个最有启发性的案例，进行全班交流。这样做，旨在让学生突破固有的思维定式，分析、判断该案例信息的破绽，以洞悉事实的真相，抓住问题实质，以后能够自信、独立地评判信息，以及进行严谨的思考。

### （四）“助学”阶段

课后“助学”主要针对两类学生。一类是对课堂学习还有疑问、还需反复完成课堂学习任务的学生，另一类是有进一步提升需求的学生。无论是哪一类学生，都可以通过教学平台上的在线咨询系统、公告栏、留言板以及QQ、微信、邮件等与手机的联动，在教师、助教和学生的帮助下，进行答疑解惑式的巩固深化学习。

### （五）“拓展”阶段

信息素养教育的“拓展”主要是针对有意愿拓宽知识面或提升自身学术能力和研究能力，抑或是部分学习能力强的学生。这个阶段所采用的方法有两种，一种是讲座的形式，另一种是实际的项目研究方式。

1. 讲座的形式

讲座内容是有关大数据时代所需的信息管理、信息分析和信息利用方面的内容，如NoteExpress、Endnote等文献管理软件，Matlab等数据分析处理软件，Histcite等文献分析软件等工具的实际应用。这些内容是大学生适应互联网和大数据时代所需要的，也是他们亟须补上的短板，但因课程时间紧而无法在课堂讲解的这类教学模块，可以以面对面讲座的形式，开展补充教学，并把讲座课件寄存在教学平台的服务器中，便于学生随时浏览。

2. 实际的项目研究方式

对于学习能力强的学生，鼓励他们申请各级各类的学生科研训练项目或是参与到教师申请的科研项目中，通过参与实际的学术研究，这些学生分析问题、解决问题和归纳总结的能力得到了一定的提升。由此，可以使信息素养教育从理论到实际，从抽象到具体，从浅层的科普层面走向科研创新的实践。

## 三、新的信息素养教育模式和方法的实践

“准备、先学、探学、助学、拓展”教学模式融合了“慕课”和“翻转课堂”的理念优势，并在反思传统教学的基础上，从学生角度出发，充分利用互联网和大数据背景下的资源、平台和技术，在改革实践中尝试突破。其目的在于促进知识的构建、思维的发展和知识的创新。我们通过问卷和面对面访谈等形式的调查，得知学生对课程学习的兴趣提高了，并且更乐意利用图书馆的资源。尤其是在进行学习和研究的过程中，使用图书馆资源的意识和能力明显提升。在参与调查的136位学生中，超过90%的学生通过学习能够自觉和较为熟练地利用图书馆资源，87.6%的学生能够定义与形成信息需求（如检索词、检索式、学科范围、文献类型等），81.2%的学生能综合运用多种检索工具、方法和技巧，并能结合自己的思考去完成任务。在参与评价的158位学生中，超过一半的学生表示，能初步应用NoteExpress等文献管理软件和分析软件，其系统地整理、分析、提炼和评价信息的能力有所发展。这些都为其以后的专业学习、论文写作等打下了良好的基础。此外，大多数学生认为，

课程学习对于养成自主学习、独立思考的习惯，以及培育独立获取信息的能力、知识创新的能力等方面，都有极大的帮助。这一点可以从学生积极参加数学建模大赛、申请科研项目等多种创新活动并取得一定成绩中看到成效，而且有几位学生已经就其成果申请了专利。可以说，“准备、先学、探学、助学、拓展”教学模式有利于激发学生的学习兴趣和创新激情，有利于学生形成互联网和大数据背景下的科学思维，有利于学生综合信息素养的提升，教学效果明显。但是，该教学模式不是一成不变的，其具体实施有赖于学校和图书馆提供的互联网资源、平台和技术，而且还应随着互联网和大数据的发展而不断更新。

## 第二节　大学生创新素养

国外对大学生信息素养教育的研究一直与大学生的创新思维的培养紧密联系在一起。澳大利亚昆士兰科技大学的信息技术系主任 Bruce 博士认为，创造性一直是信息素养教育理论中核心的部分，是批判性思维和创新思维的基础。Jeremy J. Shapiro 也认为，如果没有批判性思维，信息素养教育就成了单纯的技能训练。所以，对大学生进行信息素养教育实质上就是培养大学生的批判性思维和创新性思维。国外培养大学生信息素养批判性思维主要通过设置单独的课程进行。Jeremy J. Shapiro 和 Bruce 博士都认为渗透性的培养是信息素养教育中提高学生批判性思维和创新性思维的重要方法。

### 一、大学生创新素质的培养

高校是国家培养创新人才的重要基地，是国家高素质人才的摇篮，大学生的创新能力的培养对我们建设创新型国家至关重要。而大学生的创新素质、创新能力是以具备信息素养为前提的，没有良好的信息素养不可能实现创新。因此，对大学生信息素养的培养是在建设国家的创新人才储备库，具备创新能力的大学生在走上工作岗位后将创新能力和创新精神应用到实际工作中去，从而为我国建设创新型国家提供重要的人力支持。

大学生创新素质的培养是一项系统工程。一般来说，创新素质是指人在先天禀赋的基础上，通过后天的学习和实践而形成和发展起来的具有创新能力的内在而相对稳定的品质。创新素质是一种综合素质，主要由创新意识、创新思维、创新精神、创新能力和创新个性等要素构成。创新意识解决人有创新的意愿和动机的问题；创新思维解决思维定式的问题；创新精神是解决人的批判与革新能力的问题，敢于创新；创新能力是解决人的突破能力的问题；创新个性是解决人的创新人格倾向性和创新心理特征的问题。五个要素相互依托，相互促进，缺一不可，构成了完整的开放系统。大学生创新素质的培养是把大学生培养和造就成创新型人才的需要，是大学生参与知识创新的需要，也是构建创新型国家的人才保障。

大学生创新素质的培养没有固定的培养模式，它因人而异，呈现出个体差异，具有多层次、多维度的开放特点，也会受到个体生理、心理以及社会环境等因素的影响，具有多元发展的模式。知识是创新的基础，兴趣是创新的动力来源，实践是创新的重要环节，价值是创新的最终目的。

目前，我国还没有制定出相应的大学生创新素质培养标准，美国学者里恩提出了针对美国青少年特点的创新素质的 17 条标准，可供我们培养大学生创新素质借鉴参考。

（1）能够运用已掌握的知识与技能创造性地解决问题。

（2）在较长的时间内做到不分心，能集中精力解决问题。

（3）在日常生活中，对探讨的问题、作业能做到不懈地学习钻研。

（4）面对需要解决的目标和任务，不迷信权威，坚持自己的判断和认识，并能坚持完成任务。

（5）对他人的意见和建议，能有良好的反应。

（6）能不断对问题有理智的好奇心。

（7）遇到比较困难的问题时，具有挑战性的反应。

（8）具有超越自己年龄的机灵、敏锐的观察力。

（9）词汇丰富，口头表达熟练。

（10）善于掌握许多新的概念，并且思维活跃。

（11）能及时纠正自己的偏见，接受他人的正确观点。

（12）具有用异常的方法解决问题的独创性。

（13）富有独立思考的想象力。

（14）具有对自己掌握的理论、概念广泛应用的能力。

（15）对学习阅读哲学、自然、文艺、音乐、体育等具有广泛的兴趣。

（16）关心集体、乐于参与集体活动，与他人关系融洽，对别人的缺点不吹毛求疵。

（17）自信心强，能适应各种突变而情绪稳定，具有幽默感。

里恩的这 17 项标准，对于我们培养大学生的创新素质具有很好的参考价值。

大学生创新素质的发展要求学生克服心理障碍，如固定的思维模式、从众心理，谨小慎微，不敢向权威挑战等行为习惯。要鼓励学生开拓思路，大胆创新，塑造创新个性，掌握创新技能，坚持独立思考，培养创新思维，不断学会综合、突破跨越想象。要求大学生创造性地将学到的理论知识融入实践活动中，创造性地开展各种创意文化活动、科技创新活动，善于参与社会活动，勇于投身社会实践，创造社会价值，提高自身竞争力。

## 二、发展创新思维

开展创新思维训练是培养大学生创新素质的核心。创新思维包括批判性思维、辩证思维、创造性思维、非逻辑性思维（含联想、想象、直觉、灵感、审美和形象思维等）。这些思维模式能保证学生在学习、理解、掌握和熟练运用理论知识的同时，将这些理论知识活学活用，并用于解决实际生活中遇到的困难，使知识创新得以顺利进行。在我国，由于推行应试教育体制，它强化了教育的筛选功能，弱化了教育的培养功能，扼杀了一批应试教育的“失败者”，导致我国这些应试教育培养起来的大学生形成了固定的思维模式（即思维定式。思维定式是一种习惯性思维方式，是大学生在感知、认知、评价客观事物时，因为长期受固有知识、经验的影响，习惯用比较固定的思维思考判断问题）。一般情况下，这种思维方式能够快速做出反应，依据已有经验不会犯错误，比较谨慎、保险。但是，当遇到新事物、出现新问题时，往往会有先入为主的看法，对解决问题的思路产生负面影响。从某种意义上说，思维定式是创新思维的“克星”，它禁锢大学生的创新意识与创新思维，在创新活动中，如果不克服思维定式，就不可能有知识创新。因此，要把发展创新思维、克服思维定式摆在重中之重的位置，必须把大学生创新思维的培养和教育当作第一重要的任务。教师尤其要激励大学生进行发散思考、独立思考、敢于标新立异；引导学生进行创造性思维、批判性思维、辩证思维；鼓励学生解决一个问题能提出多种方案，力求使大学生的创新思维水平经过教育与培养得到较大提升。

创新思维是大学生创新能力的核心，要大力发展创新思维。大学生创新思维的发展，还应该包括以下几个方面的内容。

### （一）熟练的信息能力

信息能力是大学生创新思维的基础。培养大学生的创新思维，首先要培养他们的信息能力。“巧妇难为无米之炊。”在信息化社会，只有熟练地掌握信息能力，才能依据所研究的课题，获取、加工、利用所需要的知识和信息进行知识创新。

### （二）问题的解决能力

大学生在创新活动中，必将遇到各种困难和挑战，因此要善于从各种角度分析问题、剖析困难，透过现象看本质，抓住关键环节，在错综复杂的困难和问题中找出主要矛盾，各个击破。

### （三）创新的突破能力

大学生在创新的过程中，难免要面临大量的问题和难点，这就要求培养创新的突破能力。首先，要有克服困难的坚定意志；其次，要具备持之以恒的探索精神；再次，要掌握扎实的理论知识和宽广的知识储备，有鞭辟入里的分析能力；最后，掌握运用所学知识进行创新的技巧，从而排除困难，直达目标。

### （四）组织管理的实施能力

大学生作为祖国未来发展的中坚力量、国家创造发明的生力军，肩负着重大历史使命。因此，必须提高大学生的组织管理能力，善于协调各方面的关系，组织各方面的资源，发挥各方面的优势，集中各方面的力量，攻克创新难关，发挥集体的聪明才智，夺取胜利。

## 第三节　大学生创新素养与创新意识的探索方向

大学生信息素养教育的核心是培养大学生的创新意识。信息素养是一种高级认知技能与能力，它同批判性思维、创造性思维一起，构成了大学生进行独立思考和知识创新的基础。培养大学生的创新意识，培育创新精神，塑造创新个性，是信息素养教育的关键内容。

### 一、培养创新意识

培养大学生的创新意识，要在大学生中形成推崇创新的群体氛围，激发他们的学习热情，使他们的钻研精神空前高涨，促使他们的学习潜能、开拓精神、创新意识、思辨能力和实践能力都得到极大提高。只有在强烈的创新意识激励和引导下，大学生才有可能产生创新的动力，确立创新的目标，明确创新的方向，发掘创新的潜力，释放创新的能量。因此，必须重视大学生创新意识的培养，把它作为培养大学生创造力的先决条件和首要目标。培养创新意识，就是要鼓励大学生的好奇心，敢于向权威挑战，激发大学生强烈的求知欲和创造欲。

### 二、培育创新精神

培育创新精神就是要培养与众不同的问题意识。对于有强烈求知欲的学生，鼓励他们敢于提出问题，允许他们标新立异、寻根问底。对于他们的奇思妙想要予以积极引导，让他们充分发挥想象力，培养他们敢于冒险、勇于开拓、不断创新的精神品质。问题意识是创新思维的来源和动力，强化大学生的问题意识，是培养大学生创新精神的起点。我国大学生的问题意识比较淡薄，不敢或不善于提出问题，普遍存在从众心理，不利于创新精神的培养。因此，要求教师在教学过程中，创设良好的问题情境，采用启发式和驱动式教学模式，激发和培养他们的问题意识培养他们的问题意识就是要教他们学会提出问题、分析问题和解决问题，促进他们创新精神和创新能力的发展。

### 三、塑造创新个性

创新个性是指大学生稳定的心理品质，包括创新人格倾向性和创新个性心理特征。其中，创新人格倾向包括大学生的创新需求、动机、兴趣及信念；创新个性心理特征包括大学生的创新能力、气质和性格。这两方面有机地结合在一起，使创新个性构成一个完整的结构。塑造大学生的创新个性，就是培养大学生对社会的责任感，让大学生在知识创新中得到创新情感的支持。通过创新情感的培养，优化大学生的创新素质结构，更好地提升大学生的创新能力。同时要让大学生懂得，没有为社会创造价值、没有责任感的人，是不值得尊敬和信赖的。

20 世纪 80 年代初，人们已经开始认识到创造性学习的重要性，努力探索创造性学习的科学方法，目的就是促进创造性人才的成长，培养大学生的创新个性和创新思维。

# 参考文献

[1] 李平. 信息时代大学生信息素养教育创新研究 [J]. 农业图书情报学刊，2018（4）.
[2] 彭正玲. 大数据环境下文献检索课多维教学情境构建研究 [J]. 农业图书情报学刊，2018（05）.
[3] 徐玫，孙琳. 加强研究生信息素养教育的路径探析 [J]. 内蒙古科技与经济，2018（9）.
[4] 容海萍. 大数据时代高校图书馆信息素养教育模式的演进 [J]. 农业图书情报学刊，2018（03）.
[5] 李娜. 基于翻转课堂的嵌入课程式信息素养培训教学模式研究 [J]. 图书馆研究与工作，2018（04）.
[6] 杨云川，杨晶，王清晨，孙蔚. 信息元素养与信息检索 [M]. 北京：电子工业出版社，2018.
[7] 陈晓红. 大数据时代的信息素养教育理论与实践 [M]. 成都：西南交通大学出版社，2017.
[8] 林豪慧，陈晓瑜，杨伟. 大学生信息素养 [M]. 北京：电子工业出版社，2017.
[9] 韩冬，傅兵. 信息素养教育论 [M]. 北京：北京理工大学出版社，2017.
[10] 黄晴珊. 全媒体时代的医学信息素养与信息检索 [M]. 广州：中山大学出版社，2014.
[11] 汪雪莲. 社科信息检索实用教程 [M]. 北京：清华大学出版社，2013.
[12] 黄晓鹏. 医学信息检索与利用（案例版）[M]. 北京：科学出版社，2012.
[13] 曾建明. 信息检索技术使用教程 [M]. 北京：清华大学出版社，2012.
[14] 杨守文. 信息素养与知识服务 [M]. 北京：北京邮电大学出版社，2011.
[15] 张士靖. 医学信息素养研究与实践 [M]. 武汉：湖北科学技术出版社，2011.
[16] 吉久明，孙济庆. 文献检索与知识发现指南 [M]. 上海：华东理工大学出版社，2010.
[17] 谭智敏，沈洪杰，郭淑艳. 基于微课程的翻转课堂在信息素养教育中的应用 [J]. 河北科技图苑，2018（02）.
[18] 张长亮，王晰巍，贾若男，李嘉兴. 信息生态视角下新媒体信息素养评价指标及评价方法研究 [J]. 情报资料工作，2017（4）.
[19] 唐权，窦骏. 基于文献调研的国内外研究生信息素养教育实践进展 [J]. 图书情报工作，2017（18）.
[20] 勾丹，毕玉侠. 大数据环境下中国高校信息素养教育研究述评 [J]. 农业图书情报学刊，2017（12）.

[21] 刘飞，郭辉，党洁. 基于MOOC的高校信息素养教育课程“翻转课堂”构建研究［J］. 中华医学图书情报杂志，2017（3）.
[22] 焦海霞. 基于“互联网+”思维的信息素养教育体系构建研究［J］. 现代情报，2017（2）.
[23] 朱莎，吴砥，石映辉，余丽芹. 学生信息素养评估国际比较及启示［J］. 中国电化教育，2017（9）.
[24] 殷彦. 大数据时代大学生信息素养教育困境与路径［J］. 河南图书馆学刊，2017（4）.
[25] 王晰巍，张长亮，蔡佳铭，于雪. 大数据环境下中美高校信息素养培养模式比较研究［J］. 图书情报工作，2016（11）.
[26] 周欣. 大数据环境下MOOC对信息素养教育的启示［J］. 农业图书情报学刊，2016（3）.
[27] 张兵. 大学生信息素养能力评价指标体系研究［J］. 中国成人教育，2016（16）.
[28] 宋梦岚，朱海涛. 应用型本科高校大学生信息素质能力提升的探讨［J］. 新校园（阅读），2016（5）.
[29] 周开发，曾玉珍. 信息素养范式转变：从标准到框架［J］. 图书馆建设，2016（5）.
[30] 于静，郝永艳，赵敏. “微课程”在信息素养教育服务中的实践探索［J］. 图书馆建设，2015（10）.
[31] 李季虹. MOOC与图书馆信息素养教育［J］. 软件导刊（教育技术），2015（10）.
[32] 唐菁，方东权，熊婵. 由慕课引发的关于高校信息素养教育的思考［J］. 情报理论与实践，2015（10）.
[33] 黄蕾. 20年来国内信息素养教育研究与实践综述［J］. 图书馆杂志，2015（3）.
[34] 张必兰. 信息素养教育的嵌入式教学研究［J］. 现代情报，2015（10）.
[35] 蔡宝来，张诗雅，杨伊. 慕课与翻转课堂：概念、基本特征及设计策略［J］. 教育研究，2015（11）.
[36] 毕瑞. 大学生信息素养教育现状调查及对策研究［J］. 科教导刊（上旬刊），2014（7）.
[37] 卢敏. 大学生信息素养评价方法浅析［J］. 现代情报，2014（12）.
[38] 宫平，杨溢. 基于需求的阶段式研究生信息素养教育模式研究［J］. 图书馆学研究，2013（7）.
[39] 刘航，刘秀丽，王江. 信息化时代大学生的信息素养现状及培养对策［J］. 情报科学，2013（11）.
[40] 付英华，赵义泉. 当代大学生信息素养的追问与教学改革［J］. 江苏高教，2012（2）.
[41] 施晓华. 构建高校图书馆个性化信息素养平台［J］. 图书馆学研究，2011（5）.